돈이
정치한다

돈은 악마의 주술일까?
"내 영혼은 오늘도 돈의 유혹을 불태울
여신을 만나고 싶다!"

The Politics on
Money

돈이 정치한다

돈은 악마의 주술일까?
"내 영혼은 오늘도 돈의 유혹을 불태울
여신을 만나고 싶다!"

The Politics on
Money

김광식
정치평론가 지음

문지훈
일러스트

CJI 한국언론연구소

치열한 경쟁 속에 하루하루 살아가는 힘겨운 일상을 영어에서는 '쥐들의 경주'(rat race) 라고 한다. 쥐들이 떼를 이뤄 내달리는 것에 나름대로 무슨 이유가 있는지 몰라도, 별다른 목적 없이 허둥대는 것 이상의 의미가 없다는 뜻일 것이다.

나는 요즘 미국에서 살면서 이 말을 실감하고 있다. 어느 삶이 그렇지 않을까 마는 그야말로 매일 같이 날아오는 각종 청구서(bill)를 제때 결재하는 게 가장 큰 과제요, 관심사다. 그러니 대부분 사람들은 크게는 집 대출금과 자동차 보험료에서 작게는 전기, 수도 요금 등을 처리하느라 평생을 '빌빌하며 살아간다'는 얘기가 피부로 와 닿는다.

김광식 소장의 지적대로 돈은 누구에게든 그야말로 생필품이다. 미국의 빌 클린턴 전 대통령이나 콜린 파월 전 국무장관 같은 유력 인사들이 세계 각지를 돌며 자신들의 경험을 전하며 봉사하는 삶을 살고 있다고 생각하면 오해다. 그들은 강연 한 차례에 많게는 30만 달러에서 적게는 10만 달러를 챙겨 엄청난 부를 모으고 있다.

크고 작은 선출직에 출마하려는 사람들이 가장 필요로 하는 것도 돈이다. 각종 정치자금 모금행사를 통해 거두는 돈의 다과에 따라 차기 선거에서의 성패가 좌우된다. 미국에서 돈 없이 정치한다는 것은 상상할 수 없고, 그런 면에서 요즘의 한국정치는 오히려 돈 문제에서 과거에 비해 정말 많이 개선(?) 됐다는 생각이 든다.

김광식 소장의 '돈이 정치한다'를 읽으면서 특히 제2장이 흥미로웠다. 돈을 어떻게 인식하고, 어떤 태도를 취하느냐에 따라 우리의 삶이 달라질 수 있다는 것이다. 네팔의 오지에 도서관을 짓고 읽을 책을 마련해 주는 사업을 펴는 룸 투 리드(Room To Read) 란 자선단체가 있다. 마이크로소프트사 고위 간부로 잘 나가던 존 우드란 사람이 어느 날 돌연 삶의 방향을 바꿔 설립한 단체인데, 나보다 어려운 사람들을 위해 베푸는 삶이 얼마나 값진 것인지를 일깨워주고 있다.

우드 씨가 이 사업을 시작하게 된 계기는 티베트의 정신적 지도자인 달라이 라마의 한 마디 때문이었다. 바로 "가진 돈을 그저 나 자신을 위한 것들에 사용하려 한다면 끝이 없다. 뭔가를 소유하는 것으로 진정한 행복을 얻을 수는 없다. 하지만 나보다 더 어려운 사람들을 위해 내 것을 주면 마음속에 따뜻한 느낌, 그리고 내가 세상을 조금은 더 살기 좋은 곳으로 만들었다는 기분을 갖게 된다"는 말이다.

오랫동안 정치부 기자로 활동하면서 돈 때문에 몰락하는 정치인들을 많이 보았다. 당연한 말이지만 돈은 사람에게 꼭 필요하지만 돈에 대한 잘못된 태도는 사람의 일생을 망치기도 하는 것이다.

'돈이 정치한다' 책은 돈 문제를 정치와 경제 등 세상사의 다양한 분야에 연계해 설명하고 있다. 김광식 소장의 폭넓은 안목에 새삼 놀라움을 금치 못하면서, 이 책을 통해 독자 여러분이 돈에 대해 갖고 있는 각자의 인식을 한 단계 발전시킬 수 있을 것으로 기대한다.

윤국한
언론인, 한겨레신문 전 워싱턴 특파원

새벽 5시 20분.
돈의 악마가 전화라도 한 걸까. 전화벨이 다급히 요란하게 울려댔다. 온 몸엔
독감기운으로 땀이 범벅이 되어 수화기조차 들 힘이 없었다. 원고 집필로
심신이 지쳐 피곤한 터라, 몽롱했다. 옆에 가까이 보이는 창문까지 흔들려
보였다. 이른 새벽에 전화를 건 이를 탓하고만 있었다. 혹시 연구소 출판팀에서
편집된 원고를 인쇄소에 넘기려는 차에 수정할 게 생긴 건가. 나도 모르게 흠뻑
젖은 머리카락을 한손으로 거칠게 쓸어내렸다. 나는 눈살을 찌푸렸다. 고개를
가로저었다.

상쾌한 가을 아침이 다가왔다.
여러 진통 끝에 〈돈이 정치한다〉가 태어났다. 의원회관에서도 원고초고로
강의했을 때, 다들 시큰둥해 하는 모습에 진땀 흘렸던 기억이 추억처럼
스쳐지나갔다.

나의 가족에게 고마울 뿐이다.

원고를 오래 기다려준 한국언론연구소의 이윤영 소장, 그림을 그려 준
문지훈 씨, 또한 출판관계 직원과 위원들에게도 참으로 고맙다는 인사를
올린다. 그리고 나의 원고의 정확한 근거를 마련해 준 언론사 기자와 정보
연구기관에게도 감사의 말을 전한다.

더욱이나 독자 여러분께는 고마운 마음 한량없다.

2009년 9월
연구소 서재에서

김광식

contents

돈이

정치한다

돈은 악마의 주술?

나는 워싱턴 덜레스 국제공항으로 날아간 적이 있다.

내가 [돈이 정치한다]를 쓰게 된 계기는 미국 워싱턴을 방문하면서 싹터왔다. 미국무부의 의뢰를 받아 초청 업무를 담당한 직원들의 안내로 밴을 타고 워싱턴 시내로 들어서면서, 짜릿하고 달콤한 유혹을 느꼈다. 워싱턴은 현대판 로마였다. 대부분의 건물이 하얀 잇몸을 드러내듯 맑은 대리석으로 돼 있었고, 넓은 푸른 잔디밭이 눈앞에 녹지로 펼쳐져 있었다.

나는 돈의 풍요로움으로 마법에 걸렸다. 한순간에 녹지의 한 끝에 있는 국회의사당, 무역대표부, 국무부, 스미스소니언 박물관 등에 취해 버렸다. 그곳에서 할리우드 영화 출신의 배우와 같은 인물들을 찾아 헤매다가 우연히 감춰진 미국의 뒷모습을 보게 됐다. 놀랍게도 워싱턴 길거리에서 만난 대부분의 사람들이 비만에 시달리고 있었다. 듀퐁플라자 호텔 앞에 있는 미국 정치 지망생들의 아지트인 듀퐁서클. 그 길에서 그리 멀지 않은 저쪽 편에는 온갖 다양한 차림새의 집 없어 보이는 술꾼들, 창녀들, 그리고 정신을 놓은 듯이 신경쇠약증을 앓고 있는 사람들이 많았다. 밤이면 길모퉁이에서 신문지를 덮고 자는 거지들도 적지 않았다.

당시에 미국은 한국에 금융개방을 요구하고 있을 때였다. 이제는 그런 방향으로 계속 달려가고 있다. 넘어져서 다치기도 했다. 돈은 악마일까? 신일까?

옴짝달싹 못하게 만드는 '돈의 마법'은 돈을 둘러싸고 벌어지는 정치의 시각 차이로부터 일어난다. 어떤 사람은 돈을 통해 신의 메시지를 듣는 반면, 또 다른 어떤 이들은 돈을 통해 악마의 주술에 취해 버린다. 양심의 소리를 듣게 하는 돈이, 경우에 따라서는 달콤한 유혹으로 들린다. 돈은 굶주려 있는 대부분의 사람들에게 갓 구운 먹음직스러운 고깃덩어리로 교차되면서 나타나, 그들의 영혼도 유혹한다. 현실적으로는 힘겨운 노동을 하면서, 돈에 대한 달콤함과 차가운 충고가 교차되는 순간을 받아들이며, 사람들은 살아간다.

돈은 설마 '악마의 주술일까?'라는 편치 않은 마음으로 글을 써 내려가 본다. 이 책의 범위를 비교적 간명하게 정리해봤다.

○ 우리가 부딪히는 돈의 속성들 ○ 해결하고 넘어가야 할 돈의 문제들 ○ 전두환 노무현 전 대통령 뿐 아니라, 이명박 대통령 측근 등의 10가지가 넘는 뭉칫돈의 비밀스러운 움직임 ○ 로스차일드 가문의 금전위력 ○ 특히 우리가 익숙하기도 전에 이미 사회에 강력하게 자리를 잡은 개방경제의 효과 ○ 한미경제관계 ○ 마지막으로 우리가 분명히 알고 있어야 할 해법들에 관해서 기술했다. 이것들을 전부 모은다면, 추상적으로 들리겠지만 '돈의 민주화'라고 정의할 수 있겠다.

돈의 민주화, 경제의 민주화는 단순한 문제가 아니다. 그렇다고 막연한 문제는 더더욱 아닐 것이다. 아주 구체적인 문제이다. 만약 돈 문제로 인해서 고통스럽다면, 일단 헌법부터 자세히 읽어 보라고 권유하고 싶다. 뒤에서 자세히 설명하겠지만, 읽어 보면 헌법에서 말하는 경제관념과 현실생활에서 우리가 부딪히는 경제문제가 많이 다르다. 아무튼 우리는 헌법을 잡고 일어설 수 있어야 하겠다.

돈이 만들어지고 분배되는 과정도 자세히 들여다봤다. 돈을 버는 과정에서 사람들은 다소 고통스럽더라도 모두가 자신이 일하는 일터가 있어 안심해 한다. 달콤한 미래를 꿈꾼다. 현실에서 일자리는 모든 희망의 시작이다. 하지만 이제는 이런 삶의 기초적인 것들도 많이 흔들리고 있다. 일터가 없는 실업자들도 적지 않다는 것이다. 적지 않은 사람들이 비정규직 노동자로 일하는 현실, 일자리가 없는 현실, 이 현실을 개선하지 않고 넘어갈 수는 없다.

우리는 현실에서 주식시장의 구조와 시황을 보게 될 것이다. 오늘도 시시 각각 변화하고 있는 주식가격들은 투자자들에게 기쁨으로, 혹은 끝없는 고통을 안겨준다. 또한 그들의 마음을 알 수 없는 투자자들도 있다. 이른바 '포커페이스(porker face)'이다. 지금도 개미투자자들 가운데 80%는 손해를 보고 있다. 한국시장은 뉴욕시장의 영향을 강력하게 받는다. 함축적으로 간단히 말하면, 동조화(同調化) 현상이다. 이것은 같은 투자자들이 양쪽 시장에 투자를 하기 때문이다. 우리 투자자들은 개방경제 상황에서 강한 외국인 적수들을 만난다고나 할까. 어떻게 해야 하나?

돈은 군대와 전쟁, 시민과 평화의 문제만큼, 아니 그 이상으로 중요하다. 다른 것들과 달리 돈은 일상생활의 영역에서 구체적으로 힘겨운 일과 물건에 대한 교환수단인 동시에 높은 추상성을 동시에 갖고 있다. 돈이 얼마나 중요한가를 아는 사람들도 이 책을 통해서 다시 한 번 깨달았으면 한다.

돈 문제는 경제학 경영학은 물론이고 모든 사회과학이 그 중요성과 건전성의 필요함을 강하게 느끼는 새로운 주제로 부각됐다. 이제 세상은 완전히 달라지고 있다. 예전에는 '사람의 위대한 힘이 세상을 이렇게 변화시키고 있구나'라고 생각했다. 그러나 이제는 '돈의 힘이 변화를 만들어 가고 있구나'라고 당연시한다. 사람의 힘과 정성에 대한 충격적인 재평가의 날도 그리 멀지만은 않았으리라. 오늘은 왠지 쓸쓸한 하루가 시작될 듯하다.

로스차일드가, 금권으로 권력 쥐락펴락

피비린내 나는 전쟁을 책동하고 그 자금을 대는 것은 은행가의 이익에 들어맞는다. 로스차일드 가문도 예외는 아니었다. 프랑스 혁명부터 제2차 세계대전에 이르는 거의 모든 근대 전쟁의 배후에는 그들의 그림자가 어른거린다.

로스차일드 가문은 주요 서방 선진국의 최대 채권자다. M. A. 로스차일드의 부인 구틀 슈내퍼. 그녀는 세상을 뜨기 전에 힘들게 입을 열었다.

"내 아들들이 전쟁을 바라지 않는다면, 전쟁에 열을 올릴 사람들도 없어질 거야."

19세기 중반에 이르러 영국, 프랑스, 독일, 오스트리아, 이탈리아 등 유럽의 주요 공업국가의 화폐발행 권리가 로스차일드 가문의 수중에 떨어졌다. 이로써 신성한 군주의 권리가 '신성한 금권'으로 대체됐다.

이때 대서양 저쪽에서 번영을 간절히 원하는 아메리카 대륙이 눈에 들어왔다. 결국 전쟁은 군주와 군주, 지도자와 지도자 간에 수행됐다. 하지만 전쟁이 끝난 후에는 오랫동안 평화적인 방법으로 은행에 끌려 다녔던 것이 바로 근대사의 진실이다.

그것도 권력이 민주화되면서 권력은 임기가 있지만, 소유권에는 임기가 없었다. 임기가 없는 금권의 힘은 권력의 힘을 간단히 무릎 꿇게 하고, 이리저리 휘둘리게 만들었던 것이다. 게다가 '미친놈(?)'을 돈으로 구워삶아 암살자로 만들었다. 한국전쟁도 역시 로스차일드와 같은 미국의 은행들이 개입하고 있었다.

은행은 군대보다
무서운 무기다.
금융을 장악하는 자가
세계를 지배한다.

김준환

오직 희망과 미덕만이
살아남을 수 있는 한겨울이었지만
공동의 위험에 놀란 도시와 농촌이
모두 그 위험에 맞서기 위해
나섰다는 사실을
미래 세대에게 들려주도록 합시다.

오바마 취임연설에서

chapter

1

돈에 대한
인간의 욕망 -
광기,
탐욕과
'쿨(Cool)함'

돈의 속성,
지배력과 식량

권력 탄생의 배경:
뭉칫돈과 작은 돈

전쟁비용은
정치비용?

민주주의가 필수적으로
갖추어야 할 내용

돈의 속성, 지배력과 식량

"바알(Baal)신을 믿어보세요!"라고, 내가 강연장이나 TV 토론에서 진지하게 떠들어 댄다면, 다들, "왜, 저러지, 미친 거 아니야."하며 의아해 할 것이다. 특히 기독교인들은 정신병원으로 나를 긴급후송 시킬 것이다. 연구소에서 왕(?)으로 굴림 했던 내가 끔찍한 정신적 불구자로 진단받게 되는 순간이다.

바알신은 BC. 8세기 예언자들로부터 우상숭배로 낙인이 찍혀 배격됐기 때문이다. 하지만 바알신은 구약성서에서 토지 소유자로 간주되는 신들의 총칭으로서 바알의 이름을 인용하고 있다. 곡물, 과실, 가축 등의 결실과 성장을 주관하는 신이었다. 그러니까 바알신은 농업의 신, 풍요의 신을 말한다.

풍요의 신은 다시 말하면, 돈의 신이기도 하다.

"바알(Baal)신을 삶의 가치의 기준으로 정하세요!"

충격적인 이 말이 이제는 새롭게 들려오지 않는가?

내가 불구자는 아니지? 정신적인 휠체어를 걷어내도 되겠지?

이 바알 신앙이 기독교 신앙을 혼란케 했다는데, 지금을 사는 우리보다는 그때가 돈보다 인간의 힘과 정성이 더 고결했나 싶다.

이 세상은 권력이 지배하는 속세(俗世)와 성스러운 힘이 지배하는 신국(神國)으로 나뉜다고 한다. 미국의 백악관과 바티칸의 교황청이 연상되는가? 어떤 세상에서든지 모두가 돈을 소중히 여긴다. 바티칸의 교황청이라도 별 수 있겠는가. 속세와 신국에서 돈의 중요성은 돈과 결합하려는 힘과 정성의 크기로 설명된다. 세상과 돈의 원리를 통해서 돈이 결국 황제권과 교황권을 동시에 만들어 냈다. 황제권은 돈의 투기적 속성을 통해서 만들어졌고, 교황권은 돈의 정성을 통해서 만들어졌던 것이다.

돈의 지배력은 돈을 우상처럼 섬기는 데서 나왔다. 모세 시대를 회상해 보자. 모세가 시내산에 올라가 10계명을 받을 때에, 사람들이 만든 우상에는 '황금 송아지' 신이 있었다. 돈의 신인 '바알신'인 것이다. 당시 사람들은 돈을 많이 가진 자가 권력자가 될 것이라는 사실을 확신했다.

돈에 대해 욕망이 생기는 것은 이 세상의 거의 모든 활동이 돈을 통해서 이뤄지기 때문이다. 이 세상의 모든 교환이 돈으로 계산돼, 돈의 욕망은 일상생활에서부터 자라난다. 의식주 생활을 위해서도 돈이 필요하고, 연인을 만나거나 사교를 위해서라도 돈은 절대 필수요소 아닌가.

자신의 성장을 위해서 돈은 늘 필요하다. 돈을 통해서 좌절을 겪어 보았기 때문에, 더욱 더 절실하다. 이런 과정을 통해서 돈은 우리 생활에 필수품 가운데 필수품이라는 생각으로 다가온다. 이런 과정을 거듭하다보면 돈에 대한 욕망은 마치 성욕, 식욕, 권력욕처럼 강해진다. 스트립쇼 관람 같은 돈의 욕망은 쉽게 시들지 않는다.

그러다 보면 돈에는 욕망만이 아니라, 광기가 자란다. 광기라는 것은 결코 건전한 판단과는 거리가 먼 생각이겠지만, 돈에 대해 '부글부글 끓는 심정'이 바로 돈에 대한 광기이다. 광기는 너도나도 이 대열에 참가하지 못해 안달 나게 만든다. 그러나 어느 한순간 거짓말처럼 거품이 터지고 모두가 넋을 잃고 주저앉는다. 이것이 바로 좌절이다. 아마도 인류의 영원한 주제인 군중의 광기와 집단 히스테리의 한 예일 뿐이다.

욕망이 일정하게 성장하다가 질적 변환을 일으키는 곳. 바로 그 곳에서부터 탐욕은 시작된다. 돈에는 탐욕이 따른다. 탐욕은 혼자 갖겠다는 마음이고, 혼자 살겠다는 마음이기도 하다. 욕망은 그래도 공존할 수 있는 마음인 반면에, 탐욕은 '공존할 수 없다'는 마음가짐이다. 탐욕은 비이성적 과열(irrational exuberance)상태라고 이야기할 수 있다.

만일 자신이 타고 다니는 1억여 원이 넘는 값비싼 스포츠카의 엔진이 과열됐다고 해보자. 엔진의 마모가 심각해졌다는 망상이 교차되면, 지푸라기 하나가 낙타를 주저앉히듯이 머릿속 혈관은 터지고 목숨 심판의 날이 도래한다. 두려움은 더 큰 두려움을 낳는다.

경제에서도 마찬가지다. 비이성적 과열은 재빨리 도망치려 하고, 허둥대며 도망치려는 발걸음은 공황으로 이어지고, 공황은 즉각적인 경제대란을 낳을 수 있다. 잔뜩 부풀린 풍선일수록 바람이 맹렬한 기세로 빠져나오듯, 거품이 터진

후의 추락은 그만큼 더 깊고 가파르다.

광기에 휩싸인 군중은 흔히 선동가들의 손쉬운 먹잇감이 된다. 팝스타에 열광하는 10대들, 휴거 소동을 일으킨 광신도들, 로스웰 외계인과 UFO에 관한 온갖 음모론들, 마녀사냥에서 매카시즘(미국에서 유행한 반공산주의 선풍)까지의 여러 사회 현상들. 이 현상들은 모두가 군중 속에 있을 때, 개인이 얼마나 허약한 존재인가를 보여 준다. 무리를 이루려는 본능이 인류에게 얼마나 강력한 뿌리를 지니고 있는가를 웅변해준다.

군중의 행동이 악한 것만은 아니다. 군중의 광기는 폭동이나 린치, 인종 학살로 나갈 수도 있지만, 역사에 긍정적인 기여를 한 사례도 많다. 프랑스 혁명에서 간디와 마틴 루터 킹 목사의 비폭력 저항운동에 이르기까지 군중의 힘은 또한 역사를 만들어낸 중심이었다.

돈의 지배력, 또는 인간의 지배력이 우리를 이끌어 주기를 원하는 기대심리가 있을 수 있다. 그것은 사람들이 돈에 대해서 갖는 기대심리를 반영한다. 이런 기대심리는 버려야 한다는 것이 수많은 사람들이 우리에게 가르쳐 준 교훈이다. 그러나 우리는 흔히 이런 사실을 잊는다. 돈에 무릎을 꿇거나 기대기가 십상이다. 돈은 아름다운 연인을 품게 하기에 더욱 더 그렇다. 돈의 지배력에 대한 복종 심리, 또는 반발심리. 이 문제는 대단히 중요한 정치학적인 주제가 아닐 수 없다.

이 시대는 돈으로 자신을 드러내는 시대이다. 사회신분까지 발가벗기듯 훤히 드러난다. 공감하는가? 민주화는 구체성이 사라졌다. 민주화는 아마추어다. 산업화는 프로를 지향하는 데 비해서 민주화는 산업정책 등등의 측면에서 서툴다는 인식이 남아 있다. 그렇기 때문에 현재의 한국정치는 산업화에 참여한 사람에게 훨씬 유리한 정국이 조성돼 있다.

그런데 과연 그렇기만 할까?

민주화를 위해서 노력했던 사람들도 구체적이고 프로페셔널하게 접근할 필요가 있다. 돈에 대해서 광기와 탐욕은 접고, 수용 가능한 태도로 접근할 수 있어야 한다. 돈을 조화로운 시각으로 봐야할 것이다. 돈을 돈에 대한 건전한 욕망과 식량으로서 돈을 평가할 수 있어야 한다는 것을 말한다. 불가능하다고 말하는 소리가 여기까지 들리는 것 같다.

돈의 속성과 마르크스

01.　돈은 도량형, 교환권, 구매력을 말한다. 돈은 강자의 지배력이다. 돈은
약자의 식량이다. 돈은 사람을 움직이는 영향력이다. 나는 사람에 대한 돈의 영향력을
말할 때, 마르크스의 견해를 존중한다. 그는 돈을 가진 자(haves)와 가지지 않은
자(have-nots)로 나눈다. 두 세력은 결국 투쟁할 수밖에 없다고 보았다. 혁명의
정치학을 주장했다.

그러나 나는 그와는 다른 견해를 갖고 있다. 그것은 이 사회의 모든 계층은 대체로
비슷한 생활문화 속에서 살아간다. 특히 중도노선이 아주 중요하다고 생각한다.
중도노선은 기득권 세력에 대해서 투쟁도 하지만, 협력을 가능하게 만든다. 중도적인
생각을 갖고 있는 사람들이 어떤 생각을 갖고 있느냐에 따라, 그 사회의 질은
달라진다. 지금은 중도노선을 지향하는 중산층이 무너지는 시대이다. 중산층의
붕괴가 과연 어떤 사회로 이동하게 만들 것인지, 이게 나의 아주 깊은 관심사이다.
앞에 제시한 약간의 주제는 경제학적인 문제들이고, 뒤의 주제들은 정치학적인
주제들이다. 정치경제학은 돈의 이러한 몇 가지 주제와 성격들을 모두 자기의 것들로
생각한다.

02.　돈의 도량형, 교환권, 구매력은 정확성이 생명이다. 그러나 정확성은
유지될 수 없다. 기축통화(Key Currency)와의 관계를 생각해 보자. 기축통화와의
관계를 알아야만 세계시장에서 해당 화폐의 구매력을 파악할 수 있다. 미국의 달러는
1971년 금본위제를 폐지하면서 이미 94.4%나 구매력이 하락했다. 오늘날 1달러는
1970년의 5.6센트의 가치밖에 되지 않는다.
미국은 엄청난 국가부채와 더불어 무역적자를 지니고 있지만, 국가부도는 커녕
기축통화국이라는 이유만으로 지금의 위기상황에도 달러를 찍어내고 있다. 미국은
이러한 무역수지적자와 각 나라들이 가진 외환보유고 만큼의 공짜재화를 사용하고
있는 것이다.

● **기축통화** : 국제간의 결제나 금융거래의 기본이 되는 통화를 의미한다. 미국의 트리핀 교수가
　주장한 용어다. 그는 기축통화로 미국의 달러화와 영국의 파운드화를 들고 있다.

권력 탄생의 배경: 뭉칫돈과 작은 돈

1

1996년 2월 26일, 첫 공판.
검찰 수사 결과.
재임 기간 동안 9,500여억 원 비자금 조성!

누굴까? 한번 맞춰봐라.
이 책을 보는 장소가 카페라면, 마주 앉은 친구와 의논해 봐라.
  책상 앞이라면, 뭉칫돈 비자금을 조성한 전·현직 대통령 이름들이나 기업인, 정치인들을 메모해 봐라.
  그래도 모르겠는가.
  메모지가 없으면, 기억력이 좋은 당신 머릿속에서 나열해 봐라.
  그렇게 어려운 인물은 아니다.
  끙끙대며 생각하는 당신에게 또 다른 힌트를 주겠다.
  1996년 4월, 내란수괴죄와 뇌물수수죄 등 무기징역에 추징금 2205억 원.
  그래도 모르겠는가. 마지막 남은 힌트다.
  "자신은 통장에 29만원 밖에 없다."

이젠 그를 모를 사람은 아무도 없을 것이다.
  정답은 전두환!

전두환 전 대통령. 그는 기업으로부터 받는 정치자금을 본인이 직접 과점하고자 했다. 누구나 아는 사실이 됐다. 전두환 비자금은 9500여억 원인데, 그동안의 물가상승률을 감안하면 5배 정도는 곱해야 실제 금액에 가까운 비자금을 조성한 것으로 밝혀졌다. [01]

재판 끝에 전 씨는 1996년 4월 내란수괴죄와 뇌물수수죄 등으로 무기징역에 추징금 2205억 원(뇌물로 인정받은 돈)을 선고받았다. 1997년 12월 특사로 석방됐고, 추징금도 현재까지 1890억 원을 미납해 환수율은 14%에 그치고 있다.

"자신은 29만원 밖에 없다." 그는 이렇게 주장함으로써 세상의 비웃음을 샀다. 당시 전 씨 인품에 매료됐다는 여론은 찾기 어려울 정도다.

전 씨 일가의 부패자금은 이것만이 아니었다. 1980년 당시에 전 씨 일가는 호화롭고 여유 있는 생활을 누릴 만한 처지가 아니었다. 그 이후 그의 가문 모든 사람들(이규광, 이창석 씨 등)의 경제형편이 나아진다.

정치평론가 TIP 뭉칫돈과 작은 돈

뭉칫돈과 작은 돈이 있다. 뭉칫돈은 우리나라 권력의 역사에 자주 등장하는 돈이다. 뭉칫돈의 대표적인 사례는 대기업과 권력 사이에 오간 돈을 말한다. 그 외에도 여러 종류의 뭉칫돈이 있다. 작은 돈들이 모여 큰돈을 만드는 사례를 우리는 노사모(노무현을 사랑하는 사람들)와 노무현 전 대통령의 사례와 오바마 미국 대통령의 사례를 통해 배웠다.

뭉칫돈에는 정권창출을 위한 불법자금이 포함된다. 뭉칫돈은 권력창출에 대한 보험금과 통치자금을 공급하는 불법 비자금, 그리고 뭉칫돈의 공급자와 최고 권력자를 연결하는 중계 자금 등을 포함하는 개념이다. 우리나라에서는 뭉칫돈들 가운데 상당한 액수의 자금이 전근대적인 성격을 지닌 친인척에 대한 뇌물의 성격을 갖고 있다. 현재에 와서 뇌물제공을 담당하는 기업의 규모가 대기업에서 중(中)기업 정도로 바뀌고 있을 정도다.

권력창출 비용을 대는 경우는 기업인들과 선거자금 모집책 사이에 유착관계가 형성된다. 선거 이후에 선거자금 모집책이 최고 권력자와 선거자금 제공자 사이에 좋은 관계를 유지하기 위해서 노력한다.

그의 형 전기환은 노량진 수산시장의 이전에 개입해 이득을 챙겼다. 동생인 전경환은 새마을운동 사무총장으로 일하면서, 엄청난 비자금을 만들어 쓴 것으로 알려졌다. 또한 전두환 씨는 그의 아들들에게도 엄청난 재산을 넘겨 준 것이 아닌가 하는 의심을 받았다. 그의 아들인 전재국은 시공사라는 출판사를 통해서 거액을 굴렸고, 연천군에 1만 5천 평 정도의 땅을 갖고 있다. 거기에 허브 패밀리 건물을 짓느라고 관심을 끌고 있었다.

이후에도 전두환은 그의 둘째 아들인 전재용 씨에게도 엄청난 규모의 재산을 물려준 것이 아닐까. 아무튼 그의 가족은 현재 아주 부유하게 잘 살고 있다. 남부러울 게 없을 정도다.

전두환 씨의 비자금에 이어, 노태우와 박철언의 권력창출 자금, 김영삼과 김현철의 권력창출 자금, 이회창의 '트럭 떼기 자금', 김대중의 권력창출 자금, 노무현의 권력창출 자금, 이명박의 권력창출 자금 등을 자세히 들여다보자. 암호를 분석하고 해독하듯이 말이다.

읽기 힘들면, 우유가 들어 있어 맛이 부드러운 카페라떼 한잔 마시고, 천천히 따라올 수 있겠지.

노태우 전 대통령의 비자금을 제대로 알기 위해서는 황태자 박철언이 접수한 부패자금을 잘 알고 있어야 한다. 박철언 전 의원은 특히 대북관계에 비밀 역할을 맡기도 했다. 박철언 씨는 '비자금'을 받아서 주위 사람들에게 맡겼다. 이 돈을 받고 얼굴 찡그릴 사람은 없었겠지. 이 돈 갖고 멀리 '걸음아 나 살려라'라고 도망치고 싶었을 거다. 당연히 자연스럽게 우려했던 것이 일어났다. '맡긴 돈' 170억 원을 횡령했다고 박철언 씨가 직접 무용과 여교수를 고소하는 사태가 벌어진 것이다. 현재 박철언 씨에게 남아있는 돈은 179억 원 정도 되는 것으로 알려졌다.

MBC뉴스 데스크는 이렇게 말문을 열었다.

"한때 황태자라고 불렸던 박철언 씨가 한 여교수한테 무려 170억 원을 떼였다는 얘기가 요즘 장안의 화제입니다. 박철언 씨는 이 돈이 비자금은 아니라고 해명했지만, 차명계좌로 관리해 온 이유는 석연치가 않습니다."[02] 박철언 씨는 자신의 돈을 관리해오던 전직 은행 지점장을 횡령 혐의로 고소하기도 했다.

박철언 씨의 '660억 비자금을 기록한 비망록'은 곧 공개됐다.

"6공 실세로 통했던 박철언 씨가 작성한 것으로 보이는 수백억 대 비자금 관리 장부가 공개됐습니다. 박 씨의 옛 측근이 공개한 관리 장부에는 지난 1996년부터 2006년까지 박 씨가 관리한 것으로 추정되는 차명 계좌의 명의자와 금액, 통장번호 등이 자세하게 적혀 있습니다. 장부에 기입된 전체 금액은 중복되는 부분을 포함해 660억 원 정도이며, 대부분 2, 3억 원 규모로 쪼개져 차명 계좌를 통해 관리된 것으로 나타났습니다. 또 차명 계좌 명의자는 박 씨가 횡령 혐의로 고소한 전직 은행지점장 서 모 씨와 대학 여교수 등 60여 명에 달했습니다. 이에 대해 박 씨 측은 비자금을 관리했다는 주장은 터무니없다며, 선친과 지인에게 받은 백억 원이 차명 계좌를 통해 관리한 돈의 전부라고 반박했습니다."[03]

비단 이것만이 아니다. 박철언 씨의 보좌관이었던 김호규 씨가 문화일보에 털어 놓은 말에 의하면, 비자금은 1000억 원 정도는 되는 것으로 알려졌다.

박철언의 국회 보좌관을 지낸 김호규 씨는 2008년 3월 문화일보와의 인터뷰에서, 1988년에서 89년까지 정치실세였던 박철언에게 선거 때마다 H그룹, S그룹, D그룹, L그룹 등 당시 대기업들이 60~70억 원씩의 돈을 싸들고 찾아왔고, 박철언이 당시 조성한 비자금은 총 1000억 원대에 이른다고 주장했다.[04]

노태우의 가족회의 멤버, 6공화국을 좌지우지했던 청와대 가족회의 멤버로는 김옥숙의 오빠이자 노태우와 경북고등학교, 육사 동기생인 김복동과 노태우의 동서(김옥숙의 여동생 남편)이자 상공장관을 했던 금진호 씨가 있다. 또 노태우의 사돈인 최종현 SK 전 회장과 신명수 신동방그룹 전 회장 등이 거론된다. 한국정치사에서 노태우 정권만큼 친인척들이 국정 전반을 쥐고 흔들었던 경우는 없었다.

박철언은 슬롯머신 사건으로 더욱 더 유명해졌다. 김영삼 정권 초기인 1993년, 슬롯머신계의 대부인 정덕진, 정덕일 형제에 대한 수사를 진행하는 홍

준표 검사는 정 씨 형제를 선처해주는 대가로 많은 단서를 얻어냈다(유죄거래 협상, plea bargaining). 이를 근거로 박철언과 당시 대전고검장이던 이건개 등 여러 고위인사를 체포해서 처벌했다.

정 씨 형제는 1980년대 초부터 슬롯머신 사업에 뛰어들어 막대한 부를 쌓았고, 권력 실세들과 정계, 관계, 법조계에 다각적 로비를 펼쳤다. 이들이 5공, 6공 권력층의 정치자금원 중의 하나였다. 3당 합당으로 집권한 김영삼 입장에서는 '5공, 6공 청산'이라는 이미지 메이킹도 하고 정치적 걸림돌인 박철언을 제거할 수도 있는 좋은 기회였다.

6공화국 황태자였던 박철언은 정 씨 형제로부터 6억 원을 받은 혐의로 유죄판결을 받고 의원직을 상실했다. 1년 6개월 동안을 복역했다. 김영삼 대통령은 나중에 박철언을 사면 복권시켰다. 정덕일은 지난 2007년 제주도 신라호텔에 카지노 '벨루가'를 오픈했다.

노태우 전 대통령은 동생인 재우 씨에게 돈을 떼였다. 노태우 전 대통령이 동생 노재우 씨와 꼴사나운 재산 분쟁을 벌여 세간의 주목을 받았다. 분쟁의 시작은 노 전 대통령이 1988년과 1991년 두 차례에 걸쳐 동생 재우 씨에게 120억 원을 건네면서 시작된다. 재우 씨는 이 돈으로 경기 용인시 기흥구의 땅 5만 2800㎡(15971평)을 매입해, 냉동 냉장회사와 유통회사를 설립했다.

이 지역 부동산 업자에 따르면 이 땅과 회사의 가치는 1000억 원에 달하는 것으로 알려졌다. 문제의 발단은 노 전 대통령이 1997년 '전두환·노태우 비자금 사건'으로 2629억여 원의 추징금을 선고받기 전, 동생에게 120억 원을 건넨 데서부터 비롯된다.

은닉재산 추적에 나선 검찰은 2001년 "문제의 120억 원은 노 전 대통령의 위탁 재산으로 추징 대상"이라는 법원 판결을 받아냈다.

이에 대해 재우 씨는 "위탁 재산이 아니라 부모님을 모시는 대가로 증여받은 돈"이라고 주장하면서 납부를 거부해 왔다.

그러나 서울중앙지검 특수3부는 노태우 전 대통령 조카인 물류회사 오로라CS 대표 노호준 씨에 대해 구속영장을 청구했다.

　김영삼 전 대통령과 김현철 씨의 관계도 정치적으로 특별한 관계였다. 김현철 씨는 김영삼 대통령이 집권시절 '소통령'으로 불렸다. 김영삼 전 대통령 당선자도 대통령 선거가 있었던 1992년 많은 정치자금이 들어 왔다는 소문이 돌곤 했다. 김영삼 전 대통령의 선거자금 가운데 얼마나 남았는지, 축하금은 얼마나 받았는지 지금 그것을 증언할 사람은 없는 것 같다. 다만 김현철 씨가 갖고 있는 자금 일부의 기록은 남아 있다.

　당시 여론은 김현철 씨가 한보 구원을 위해 나섰다는 여론이 많이 형성돼 있었다. 우선 김영삼 대통령의 [회고록]에 나와 있는 김현철 씨의 구속 문제에 대해서 알아보자.

　당시 김영삼 대통령은 김기수 검찰총장에게 전화를 걸어 현철이를 구속하라고 이야기했다. 김기수 총장은 이렇게 대뜸 물었다.

　"정치자금에 대해 세금을 내지 않았다는 이유로 처벌한 사례는 우리나라 50년 역사에서 한 번도 없었던 일입니다. 그렇게까지 하면서 꼭 구속해야만 하겠습니까?"

　김영삼 전 대통령은 김 총장에게 지시를 내렸다.

　"그 방법으로 해라. 전례가 없다면 이번에 만들면 될 것 아닌가."

　5월 17일 검찰은 김현철에게 특가법상 알선수재 혐의와 조세 포탈 혐의를 적용해, 서울구치소에 구속, 수감했다. 검찰이 정치자금에 대해 증여세 포탈 혐의를 적용한 것은 그때가 처음이었다. 5월 30일 김영삼 전 대통령은 담화를 발표해 다시 한 번 국민들에게 송구한 마음을 밝혔다.[05]

　'소통령' 현철 씨가 7년 만에 다시 구치소 밥을 먹게 됐다. 이번 수사에서 기자들의 최대 관심사는 '각서'였다. 현철 씨는 조동만 한솔 전 부회장한테서 받은 20억 원이 정치자금이 아니라, 예전에 맡겨둔 70억 원에 대한 '이자'라고 주장했다. 이미 1997년 현철 씨는 '70억 원에 대한 권리를 국가에 헌납 한다'는 각서를 썼다는 것이다. 이제 와서 '70억 원은 내 돈이고, 그에 대한 이자를 챙기는 건 당연하다'고 주장하니까, 이 각서의 행방이 중요했던 것이었다.

당시 현철 씨와 변호사들은 모두 각서는 없다고 큰 소리를 쳤다. 잠시 후 검찰은 드디어 각서를 찾아냈고, 변호인이 다녀간 직후부터 현철 씨한테 들이밀고 추궁하기 시작했다. 여기서부터 상황이 급반전, 수사는 급물살을 타게 됐다. 자해소동은 그 직후인 10일 오후 6시쯤 검찰 청사에서 일어났다. 이에 앞서 변호인이 현철 씨를 찾아왔고, 오후 11시 15분쯤 조사실을 떠났다.

김영삼 전 대통령의 부패 자금 문제와 관련해 해외에서 계속 문제제기를 하는 사람도 있었다. 그들은 김대중 전 대통령의 불법 자금까지 거론하고 있었다. 다만 여기에서는 재판과정에서 확정된 것만을 다룰 수밖에 없지 않은가.

김대중 전 대통령도 1997년 대통령 선거에서 당선됐는데, 그때 선거자금과 당선 축하금이 얼마나 들어 왔는지는 미지수이다. 수학 방정식을 풀어야 하는데, 식의 조건이 불충분하다. 다만, 김대중 대통령은 14대 대통령 선거 때 노태우 대통령으로부터 돈 20억 원을 받아 쓴 적은 있다고 고백한 적이 있었다.

김대중 대통령 당선자가 나온 시점은 이른바 IMF의 '신탁통치'가 시작된 시점이다. 한국의 금융은 완전한 개방체제가 됐던 상황에서 살아남기 위해 발버둥 치던 시절이었다. 김대중 대통령은 한국의 금융체제를 완전한 세계화 시스템으로 바꾸고 싶어 했다. 그것은 박정희의 금융체제를 완전히 종식시키고 싶어 했다고 파악할 수도 있다. 그때는 공적자금이 많이 형성돼 있었고, 많은 해외 자본가들이 한국으로 몰려오고 있던 시점이었다. 그때 3홍이라고 알려진 김대중 전 대통령의 세 아들 모두가 검은 돈을 수수했다는 죄로 재판을 받아야 했다.

김홍일 전 의원은 금융기관의 구명 로비에 걸려들었다. "안상태 전 나라종금 사장으로부터 금융 기관장이 되도록 도와 달라"는 부탁과 함께, 1억5천만 원을 받은 혐의로 기소된 민주당 김홍일 의원에게 징역 2년에 집행유예 3년이 선고됐다. 서울 중앙지법은 '피고인이 먼저 돈을 요구하지 않은 점을 고려해 형의 집행을 유예한다'고 밝혔다. [06]

국민의 정부로 명명한 김 전 대통령 집권 당시 청와대는, 김 전 대통령의 친가는 8촌까지, 외가 쪽은 4촌까지 200여 명을 특별 관리했다. 그리고 먼 일가 친척까지 포함해, 총 700여 명을 관리대상에 넣었다. 당시 김 전 대통령은 대통령의 친인척 및 공직자의 비리 관련 수사를 맡았던 사직동팀을 폐지하고, 공식적으로 청와대 내에서 직접 친인척 관리 업무를 담당하도록 지시했다.

김 전 대통령은 친인척들에게 언행에 각별히 신경 쓸 것을 직접 당부했다. 그리고 홍일, 홍업, 홍걸 세 아들 부부를 호텔로 불러 가족예배를 드렸다. 그때, 김 전 대통령은 대통령 아들로서 처신에 각별히 주의할 것을 엄명하기도 했다고 한다. 그런데 갑자기 홍삼 트리오 사건이 터진다. 김대중 전 대통령의 차남인 홍업 씨는 이권청탁·정치자금 명목으로 수십억 원을 챙겼다. 3남 홍걸 씨는 체육복표 사업자 선정 로비 자금을 받았는데, 15억 정도를 받은 것으로 알려졌다. 결국 김대중 대통령도 국민에게 고개를 숙여야 했다.

5

노무현 전 대통령과 이명박 대통령의 경우에도 부패문제로부터 완전히 자유로운 것은 아니었다. 노무현 전 대통령의 경우에는 형 건평 씨가 세종증권 매각과정에 연루된 것으로 돼 있다. 노무현 전 대통령의 참여정부 시절엔 친인척 관리가 비교적 철저히 이뤄진 편이다. 노 전 대통령은 취임 직후부터 친가의 8촌, 외가의 6촌에 사돈과 종친회까지 포함된 900여 명에 이르는 친인척들을 대상으로 상시 관리 시스템을 운영했다.

당시 만들어진 자료는 친인척이 나열된 지도만 2권 분량에 호적 등 관련 서류만 캐비닛 한 개를 채웠다는 후문. 이러한 철저한 관리 때문에 일부 친척들은 '역차별을 받는 것 아니냐'는 불만을 터뜨리기도 했다고 한다.

노 전 대통령은 취임 전부터 친인척 관리에 남다른 의지를 보였다. 2003년 3월에는 민정수석실 산하에 기존 팀과는 별도로 고위 공직자와 대통령 친인척의 비리를 수집하는 '특별감찰반'까지 설치했다. 그러나 이 같은 관리에도 친형 노건평 씨의 장관 청탁 로비설과 노건평 씨의 처남 민경찬 씨의 거액펀드 조성설이 흘러나왔다. 검찰에 의해 사전 노무현 전 대통령의 형 노건평 씨는 세종증권 매각 과정에 개입해, 경제적 이득을 취한 혐의로 투옥됐다. 그는 2003년 9월 대우건설 고(故) 남상국 사장으로부터 연임 청탁과 함께 3000만 원을 받았다. 자신의 부동산 투기 의혹과 관련해서는 국회 국정감사에 불출석한 혐의로 불구속 기소돼, 징역 1년에 집행유예 2년 및 추징금 600만 원을 확정 선고받았다.

이명박 정부 때도 청와대는 2~3명 친인척 담당 직원을 늘리는 등 친인척에 대한 체계적인 관리에 돌입했다. 친인척에 대한 체계적인 관리의 필요성을 절감했기 때문이다. 2008년 8월 이명박 대통령 부인 김윤옥 여사의 사촌언니인 김옥희 씨는 김종원 서울시 버스운송사업조합 이사장으로부터 한나라당 비례대표 공천 청탁 명목으로, 30억 3000만 원을 받아 챙긴 혐의로 구속됐다. 사위인 조현범 한국타이어 부사장도 재벌 2, 3세의 주가조작 의혹 수사와 관련해, 검찰의 수사 선상에 올랐다. 청와대에서 대통령 친인척 관리를 담당하는 '친인척 전담관리팀'은 민정수석실 소속으로 돼 있다.

문제가 있다고 판단되면, 국정원이나 과거 안기부 등에서 비공개적으로 친인척 관련 정보를 수집해 내사를 벌이는 경우도 있었다.

다음은 기업과 기업 사이에 오간 비자금을 들 수 있다. 기업과 기업 간의 거래액수를 보도록 하자.

현재까지 기업 사이에 비자금이 오갈 일은 거의 없다. 이명박 대통령의 친구인 천신일 씨가 박연차 태광실업 회장으로부터 금품을 받고 한상율 국세청장에게 로비를 해줬다는 의혹을 받은 적이 있다. 금품은 북경 올림픽 선수단에 대한 격려금의 대납금 약 3000만 원과 주식투자비 6억 2천 300만 원을 돌려받지 않기로 했다는 것이다.

법원은 여기에 대해서 "소명이 부족하다"고 밝혔다. 한편 박연차 회장이 천신일 회장에게 건넨 자금은 수십억 원이 된다고, MBC 뉴스 데스크가 보도를 했다. 만약 이것이 사실이라면, 천신일 회장은 사실 이명박 대통령 후보의 선거 자금 모집책이라고 볼 수도 있을 것이다.

지금까지 우리나라의 권력은 이승만을 거쳐, 개발독재의 군부정치인들, 민주화 정치인들에 권력이 머물러 있었다. 이제는 이런 풍토가 계속 달라지고 있다. 일단 현재는 뚜렷한 정책적인 업적이 있는 사람과 돈의 지배력을 잘 활용하는 사람에게 권력이 가고 있는 것처럼 느껴진다. 대중을 위해 진정으로 봉사할 수 있는 사람에게 정권이 갈 가능성이 높아졌다.

우리에게는 어떤 권력이 필요한 걸까?

우리는 이와 같은 뭉칫돈의 세계를 보면서 참으로 많은 것을 느끼게 된다. 뭉칫돈의 세계는 검은 비리로 가득차서, 너무 심각한 냄새가 난다. 실상을 조금 더 자세히 살펴보면, 오가는 뭉칫돈의 세계 속에서 기업가들은 자신이 원하는 기업을 가질 수 있었다. 또한 이 보답으로 권력자들의 권력창출을 도와주고 있었다.

아무리 뭉칫돈이라고 해도 역시 거기에도 깨끗한 돈들이 있다. 하지만 아무리 깨끗한 돈일지라도, 거기에 약간이라도 상처받은 사람들이 없는 것은 아니다.

뭉칫돈을 조금 더 자세히 살펴보자.

세계를 움직이는 뭉칫돈에는 군수자본, 식량자본, 성(Sex) 산업자본, 스포츠 자본, 문화자본, 다국적기업자본, 투기자본, 방송언론자본, 유대인자본, 화교자본 등 여러 가지의 자본들이 존재한다. 선거에 동원되는 권력 자본들도 존재한다. 산업자본들도 있지만,

이들 산업자본은 일단 노동자와 소비자들에게 초점을 맞춰 운용돼야 한다. 산업자본은 아직도 자기중심적인 사고로 운영된다. 이런 자본들에게도 대부분 경영자가 존재한다.

8

다음은 작은 돈이 모여 큰돈을 만드는 사례를 살펴보도록 하자. 도덕 교과서에서나 나오는 말 같지만, 반갑게도 허상은 아니다. 노무현 전 대통령이 선거에 출마했을 때, 희망돼지라는 이름으로 돼지저금통이 분산됐고, 그것이 모여 목돈을 만들어 냈다는 사실을 잘 알고 있다. 노무현 전 대통령에 대한 노사모의 기여가 확실한 예이다.

특히 보다 널리 알려진 것은 오바마 대통령 선거자금의 사례가 있다. 같은 민주당의 대통령 후보 경선에 참여했던 에드워저는 미국인들은 일상에서 자신들을 위해 싸워 줄 수 있는 사람을 원하는데, 오바마가 바로 그런 사람이라고 설명했다.

미국 유권자들이 만든 개미군단이 바로 장기화된 민주당 경선 선거전에서 오바마를 든든하게 떠받쳤던 주역이었다. 오바마가 모은 자금 2억2600만 달러 중 100달러 이하 기부자들이 90%를 차지했다. 41%는 25달러 이하를 냈다. 모금액의 20%만이 거액 기부자였다.

선거자금연구소(CFI)의 마이클 맬빈 사무국장은 오바마가 자원봉사 프로그램 등을 통해 새로운 지지자를 끌어들이고 있다고 설명했다. 소액 기부자를 많이 모았으면서도 이를 표로 연결하는 데 실패했던 2004년 대선 때의 하워드 딘 민주당 후보와 다르다고 평가했다.

오바마의 선거자금은 공화당 후보인 매케인의 2배에 달했다. 민주당의 버락 오바마, 공화당 존 매케인 상원의원간의 대결로 좁혀졌던 미국 대선은 변화냐 기존 노선의 고수냐를 가름하는 한 판 승부가 됐다. 사상 최초의 흑인 미국 대통령을 노렸던 오바마는 '변화'의 기치를 내세워, '경험'을 앞세운 힐러리 클린턴 상원의원을 누르고 경선에서 승리했다.

다시 본선에서는 오바마와 매케인 사이에 진정한 변화를 놓고 결선이 벌어졌다. 민주당이 변화를 선택한 가운데, 공화당도 '변화(change)'를 대선 구호로 내놓았기 때문이다. 결국 오바마는 한때 민주당 내 힐러리와 공화당 후보인 매케인의 두 배에 해당하는 거대한 금액을 모아 냈다. 작은 돈이 큰돈을 만든 아주 대표적인 사례라고 볼 수 있다. 결국 오바마가 대통령으로 당선됐다.

전쟁비용은 정치비용?

1

한국전쟁 때 미국은 전쟁비용으로 얼마를 지출했을까?

전쟁을 돈으로 계산한다는 자체가 무의미하게 들릴 수는 있다. 하지만 미국은 늘 전쟁의 비용과 전쟁의 결과 사이에 어떤 함수관계가 있는가를 따지는 계산방법을 수행해왔다. 전자계산기의 하나하나 버튼을 누르며, 전쟁 이익을 계산한 것이다.

쉽게 납득이 안 간다고?

미국 등 전쟁 당사자 배후에는 금융자본가가 있고, 금융 자본가들은 전쟁을 통해 상당한 이익을 챙긴다. 이들은 전쟁이 하나의 사업인 셈이다. 그렇다보니 미국은 모든 전쟁비용을 잘 계산해서 그것을 공개하고 있다. 수입과 지출의 대차대조표를 말끔히 완성시킨다.

한국전쟁은 이념대립으로 인해 발발한 것도 물론 있었겠지만, 많은 목숨을 앗아간 이 전쟁은 슬프게도 다른 전쟁처럼 예외 없이 전쟁비용이 계산됐다.

만일 이 글을 김이 모락모락 나는 욕조 안에서 읽고 있다면, 아쉽더라도 밖으로 나와 다음 글들을 정독해봐라.

한국전쟁은 구매력을 감안해 2006년 달러로 환산해보니, 6510억 달러나 됐다. 다른 통계도 있다. 2008년 미 의회조사국(CRS)은 한국전쟁 비용을 포함한 '미국의 주요전쟁비용 보고서'를 발간했다. 의회조사국 통계상으로는 한국전쟁 비용으로 3200억 달러를 투입한 것으로 집계됐다. 2차 대전 이후 가장 많은 전쟁비용을 쏟아 부은 전쟁은 베트남 전쟁으로 6860억 달러였다. 이 점에 대해서도 반론은 있다. 노벨경제학상을 수상한 미국의 저명한 조셉 스티글리츠 교수는 이라크 전쟁 비용으로 이미 3조 달러가 넘어섰기 때문에, 베트남 전쟁 비용을 넘어섰다고 주장했다.

다시 CRS 보고서를 보자. 이번엔 GDP대비 전쟁비용 비율을 따져봤다. 뜻밖에도 한국전쟁 중인 1952년도가 4.2%로 가장 많았다. 그만큼 미국의 재정 부담이 컸다는 증거다.

가장 넓은 의미의 전쟁비용에는 직접 전쟁비용 뿐 아니라, 참전자들에 대한 유공자 예우, 생활과 품위유지지원, 국립묘지 안장혜택 및 생전의 의료보호 제도 등에 투입되는 비용까지 포함돼야 한다.

CRS의 미군 '전쟁포로와 전투중 실종자' 2004년 보고서가 있다. 이 보고서는 미국이 북한지역 미군 유해 발굴, 송환을 위해 10년 동안 북한에 제공한 돈이 1500만 달러에 이른다고 추산했다. 이 역시 전쟁비용이다. 한국전쟁 중 북한에 포로로 잡혀 있다가 제3국을 통해 탈출해온 분도 있다. 이 부분도 역시나 전쟁비용이다. 이렇듯 전쟁비용의 정확한 계산은 전쟁과 관련된 마지막 분들에 대한 예우가 끝났을 때, 그때 비로소 정리 가능한 문제일 것이다. 미국이나 우리나라나 6.25 한국전쟁에 대한 전쟁비용 계산은 아직까지도 현재진행형일 뿐, 결코 완료형이 될 수 없는 이유다. 총수입과 총지출이 언젠가는 어림잡아 계산돼 나올 것이다.

또한 전쟁비용이 있다면, 평화비용이 있다. 개성공단이 대표적이다. 남북 화해와 경제협력을 통해 긴장을 완화하고, 서로간의 접촉면을 넓혀 동질성을 확인하고 평화통일의 길로 나아갈 수 있는 더디지만 바른 길이다. 한국전쟁 당시 세 갈래 남침루트 중 한 곳이었던 개성축선의 중화기를 뒤로 물리고, 그 곳에 자본주의 체제의 실험공장을 건설했다. 그런 개성공단이 위협받았다. 평화를 꿈꾸거든 전쟁을 생각하라는 말이 있다. 평화비용이 겁나거든 전쟁비용을 계산해 볼 때다.[07]

하지만 한국전쟁의 전쟁비용 산출에 애로사항이 없는 건 아니다. 미국의 예산은 비교적 투명한 반면에, 북한의 예산은 검증되지 않았다. 따라서 현재 확인될 만한 것은 한국전쟁의 주체는 다음 3자라는 사실이다. 스탈린, 김일성, 모택동 등이 바로 한국전쟁의 주체였다. 당시 한국전쟁은 세계사적인 전쟁이었다. 냉전 상황에서 열전이 벌어졌기 때문이었다.

해방 이후 소련의 스탈린이 김일성을 선택하는 절차를 거쳤고, 북한은 당시 소련의 후원을 받아서 건국됐다(이후 소련의 스탈린은 9개 사단을 압록강 북쪽 인근으로 보낼 것을 중국에 제안했다. 이때 주은래는 자신의 심복인 자이 준위에게 북한과의 유대를 강화하라는 임무를 주고 평양에 급파했다).[08]

미국의 경우에는 전쟁비용 제공자 가운데 로스차일드 가문이 포함돼 있었다.

한국 전쟁비용을 중심으로 해서 살펴보는 것은 전쟁을 쉽게 이해하는 데 도움이 된다. 하지만 초기작전, 지연작전, 낙동강 방어선 작전, 인천상륙작전과 반격작전, 북진작전, 중국의용군 1, 2차 공세, 중국의용군 3, 4, 5차 공세와 반격 작전, 교착전기 및 휴전 등 작전을 점검할 수 있어야 할 것이다.[09]

그리스 로마 신화에서도 전쟁의 신(아레스)은 상인의 신(헤르메스), 풍요 의 신(데메테르)을 압도하는 것처럼 보이지만, 신의 세계는 모두 다 같은 것으로 취급된다. 전쟁의 신은 힘이 강하고, 돈의 신은 머리가 좋다고 나온다.

얼마 전인 2009년 6월 10일 시사주간지인 [타임] 인터넷 판이 내놓은 '북한은 새로운 한국전을 일으킬 수 있나?'라는 제목으로 남북한 간의 충돌 가능성을 분석하는 기사를 실었다.

이 잡지는 한반도가 1953년 7월 27일 정전협정을 체결한 탓에 여전히 전쟁은 끝나지 않은 상태라면서, '북한의 최근 핵실험과 미사일 발사 등의 무력 과시는 적대행위 재개 가능성에 대한 많은 사람의 우려를 고조시켰다'고 지적했다. 한편으로 사람들은 여론과 상관없이 전쟁의 가능성을 주체적으로 판단하기 시작했다.

[타임]에 따르면 미국 관리들은 평양 내부의 정치 불안이 '대결'(confrontation)의 위험을 고조시킬 수도 있다는 우려를 나타냈다. 김정일 위원장이 2008년에 뇌졸중으로 건강이 약해진데다, 후계자인 삼남 김정운은 아직 권력승계 준비가 안 돼 있었다. 군부는 권력승계 과정에서 영향력을 유지하려는 것이 정치 불안 요소라는 것이다.

[타임]이 밝히는
전쟁발발 가능성 낮추는 요인

01. 미군의 지원을 받는 남한은 전쟁을 원치 않는다. 북한은 휴전선 부근에 장사정포 등 1만 3천여문의 야포를 서울을 겨냥해 배치했다. 비무장지대 30마일 이내에 1천만 명 이상의 한국인이 살고 있어 전쟁을 원치 않는다.

02. 식량의 상당부분을 중국에 의존하고 있는 북한은, 전쟁이 발발할 경우 체제의 붕괴가 분명해지는 만큼 전쟁을 원치 않는다.

03. 미국도 긴장상황을 외교적 채널을 통해 해결하기를 바라고 있다. 특히 북한이 핵기술을 수출하는 것을 저지하는데 정책의 우선순위를 두면서, 북한에 대한 선제적인 군사적 행동은 배제하고 있는 점도 주목할 만하다.

04. 두 차례나 베이징주재 미 육군 무관을 지낸 래리 워첼은 중국의 역할이 관건이 될 것이라고 지적했다. 중국은 평양이 국제적인 제재로부터 살아남도록 지원할 것이기에 미국 등 우방들의 대북제재는 중국과의 완전한 단절이나 갈등을 원하지 않는 한 한계를 지닐 수밖에 없다. 중국은 북한체제의 붕괴로 난민들이 중국내로 유입되는 사태와 중국 접경에 친미정권이 들어서는 것을 원치 않는다.

● 설혹 전쟁이 발발한다면 북한은 휴전선 부근의 야포 및 단거리 미사일을 중심으로 집중적인 타격에 나설 것으로 보인다. 반면, 한미 양국은 북한의 야포 공격을 최대한 신속히 무력화하면서 해공군력에 의존할 것으로 보인다. 미 국방부는 현재 주한미군이나 주일미군의 병력이나 무기를 증강할 계획은 세우지 않고 있다. 다만 이라크와 아프가니스탄에 17만 5천여 명의 미군이 묶여있는 상황에서 한반도의 긴장이 더 고조되는 상황이 발생한다면, 일단 임시 대응군을 파견해 대응할 것이다. 하지만 종국적으로는 한미 연합군이 우세하게 될 것이다(제임스 콘웨이 미 해병대 사령관).

데니스 블레어 미 국가정보국장도 북한의 최근 핵실험과 미사일 발사 등 상대방의 반응을 이끌어내려는 도발 행위가 권력승계 문제와 맞물려 잠재적으로 위험한 결합(mixture)이 되고 있다고 우려했었다. 그러나 [타임]은 긴장고조에도 불구하고 전쟁발발 가능성을 낮추는 요인들도 많다고 지적했다.

여러 요인이 있겠지만, 그래도 가장 주요한 것은 전쟁비용의 문제이다. 전쟁비용의 문제를 보면, 어떤 전쟁이 발발할 것인가를 예측할 수 있다. 북한의 경제력은 상당히 안 좋기 때문에, 단기간 내에 밀지 못하면 버틸 수 없을 거라고 본다. 그런데 북한이 핵을 갖게 됐다. 핵은 북한을 수호하는 데는 상당한 도움이 될 것이다. 지금은 북한의 핵을 대체할 것은 북한의 안전보장과 체제의 미래, 즉 북한이 21세기를 대비할 수 있는 선의의 환경과 돈 뿐이다.

공산주의자들의 경우에는 최소의 비용으로 전쟁을 한다. 지나치게 돈에 의지하는 것은 제국주의 전쟁이라고 파악한다. 대부분의 경우 인력의 힘으로 전쟁비용을 만든다. 전쟁이 끝난 이후에도 김일성은 파괴된 평양을 비교적 일찍 복구했다. 인민의 노동력에 의존했기 때문이다(김일성은 이런 자체의 복구과정을 통해서 이전의 마르크스 레닌주의로부터 서서히 주체사상을 만들어 가게 됐다. 반면, 이승만은 자유주의 사상과 한미 군사동맹에 의해서 자신의 위치를 공고하게 만들었다. 바로 이런 것이 동북아시아에서 냉전의 구조였던 것이다).

이처럼 어떤 전쟁도 전쟁비용이 들어가기 때문에, 대부분의 전쟁에는 돈을 쉽게 굴릴 수 있는 은행가들이 참여했다. 로스차일드 가문도 전쟁 속에서 성장해 왔다. 전쟁을 통해 횡재한 은행가들의 이야기는 남의 이야기가 아니었다. 워털루 전쟁으로부터 시작해, 미국의 독립전쟁, 남북전쟁, 제1차 세계대전, 히틀러에 대한 지원, 제2차 세계대전, 한국전쟁 등 거의 모든 전쟁사에는 로스차일드 가문의 조용한 활약이 눈에 띈다.

그것만이 아니다. 로스차일드 가문은 공황과 불황과 같은 금융위기 속에서 더욱 강한 모습으로 거듭났다. 1929년의 세계대공황도 돈을 압축하고 돈을 늘리는 과정에서 은행가의 개입은 절대적으로 필요했다. 바로 이 같은 과정을 통해서, 로스차일드는 더욱 성장한 모습으로 나타난다. 로스차일드에게 딱 들어맞는 평가가 있다.

나폴레옹이 했다는 이야기. "금융가에게는 조국이 없다"는 바로 이 말을, 더욱 더 실감할 수 있다.

은행가의 입지에서 볼 때, 전쟁은 큰 호재다. 평화시기에는 감가상각이 느리게 진행되던 각종 고가의 시설과 물품이 전쟁 때는 순식간에 잿더미로 변한다. 전쟁으로 인한 무기 구입비용, 복구비용 등이 발생하게 된다. 전쟁의 당사자들은 이처럼 어떤 대가를 치르고라도 싸움에서 이기려고 하기 때문에, 전쟁이 끝난 후에는 이긴 정부든 진 정부든 은행채무라는 함정에 빠져들고 만다. 잉글랜드 은행의 설립 때부터 나폴레옹 전쟁이 끝난 121년(1694-1815) 동안 영국은 56년간을 전쟁 속에서 보냈다. 나머지 시간의 절반은 전쟁준비에 할애했다.

피비린내 나는 전쟁을 책동하고 그 자금을 대는 것은 은행가의 이익에 들어맞는다. 로스차일드 가문도 예외는 아니었다. 프랑스 혁명부터 제2차 세계대전에 이르는 거의 모든 근대 전쟁의 배후에는 그들의 그림자가 어른거린다.

로스차일드 가문은 주요 서방 선진국의 최대 채권자다. M. A. 로스차일드의 부인 구틀 슈내퍼. 그녀는 세상을 뜨기 전에 힘들게 입을 열었다.

"내 아들들이 전쟁을 바라지 않는다면, 전쟁에 열을 올릴 사람들도 없어질 거야."

19세기 중반에 이르러 영국, 프랑스, 독일, 오스트리아, 이탈리아 등 유럽의 주요 공업국가의 화폐발행 권리가 로스차일드 가문의 수중에 떨어졌다. 이로써 신성한 군주의 권리가 '신성한 금권'으로 대체됐다.

이때 대서양 저쪽에서 번영을 간절히 원하는 아메리카 대륙이 눈에 들어왔다.[10] 결국 전쟁은 군주와 군주, 지도자와 지도자 간에 수행됐다. 하지만 전쟁이 끝난 후에는 오랫동안 평화적인 방법으로 은행에 끌려 다녔던 것이 바로 근대사의 진실이다.

그것도 권력이 민주화되면서 권력은 임기가 있지만, 소유권에는 임기가 없었다. 임기가 없는 금권의 힘은 권력의 힘을 간단히 무릎 꿇게 하고, 이리저리 휘둘리게 만들었던 것이다. 게다가 '미친놈(?)'을 돈으로 구워삶아 암살자로 만들었다. 한국전쟁도 역시 로스차일드와 같은 미국의 은행들이 개입하고 있었다.

1 **백화제방의 자세가 필요하다**

공자가 살았던 춘추시대. 그 이후의 전국시대는 민에 의한 질서의 시대였는데, 백화제방의 시대에 해당한다. '공자 왈 맹자 왈'하니까 미국과 유럽을 건너, 조선시대 서당에 온 느낌이다.

백화제방의 시대는 어떤 시대인가?

백가지 꽃이 있는데, 모든 꽃들이 자기 나름의 향기를 뿜어대는 시대라고 할 수 있다. 향기를 풍기는 것을 제어할 어떤 방법도 없다. 백화제방의 시대에 자유롭게 살면서, 우리는 또한 역사의 방향을 생각하지 않을 수 없다.

오늘이 바로 백화제방 시대이다.

그 이유는 전국시대처럼 '민에 의한 질서'의 시대이기 때문이다. 그동안 우리는 신분제에 의한 질서의 시대에서 국가(공적 질서, 관에 의한 질서, 반공국가)에 의한 질서의 시대로 옮겨갔다. 그리고 독재에 대한 반대운동, 즉 민주화운동에 의한 질서의 시대에서 지금은 이른바 '민에 의한 질서'의 시대가 형성되는 시대를 맞고 있다.

민에 의한 질서는 경제적 질서와 민주주의적 질서를 포함하고 있다고나 할까. 모든 것들이 돈에 의해서 질서가 형성되고 있다. 또한 민주주의 시대를 말하는 것이기도 하다.

전국시대 때 백화제방의 질서는 진나라(힘에 의한 제국)의 부흥으로 귀결됐다. 지금 민의 시대는 철저한 돈에 의한 질서의 시대로 귀결될 가능성이 보다 더 높아졌다. 지금은 새로운 질서가 만들어지는 시대이다. 이 새로운 질서가 자유주의 쪽으로 이동할지, 아니면 민주주의 쪽으로 이동할지 우리는 주목할 필요가 있다.

나는 자유로운 삶의 가치를 높이 평가한다. 오늘이 '백화제방'의 시대라서 더욱 그러하다. 자신의 수입 11 안에서 자유롭게 선택하고 생활해야 한다. 이런 다양성이야 말로 우리 시대 우리가 누려야 할 자유 가운데 하나이다. 다양성이야 말로 사회구성원, 또는 인류구성원들 사이에 공존을 가능하게 만들어 주기 때문이다.

 또 다른 제언 1: 공동체의 꿈도 필요하다

모든 사람이 똑같이 소중하다

1인 1표제를 생각해 보면, 모든 사람들이 서로를 소중하게 생각해야 한다. 자신이 갖고 있는 것에 의해서가 아니라, 자신의 존재 자체가 소중하게 여겨져야 한다. 이것은 자유주의의 사상 기초와는 전혀 다르다. 자유주의 사상은 재산을 얼마나 갖고 있느냐에 따라서 다르게 대접받는다. 이 세상은 이런 두 가지의 가치가 동시에 존재한다. 두 가지 가치 중에서 모든 사람들이 똑같이 소중하다는 생각, 바로 이것이 민주주의 국가에서의 가치이다.

공존의 논리이다

민주주의는 공존의 논리이다. 공존의 논리란 사회구성원들 모두가 사회구성원으로서의 삶을 유지할 권리를 갖고 있는 사회를 말한다. 어떤 세대, 어떤 특정한 계층이 다른 사람의 생존의 기반을 훼손하지 말아야 한다는 것을 말한다. 외세의 영향도 제한돼야 한다.

지금처럼 '88만원 세대', '인턴세대'들의 존재는 분명히 새로운 세대들의 직업을 제대로 챙기지 않은 데서 발생한 문제이다. 그 가운데서 책임이 가장 큰 것은 정부이다. 이런 문제는 비정규직 노동 제도를 채택하고, 투기자본의 이동을 자유롭게 만듦으로써 발생한 것이다. 투기금융자본은 주변을 계속 황폐하게 만들고 있다. 투기금융자본은 소수의 인원만을 자신의 자산관리회사에 취직시킨다. 너무나 많은 사람들을 소외시키고 있다.

민주주의의 대원칙은 공존이 가능한가, 아닌가에 달려 있다. 공존의 논리는 그 사회에 민주주의가 살아 있는지, 아닌지에 달려 있다.

공존이 가능하기 위해서는 공존이 가능한 조건을 만들어야 한다. 공존이 가능한 조건은 빈부격차가 너무 심해서는 곤란하다. 소득격차가 발생하더라도 어느 범위 안에서 이뤄져야 한다.

공통의 목표도 갖고 있어야 한다

공동체의 꿈은 "합리성의 나라(근대) → 욕망과 탐욕의 나라(현대) → 과도기(현대와 가까운 미래) → 생태계의 국가(미래공동체)와 세계"이다. 이것은 수정이 가능한 목표이다. 이런 공동체에 대한 꿈은 더 확실하게 필요하다.

공동체의 꿈은 환경과 인간의 공존을 지향하는 생태계의 나라, 구성원끼리 서로 존중해주는 민주주의 나라, 카지노 제국은 아닌 나라, 노동의 가치도 인정되는 나라, 돈도 소중히 여김을 받는 나라이다.

이렇게 되기 위해서는 개인도 승리하고, 공동체도 승리해야 한다. 이런 공동체를 만들어 나가는데, 우리가 해야 할 일은 분명하게 있어야 한다. 공동체 나름의 목표도 분명히 존재해야 한다.

 또 다른 제언 2: 정신적인 가치를 분명하게 갖고 있어야 한다

정신적인 가치가 분명한 사회를 만들어야 한다. 정신적인 가치는 인간이 모두 소중한 존재라는 사실을 인정하는 것이다. 우리나라는 홍익인간(弘益人間)을 정신적인 가치로 삼을 수 있을까. 유럽에서는 오랫동안 기독교가 그 역할을 담당했다. 이 같은 종교적인 혼합사회일수록 목표설정이 쉽지는 않다.

우리 사회는 그동안 지나치게 돈에만 집중해 왔다. 정신적인 가치는 완전히 팽개쳐 버렸다고 해도 과언이 아니었다. 이제 남은 가치 가운데, 돈 이외에 다른 기준들은 모두 사라지고 있는 것이다.

새로운 기준을 세워 나가야 한다. 이런 상황에서, 관용의 정신을 새로운 가치로 제시할 수 있을까? 특별히 관용의 사회가 아님에도 프랑스의 경우에는 오랫동안 '관용의 정신'을 부르짖어 왔다.

부정한 돈은 오래
머무르지 않는다.
그것은 쉽게 들어왔다가
쉽게 나간다.

프라우타스

돈의 가치를 알아보고 싶거든

나가서 남에게

돈을 꾸어 달라고 요청해 보라.

적에게 돈을 꿔주면 그를 이기게 되고,

친구에게 꿔주면 그를 잃게 된다.

벤자민 프랭클린

신은 인간을 만들고,

옷은 인간의 외양을 꾸민다.

그러나 인간을 마지막으로

완성하는 것은 돈이다.

존 레이

부자들의 기름진 생활: 메디치가, 로스차일드가

제2차 세계대전 중에 반미활동을 한 혐의로 오랫동안 정신병원에 연금됐던 미국의 시인 에즈라 파운드(Ezra Loomis Pound).

그는 브레이크가 고장 난 자동차처럼 자본주의가 마구 질주하던 황금시대(Golden Age)를 살았다. 1920년대 파운드가 바라 본 국제은행업은 절대 악의 근원이었다.

파운드는 국제금융자본의 폐해를 풍자하면서, 왜 하필 이탈리아의 우수라(usura, 사채)에 대해서 썼을까?

그것은 금융에 관한 모든 이야기가 이탈리아에서 출발하기 때문이다. 13세기와 14세기에 걸쳐 신용을 제공하는 신종사업이 등장했고, 이는 곧 유럽전역으로 뻗어 나갔다. 북쪽으로는 런던, 동쪽으로는 콘스탄티노플, 서쪽으로는 바르셀로나, 남쪽으로는 나폴리와 키프로스까지 확대됐다. '우수라'라고 불렸던 이 '사악한 사업'은 이탈리아 토스카나 지방의 피렌체에서 출발했다.

피렌체는 음탕하고 지저분하거나, 조악함이 넘치는 곳이 아니었다. 훌륭한 그림과 건축물들이 총집합한 우아한 곳이었다. 이 도시는 자본과 예술이 결합한 사업, 즉 메디치가가 있어 오늘날에도 탁월한 예술의 요람으로 평가받고 있다. 매끄러운 대리석 건물이 빽빽하고, 성당과 예술작품이 풍부함에 있어서 오늘날 피렌체와 같이 높이 평가받은 지역은 거의 없다. 그것은 바로 메디치 가문 때문이다. 르네상스 시절 피렌체에는 메디치 가문이 있었다. 메디치 가문은 이탈리아에서 처음으로 금융업을 시작한 가문이다.

메디치 은행은 1397년에 설립돼, 1494년에 문을 닫는다. 100년이 약간 안 되는 기간이다. 이 은행을 세운 사람은 지오반니 디 비찌데 메디치이다. 1360년에 태어난 지오반니는 은행의 설립과 함께 조직을 확장하고, 전통을 확립한 사람이다. 그는 은둔형 인간이었다. 1429년 사망할 때까지 주체할 수 없을 정도로 이익이 넘쳐나는 회계장부를 방패삼아, 그 뒤에 몸을 숨긴 채 남들 앞에 나서는 것을 극도로 피했다. 죽을 때는 '대중의 눈에 띄지 않게 처신하라'고 자식들에게 당부했다.[12]

하지만 그의 사업을 물려받은 코지모 디 지오반니 데 메디치는 달랐다. 대중의 주목을 피하기는커녕 국가의 중대사에 앞장서서 관여했다. 1389년 출생하여 1464년 사망한 코지모는 이 글에서 다루는 다섯 세대의 인물 중 가장 장수한 인물로 기록된다. 하지만 아버지의 뜻을 어기고 대중들 앞에 나선 탓에 짧은 수감과 유배생활을 한다.

이처럼 메디치가의 사람들은 아주 독특한 개성을 갖고 있었다. 이것이 오늘날 로스차일드 가문과 다르다면 다른 점이다. 그의 아들 피에로는 오래 살지 못했고, 통풍환자였다. 그는 고약한 성미를 갖고 있었다. 그는 공화국내의 정적들을 단호하게 다루면서, 그들의 도전을 효과적으로 제압했다. 다음은 로렌초이다. 그는 조금은 조용히 살려고 노력했다. 그러나 그는 증조할아버지만큼은 아니었다. 그는 갓 스무 살의 나이로 공화국 전체의 가장 주목받는 인물로 부각됐을 때, 로렌초는 계란을 한 바구니에 담지 않는 지혜를 보여 줬다. 이미 허가제에 접어든 은행을 살리려고 하기 보다는, 금융과 상업의 영역 이외에 다른 분야를 개척하려고 노력했다. 마지막인 피에로 디 로렌초는 아버지의 뛰어난 능력을 이어가지 못했다. 그는 결국 대부분의 일을 실패하고 말았다. 프랑스 군대가 이탈리아로 쳐들어 왔을 때, 그는 도망갔다. 결국 그의 재산은 몰수 됐고, 은행은 폐쇄됐다.

메디치가의 사업은 나날이 커지다가 결국 폐쇄됐다. 더욱 중요한 것은 이집이 결국 엄청난 권력의 가문으로 전환한다는 것이다. 인맥, 노예, 애정행각, 처세술, 재산, 업적, 그들이 후원한 예술가까지 살펴보았을 때, 이 집은 르네상스 기간 동안 역사를 쥐고 흔들었다. 즉, 예술을 지배하고, 종교를 흔들었던 가문이었다. 그 시작은 피렌체에서의 대금업과 은행업이었다.

당시 코지모는 로마에 내려가 지냈다. 마침 요한 23세를 밀어내고 즉위한 교황 마르티노 5세의 거래은행이 파산하는 바람에, 메디치 은행이 다시 교황의 은행으로 지정될 수 있어서 다행이었다. 이 교황과 메디치 가문은 아주 막역했다. 돈을 이야기하는 사이는 이렇게 막역해지는 법이다. 그것도 교황과 은행가가 깊은 대화를 나눴다는 점에서, 우리는 약간의 의아함을 느낄 수 있다. 그러나 경쟁사회에서는 당연히 이런 관계가 될 수밖에 없었다. 교황에게도 경쟁자들이 주변에 들끓고 있었으니 말이다.

메디치가는 예술가들을 지원했다. 1471년 피렌체를 방문한 밀라노 공작 갈레아조 마리아 스포르차는 '메디치가의 번영과 메디치 궁전과 정원이 조각, 도자기, 보석, 그림, 고전 사본, 건축 유물로 박물관을 이룬 것'을 보고 놀라워했다. 메디치가의 번영은 교황에 즉위한 식스투스 4세가 메디치가에게 지속적으로 교황청 재정을 담당해 줄 것을 요청한 데서도 알 수 있다.

예술 후원가로서의 로렌초의 성격을 가장 잘 보여주는 것이 베르톨도 디 조반니와의 관계이다. 베르톨도는 비주류에 속하는 소품 조각가였지만, 도나텔로로부터 수학한 후 조수로 그를 도왔고 이후 미켈란젤로의 스승이 됐다. 그는 15세기의 위대한 조각가 도나텔로와 16세기의 위대한 조각가 미켈란젤로 사이에 교량적인 역할을 한 것이다. 로렌초는 예술가들 가운데 베르톨도를 가장 가까이 했다. 레오나르도 다빈치도 역시 메디치가의 도움을 받았다. 다빈치는 피렌체 축제를 통해 피렌체 상류사회를 알게 됐다. 이 시기 그는 베로키오 작업장의 반장 정도의 위치에 있었다. 그는 메디치 궁전에 들어갈 수 있었으며, 그들이 어떤 생활을 하는지 직접 볼 수 있었다. 아마 밀라노의 공작처럼 그도 그곳에 소장된 고대 미술품들을 보고 경탄했을 것이다.

　메디치 가문은 신분은 높아졌는데, 결국 몰락으로 끝났다. 피에로는 로렌초와 클라리체 오르시니를 결혼시켰다. 이로써 메디치가는 로마의 가장 유력한 두 가문 중 하나인 오르시니 가와 사돈이 돼 정치적·경제적 기반이 더욱 탄탄해졌다. 로렌초의 결혼식은 피렌체 전체의 잔치로 사흘 동안 지속됐고, 사탕과자만도 5천 파운드가 소요됐다. 즉, 메디치가는 결국 정경유착에 성공한 것이다. 그러나 그것만이 아니었다.

　피에로가 타계했을 때, 로렌초는 피렌체에서 가장 부자였다. 이는 이탈리아 최고 부자임을 의미했다. 메디치가의 재무구조는 시와 맞물려 있어서, 메디치가와 관련된 많은 채무자, 고객, 친구, 직원들이 피에로가 사망한 후, 이틀 동안 로렌초의 집으로 가서 앞으로 정부를 어떻게 이끌고 갈 것인지에 관해 물었다. 로렌초는 현상을 유지하려고 했다. 만약 그렇게 하지 않을 경우, 적 혹은 메디치가에 맞먹는 가문이 정치적 권력을 장악할 수도 있었기 때문이다.

　로렌초는 경험이 많은 시민들로 위원회를 구성하고, 그들로 하여금 주요 문제들에 관해 자신에게 제안하도록 했다. 그는 동생 줄리아노와 자신의 권력을 나누려고 했지만, 줄리아노는 모든 권력을 사양하고 음악, 시, 마상 창시합, 사랑 등을 즐겼다. 번영이 지속된지라 시민들은 로렌초의 통치에 묵묵히 따랐다.

　메디치 가문은 세 명의 교황인 레오 10세, 클레멘스 7세, 레오 11세와 피렌체의 통치자(그 가운데서도 위대한 로렌초는 르네상스 예술의 후원자로 가장 유명함)를 배출했다. 나중에는 혼인을 통해 프랑스와 영국 왕실의 일원이 되기도 했다. 다른 귀족 가문들처럼 그들도 자기네 도시 정부를 지배했다. 메디치 가문은 자신들의 권력 아래 피렌체를 뒀으며, 예술과 인문주의가 융성한 환경으로 만들었다. 그들은 밀라노의 비스콘티와 스포르차, 페라라의 에스테, 만토바의 곤차가 등, 다른 위대한 귀족 가문과 더불어 이탈리아 르네상스의 탄생과 발전을 이끌어내는 큰 역할을 했다.

메디치가는 돈을 벌어 예술에도 투자하고, 신분을 높이는 데도 쓰곤 했다. 그러나 로스차일드 가문은 절대로 그렇지 않다. 로스차일드 가문은 황금의 진정한 의미를 가장 잘 알고 있는 가문이다. 로스차일드 가문의 기초를 세운 사람은 마이어 암셀(1744~1812년)이다. 독일 프랑크푸르트의 유대인 집단거주 지역인 게토에서 태어난 그는, 유대교 랍비양성학교에 다니다가 11살 때 부모가 천연두로 죽자 학교를 그만뒀다. 그리고 소년 가장으로 경제생활에 들어갔다.

친척의 도움을 받아 하노버에 있는 오펜하이머란 유대계은행에 취직함으로써, 평생 은행원으로서의 편안한 생활이 보장됐다. 그러나 그는 곧바로 은행을 그만두고 프랑크푸르트로 되돌아와서 그의 아버지가 하던 고물장사를 동생들과 함께 계속했다. 그는 통일 이전 독일의 제후 귀족 부호들을 상대로 옛날 화폐와 골동품 등을 팔아 돈을 번다. 이와 함께 의도적으로 독일의 권세가들에게 접근해 결국 헤센카젤 공국의 지배자인 하나우공 빌헬름의 신임을 얻어 궁정 어용상인이 된다.

로스차일드(Rothschild)라는 이름은 붉은색(rot)과 방패(schild)의 합성어로, 마이어 암셀의 집에 붙은 붉은 방패에서 비롯됐다.

다섯 개의 화살은 로스차일드 가문의 문장인데, 로스차일드 가문의 출발이라 할 수 있는 마이어가 임종의 자리에서 자녀들에게 스키타이(기원전 6세기부터 기원전 3세기, 흑해 북안에 건설되었던 강대한 유목국가)왕에 대한 이야기를 한 것으로 전해지고 있다.

"화살다발처럼 하나로 뭉치면 강력한 힘을 발휘할 수 있으나, 만약 결속이 무너지면 그 힘을 잃고 번영도 사라질 것이다"를 이야기 하여, '다섯 개의 화살'이 그려진 방패를 가문의 문장으로 삼게 된 것이다.[13] 지금도 로스차일드 사이트는 물론 런던의 은행에도 이 문장이 붙어 있다. 로스차일드에게는 5명에 아들과 5명의 딸이 있었다.

첫째 아들 암셀은 독일에서 아버지 사업을 이어받았다. 그는 나중에 통일 독일의 재무장관이 됐다. 둘째 아들 살라몬은 오스트리아에, 셋째 아들 나탄은 영국에, 넷째 아들인 칼만은 이탈리아에, 다섯째 아들인 야콥(제임스)은 프랑스로 가서 각각 그 나라에서 귀족이 되거나, 경제권을 장악했다. 이 뿐만이 아니다. 다른 나라에 있는 형제들과 서로 연락을 취해 공동으로 돈을 벌기도 했다. 지금으로 말하면, 다국적 금융기관이 되어 국제 대출업을 한 셈이다. 이때 제임스 로스차일드(프랑스로 간 야콥의 자손)의 1850년도 자산 규모는 6억 프랑으로, 이는 나머지 전 프랑스 은행의 자산을 모두 합한 것보다 무려 1억5천만 프랑이나 더 많은 액수였다.

한편 로스차일드 가문은 막대한 자금력으로 그 나라의 통치자들로부터 검열 없이 국경을 드나들 수 있는 특권을 얻기도 했다. 심지어 적국에까지 마음대로 드나들 수 있는 특별한 신분의 소유자가 됐다. 또한 그들은 그 무엇보다도 통신이 중요하다는 사실을 간파하고 비밀리에 비둘기를 이용한 통신방법을 발전시켰다.

마이어 암셸은 빌헬름 9세가 맡겨둔 엄청난 거금을 빌헬름 9세의 요구대로 숨겨두는 대신 다섯 아들에게 나눠줬다. 영국에 진출해 있던 야심적이고 모험적인 셋째 아들 나탄(1777~1836년). 그는 이 비밀자금을 정식으로 투자하기 전에, 여러 나라의 국채를 사고 되팔아 엄청난 단기차익을 챙기고 사업적 명망까지 얻는 데 성공한다. 반면, 프랑스에 간 나탄의 동생 야콥은 아버지가 보내준 돈을 나폴레옹에게 군비로 빌려준 후, 1815년 워털루 전투에서 나폴레옹과 웰링턴의 결전을 지켜봤다.

영국에서는 나폴레옹의 위력이 너무 강했다. 그래서 십중팔구 영국이 워털루 전투에서 패할 것으로 생각했다. 워털루 전투에서 영국이 승리하는 것을 지켜본 로스차일드의 사자는 그길로 비둘기를 보내 영국에 있던 나탄에게 보고했다. 그 소식을 접한 나탄은 즉시 런던의 주식시장에 여느 때와 마찬가지로 나타나 비장한 표정으로 한참 생각하는 듯하더니, "팔아라!"라고 외치고는 사라졌다.

그를 주시하던 사람들은 모두 나탄이 팔라고 할 때에는, 분명히 영국이 전쟁에서 패했기 때문이라 짐작하고 너도나도 앞 다투어 주식을 팔려고 했다. 이렇게 모두 팔겠다고 나서자 주식시장은 아수라장이 됐다. 그 결과 주식가격은 바닥으로 떨어졌다. 그때 나탄은 미리 비밀조직을 조직해 놓은 다른 회사의 명의로, 그 주식들을 몽땅 사들였던 것이다. 어둠의 조직냄새가 물씬 풍겼다.

다음날, 월링턴이 보낸 사자가 승전소식을 알리자, 영국전체는 국민들의 환호성으로 뒤덮였다. 주식가격은 하늘로 치솟듯 뛰어 올랐다. 나탄은 어디론가 종적을 감춘다. 이때를 빗대어 사람들은 나탄 로스차일드가 영국을 샀다고 평할 정도였다. 나탄은 영국에 온지 17년 만에 처음 갖고 있던 돈을 2천 5백배로 불렸다. 한편 다섯 아들은 모두 유럽의 중심국가 오스트리아 제국으로부터 남작 작위를 받는다. 작위를 받으며 5발의 화살을 쥔 손이 그려진 문장을 사용한 것을 계기로, 그 뒤 형제에게는 '5발의 화살'이라는 별명이 붙는다.

나폴레옹 전쟁 뒤 로스차일드 가문은 사실상 '유럽의 숨은 지배자'가 된다. 전쟁 중에 로스차일드 가문은 영국의 전쟁비용을 조달하기 위한 국채를 대량으로 매입하는가 하면, 이베리아 반도에 진출한 영국군의 자금 조달에도 크게 기여했다.

더 나아가 나탄은 영국을 겨냥한 나폴레옹의 대륙 봉쇄령을 뚫고, 영국 상품의 비밀교역을 주도했다. 결국 세계 최강대국 영국의 재정을 비롯한 금융시장은 나탄에 의해 좌지우지 됐다. 막내 제임스도 프랑스에서 국왕 루이 필립과의 친교를 바탕으로 엄청난 부와 영향력을 과시하는 지위에 올랐다. 로스차일드의 지원이 없으면, 유럽의 어느 왕도 전쟁을 일으킬 수 없다는 말이 유럽에 떠돌아다니곤 했다.

M.A. 로스차일드는 1812년 세상을 떠나기 전 다음과 같이 엄격한 유언을 남겼다.[14]

1. 가문 은행의 모든 요직은 가문 내부에서 맡아야 하며, 외부인을 써서는 안 된다. 가족 가운데 남자만이 상업 활동에 참여할 수 있다.
2. 사촌끼리 결혼함으로써 재산이 외부로 유출되는 것을 막는다 (이 규정은 초기에는 엄격하게 지켜졌으나, 나중엔 완화돼 다른 유대인 은행가 집안과의

통혼까지로 범위가 확대됨).

3. 재산 상황을 절대로 공개해서는 안 된다.
4. 재산 상속 변호사 개입을 절대 금지한다.
5. 집안의 모든 장자는 각 집안의 우두머리이며, 가족의 만장일치로 동의할 경우에만 차남을 후계자로 할 수 있다.

로스차일드 가문은 이 유언대로 가족 내부의 통혼을 통해 재산이 외부로 유출되는 것을 엄격히 금지했다. 100여 년 세월 동안 가족 내부의 통혼이 18건이었으며, 그중 16건은 사촌간의 결혼이었다. 1850년을 전후해서 로스차일드 가문은 총 60억 달러의 재산을 축적했으리라 짐작된다. 수익률을 6%로 계산하면 150여 년이 지난 오늘날, 이들 가족의 자산은 최소한 50조 달러 이상으로 추정된다.

19세기 중반에 이르러 영국, 프랑스, 독일, 오스트리아, 이탈리아 등 유럽의 주요 공업국가의 화폐발행 권리가 로스차일드 가문의 수중에 떨어짐으로써, 신성한 군주의 권리가 '신성한 금권'으로 대체됐다. 이때 대서양 저쪽에서 번영을 간절히 원하는 미국 대륙이 눈에 들어 왔다.

오늘날 세계 금융네트워크의 지배자로 존재하는 로스차일드 가문은, 월가에 진출하여 전 세계의 화폐정책에 관여하면서 이뤄졌다. 로스차일드의 월가 진출은 조금 늦게 시작됐다. 미국의 변화와 함께 로스차일드 가문이 미국에 진출했고 로스차일드의 진출로 말미암아 미국경제는 새로운 시대를 맞이했다.[15]

1850년대까지 로스차일드가는 미국을 중요한 사업대상으로 여기지 않았다. 하지만 남북전쟁이 기점이었다. 유럽의 다른 금융업자보다 한발 늦기는 했지만, 일가는 미합중국에 금을 빌려 줬다. 다른 은행가문들과 함께 영국의 로스차일드 은행도 미합중국 신화폐의 가치를 금으로 보증해 주는 영광을 안게 됐다.

그 이전까지 로스차일드 가문은 뉴욕에 있는 한 사람을 통해 간접적으로 미국에 알려졌다. 그의 이름은 쉰베르그였다. 아마도 1816년 독일 남서부 라인란트팔츠에서 태어났을 것이다. 13살 때 프랑크푸르트 로스차일드가에서 일하기 시작했다는 것을 빼놓고는 그의 어린 시절에 대해 알려진 것은 거의 없다. 프랑크푸르트 일가는 그의 재능을 높이 샀으나, 태도를 용인할 수 없어서 내보냈다고 한다. 1837년 이 야심찬 젊은이는 뉴욕에 나타났고, 이름을 어거스트 벨몬트로 바꿨다.

구체적인 감각을 지닌 일가의 은행들은 한결같이 '너무 늦었다'고 생각했다. 제1차 세계대전이 끝날 무렵 미국의 경제적 중요성은 더욱 분명해졌다. 그러나 로스차일드가는 당시 미국에 지부를 세울만한 여력이 없었다. 1940년대에 들어서야 비로소 영국 일가는 월가의 눈에 띄는 곳에 지부를 열기로 결정했다.[16]

노블리스 오블리제의 사람:
'경주 최 부잣집'과 빌 게이츠

한국의 대표적인 부잣집은 경주 최 부잣집이다. 우리나라에도 부자의 모범을 보인 집이 있다는 것이 자랑스럽기조차 하다. 경주 최 부잣집의 가훈을 들어보면 무조건 부자가 되라는 것이 아니다. 경주 최 부잣집의 가훈은 실천을 전제로 한다. 아니 실천해 왔다. 최 부잣집의 가훈은 특별히 유명하다.

1. 과거를 보되, 진사 이상은 하지 마라.
2. 재산은 만 석 이상 지니지 마라.
3. 과객을 후하게 대접하라.
4. 흉년기에는 땅을 사지 마라.
5. 며느리들은 시집온 후 3년 동안 무명옷을 입어라.
6. 사방 백 리 안에 굶어 죽는 사람이 없게 하라.

고조선의 8조법 같은가? 남의 신체에 상해를 입힌 대가로 곡물을 지불해야 하는 등의 8조법과는 너무 다르지 않은가.

경주 최 부자는 조선시대 1600년대 초 경주 지방에서 가문을 일으킨 정무공 최진립에서부터, 광복 직후 모든 재산을 바쳐 대학을 설립한 최준에 이르는 12대간의 사람을 말한다. 오늘에 다시 경주 최 부자를 들먹이고 존경의 뜻을 표하는 것은 단순히 오래토록 부를 지켰다는 이유만은 아니다. 그들에게는 다른 가문에서 찾기 어려운 덕이 있었다. 그것이 독특한 가훈 속에 녹아 있어 의를 지키려는 정신과 이웃을 사랑하는 따뜻한 정이 배어 있기 때문이다.

경주 최 부잣집은 신라 말 진성여왕 때, 고운 최치원을 시조로 최 부자의 가문을 일으킨 사람으로 바로 1568년 태어난 정무공 최진립이다.

병자호란 때 69세의 노구로 장렬하게 전사한 최진립.

그는 "과거를 보되 진사 이상의 벼슬은 하지 마라"라는 첫 번째 가훈을 남기게 된다.

왜 그런 가훈을 남겼을까?

조선시대는 철저하게 양반이 지배하는 사회로, 양반이 되지 않고는 신분이나 부를 유지할 수 없었다. 양반이 되기 위해서는 최소한 진사나 생원에 급제해야 했었다. 또한 글을 읽지 않는 무식한 부자는 부를 지키기도 어렵다는 것을 알려주는 교훈이기도 하다. 경주 최 부잣집은 막대한 부를 누리면서도 선비 정신을 지켰다. 그리고 동시에 부를 지키려는 노력을 게을리 하지 않았고, 선대의 유훈을 지키려고 했던 가문이었다.

청백리 최진립 장군은 지방 사족으로 약간의 부자이기는 했다. 그에게는 6남 1녀가 있었다. 그중에 셋째 아들 최동량이 집안을 일으키기 위해서 땅을 개간하는 획기적인 제도인 '병작제'를 과감하게 도입했다. 병작제란 농사를 짓는 경작인에게 생산량의 반을 나눠 갖도록 한 방법으로 농민들에게는 생산 의욕을 북돋워 주는, 당시로는 선진적인 경작 방법이었다고 한다.

아버지의 뒤를 이어 최 씨 가문을 명실 공히 부자의 반열에 올려놓은 사람은 바로 최동량의 장남 최국선이었다.

최 부자라고 부르는 10대 만석꾼의 출발은 바로 최국선으로부터 시작한다고 볼 수 있다. 당시 다른 권문세가의 대지주들은 마름 [17] 에게 농사의 관리를 맡겼는데, 그들의 횡포가 극심했다고 한다. 최 부잣집은 일체 마름을 두지 않고 노동력이 되는 노비와 소작인들을 잘 관리했다. 이 비결이 최 부자의 재산이 10대, 300년이 가도록 하는 중요한 비결 중 하나였다. 무엇보다 우리들은 최국선이 들려주는 이재(理財)의 기본 원리를 귀담아 들어야 한다.

보다 구체적으로 최 부잣집의 교훈을 들어 보도록 하자.

첫째, 예로부터 이재의 원리는 들어올 것(歲入)을 헤아려 나갈 것(歲出)을 정하는 것이 기본이다. 절약하지 않으면 어디서 재물이 생기겠느냐. 가정을 일으키는 방법은 절약해 쓰는 것밖에 없느니라. 기본부터 튼튼하게 가꾸어야 한다. 모든 학문, 모든 인생문제, 모든 국가경영철학, 모든 것의 원리는 기본이 든든한데서 시작되는 것이다.

창조적 자본주의(Creative Capitalism)란 기업 활동을 통해 돈도 벌고 동시에 자선사업도 벌이는 것을 말한다. 즉, 비즈니스와 봉사활동이 하나로 결합된 형태라 할 수 있다.

빌 게이츠 마이크로 소프트 회장이 지난해 하버드대학의 졸업식 연설문과 스위스 다보스 세계경제포럼 기조연설에서 "각국 정부 및 비영리단체들과 협력해 가난한 사람들을 도울 수 있는, '창조적 자본주의'를 해야 한다"고 역설해, 사회적으로 그 관심이 더욱 더 커졌다.

빌 게이츠의 삶은 이런 길을 실천하는 것이기도 하다. 창조적 자본주의는 노블리스 오블리제 보다 조금 더 깊은 내용을 포함하고 있다. 빌 게이츠는 하버드 대학교의 졸업식과 스위스의 다보스 포럼에서 창조적 자본주의를 강조해서 설명했다. 창조적 자본주의의 핵심은 바로 시장의 도달 범위와 작동방식을 확대하고 개조해서, 불평등으로 인해 기회를 제공받지 못했던 영역의 사람들까지도 먹고 살 수 있는 강력한 경제 시스템을 만들자는 것이다.

가난한 사람들이 열악한 상황에 처한 것은 바로 선대에서부터 시장에 영향력을 미칠 수 없었고, 시스템에 대한 강력한 발언권이 없었기 때문이다. 시장경제/민주주의 정치 시스템을 못가진 자들의 경제/정치적인 수요까지도 충족시켜 줄 수 있도록 개선하고 적용해 보자는 것이다.

기업에게는 이윤을, 정치가에게는 표를, 빈자들에게는 수요 충족을 동시에 해결하자는 것이다. 이 이야기를 하버드 졸업생들과 다보스 포럼에서 얘기했다는 것은 이와 같은 주장을 새로운 주류로 만들어 보겠다는 의지를 엿볼 수 있다.

미국식 시장 만능주의로는 세계평화를 이룩할 수 없다. 충격적으로 극심한 빈부격차의 원인은 바로 (자본주의)시장과 (자본주의를 바탕으로 하는 민주주의 정치)시스템으로부터의 소외다. 시장을 개선하지 않고서는 결코 인류사회에 화해와 평화는 없다. 세계 빈곤을 심화시킨 초국적 기업들에게 오히려 빈곤퇴치에 나설 것을 촉구한 빌 게이츠는, 기업의 이윤추구와 빈곤퇴치를 함께 이룰 수 있는 방법을 찾고자 했다. 빌 게이츠는 시장에 완전히 흡수되는 더 창조적이고, 빈곤을 구제할 수 있는 시스템으로 확장시키자는 주장을 편 것이다.

그의 다보스 포럼 기조연설의 일부 내용이다.

"자본주의의 방향이 부유한 사람들뿐 아니라, 가난한 사람들을 위해서도 기여할 수 있는 방안을 찾아야 한다."

"하루 1달러 미만의 생계비로 살아가는 전 세계 10억 빈민을 도울 수 있는 '창조적 자본주의'의 길을 함께 모색하자."

그는 이 연설을 통해 창조적 자본주의의 중요성을 강조했다. 빌 게이츠의 창조적 자본주의는 기업이 해온 단순한 사회적 책임에서 한발 더 나아갔다. 자본주의의 혜택을 받지 못하는 빈민층. 그는 이들을 대상으로 기존의 구호물품과 봉사자만을 투입하던 것에서 벗어나, 자선활동을 비즈니스화하고 각국의 정부와 초일류 기업들의 연대를 통한 적극적인 활동을 촉구했다. 이는 기업이 가난한 사람들을 위한 제품과 서비스를 만드는데 중점을 둔 사업을 창출해야 함을 의미한다. 따라서 이러한 시스템은 기업의 수익을 올리면서 동시에 자본주의 시장의 힘으로부터 많은 혜택을 받지 못하는 사람의 삶을 개선시키는 두 가지 사명을 감당하게 될 것이다.

돈을 식량으로 생각하는 사람들, 생활협동조합

정신적인 가치 중에 가장 핵심적인 것은 아마도 함께 살아남는 방법을 모색하는 것일 거다. 함께 살아남기 위해 수많은 정신적인 방안들이 제시된다. 지금처럼 승자만 살아남고, 패자는 생존을 유지하기조차 힘든 사회에서, 핵심적인 가치는 함께 살아남는 공존의 가치를 만들어내는 것이다.

탐욕의 단계에 이미 들어선 현대의 다차원 사회에서 우리는 과연 어떻게 해야 살아남을 수 있을까?

"사회적 차원의 공존과 함께, 개인적 차원의 공존도 아주 중요하다."

"위기가 심각한 경우에는, 그 위기의 원인을 치료해야 한다."

"정치에서 개혁과제를 먼저 실천해야 한다."

오바마 정부는 미국사회의 자유주의적인 금융자본 천하를 다른 세력들도 공존할 수 있도록 개혁했다. 다만 이 개혁 작업이 얼마나 성공했는지는 아직은 잘 모르지만, 그렇다고 할지라도 결국에는 공존을 지향하는 정책으로 이동해 나갈 것이다. 이것이 통합이기 때문이다. 물론 통합이 제대로 되지 않는 경우도 적지 않다. 이것은 정치에 대한 외적 요인이 많은 영향을 미치고 있어서다.

정신적 가치는 종교적 가치이기도 하다. 자본주의 이전에 종교의 모습은 권위주의적 가치였다. 자본주의 이후에는 돈이 중요한 역할을 하고 있다. 이처럼 권위와 돈이 오늘날 종교를 만들었다. 종교에는 다른 요소가 하나 더 있다. 그것은 사람들의 전체적인 힘이 종교를 만들었다는 사실이다. 대부분의 종교가 수많은 사람들의 생각이야 말로 신의 목소리라고 본다. 정신적인 가치는 공존하기 위한 것이고, 통합하기 위한 것이다. 우리는 많은 요소들이 어울려서 통합의 꽃을 피울 수 있었으면 한다. 그 가운데는 다문화 가정, 사회통합적인 교육이 필요하다. 또한 황금만능의 가치관과 정신지향의 가치관도 서로 섞이게 해야 한다. 다만 더 많은 사람들이 지지한 민주주의의 가치를 경제적 가치보다는 훨씬 더 중요하게 생각했으면 한다.

지나치게 국수적으로만 보지 않는다면, 홍익인간의 이념은 공존의 가치를 보장하기에 좋은 정신적인 가치라고 할 수 있다. 홍익인간의 이념은 다른 사상을 만났을 때, 먼저 화합과 조화가 가능한지를 묻는다. 그런 점에서 우리는 먼저 정신적인 가치가 가미한 정치와 경제 시스템을 채택해야 한다.

이 사례의 가장 대표적인 것으로 나는 생활협동조합(생협)을 꼽고 싶다. 생협은 소비생활을 통해 그것의 생산과정도 이해하게 만든다. 생산자협동조합과 생활협동조합 사이에는 이런 문제와 관련해 다양한 네트워크 활동이 이루어진다. 생협의 회원들도 마찬가지이다. 생협의 회원들은 소비를 자신만의 선택이라고 생각하지 않는다. 생협의 회원들은 소비를 통해서 이웃을 알고, 이웃을 앎으로써 소비의 정신적인 측면을 고양시킨다.

빚쟁이 카이사르와
돈 때문에 '자살'을 생각한 사람들

①

고대 로마 정치가, 카이사르(Caesar)는 오히려 빚 때문에 인간성을 정확히 알았다. 결코 그는 빚을 귀찮아하지 않았다. 카이사르는 로마 최고의 리더십을 가진 인물이었다고 일본 출신의 작가 시오노 나나미는 적고 있다.

그는 리더십 분야로 지력, 설득력, 육체적 내구력, 자기억제력, 지속하는 의지 등에서 만점을 받은 지도자였다. 시오노 나나미는 [로마를 보면, 일본이 보인다]라는 책에서 리더십의 만점을 오로지 두 사람에게만 줬다. 만점을 받은 사람은 바로 카이사르 이외에, 아테네 통치자였던 페리클레스 정도가 꼽혔다.[18]

카이사르는 커다란 부채를 지고 있었다.[19] 한마디로 빚더미였다. 그런데 특이하게도 카이사르는 결코 사적인 이익을 위해서 빚을 지지는 않았다고 한다.

카이사르 스스로가 [내전기]에, 대대장이나 백인대장들한테 돈을 빌려 병사들에게 보너스로 준 내용이 나온다. 도로보수나 선거운동 등에 돈을 쓴 것으로도 알려졌다.

카이사르는 자신의 사적 이익을 위해서는 결코 돈을 쓰지 않은 것이다. 이것이 바로 우리 정치인들의 자금 수수와 다른 점이다. 카이사르는 부채를 많이 지면서, 부채와 관련한 사람들의 심리를 관통했다. 즉, 부채가 적을 때는 채무자가 부담감에 시달리는 반면, 자신처럼 많은 부채를 지게 됐을 때는 오히려 채권자들이 자신의 안전과 출세를 위해서 안달복달하더라는 것이다. 결국 카이사르는 에스파냐(스페인) 총독으로 임명돼 발령받을 때도 많은 부채를 안고 현지로 부임했다.

젊은 시절에 이미 뛰어난 재능과 드높은 야심을 드러냈던 카이사르. 그는 로마 시민의 귀감이라는 말을 들은 어머니, 아우렐리아의 교육 덕분인지, 어느 누구도 적으로 만들지 않으려 했다. BC. 63년에는 프라이토르(법무관)도 지내지 않은 몸으로 폰티펙스 막시무스(대사제, 大神官)로 뽑히는 놀라운 성공을 거뒀다. 카이사르는 B.C. 62년에 프라이토르가 된 뒤 총독으로서 히스파니아(후에 스페인)를 잘 다스렸고, 로마로 돌아와 B.C. 59년에는 로마 공화정 시대의 최고관직인 콘술(집정관)이 됐다.

★ 돈을 재산 부풀리기 수단으로 생각하는 사람들은 돈에 대해 어떤 생각을 갖고 있을까? 카이사르는 바로 이 점을 정확하게 간파했던 모양이다.

카이사르에게 돈을 빌려주고, 그를 위해 보증까지 서 준 친구는 다름 아닌 마르쿠스 리키니우스 크라수스였다. 크라수스는 카이사르보다 열네 살이나 위였는데, 아버지 때부터 로마 최고의 갑부였다. 당대에는 재산이 로마 국가예산의 절반이나 됐다고 한다. 처형자의 몰수 재산을 경매에서 헐값에 사들이거나 화재로 내려앉기 직전의 집을 역시 헐값에 사들여 재산을 늘렸다. 부동산 투자로 재산을 늘린 격이다. 부동산학 박사감이다.★

카이사르의 출세를 적극적으로 도와 준 인물도 바로 크라수스였다. 본의는 아니었겠지만, 채권자인 크라수스는 채무자인 카이사르를 적극적으로 돕는 인생을 살게 된다.

한 가지 카이사르가 담보로 잡히지 않은 재산이 있었다. 보잘 것 없는 가격의 부동산이지만, 그의 고향이기도 한 이탈리아 로마 시내의 수부라의 사저나 라비코의 별장은 빚쟁이한테 빼앗기지 않았다는 사실이 여러 문헌자료에서 전해진다.

왠지 모를 정도로 자살하는 사람들이 많아졌다. [자살론]의 저서로 유명한 프랑스 출신의 사회학자 에밀 뒤르케임(Emile Durkheim)의 처방전도 무색할 정도다.

스스로 목숨을 끊는 사람들 가운데는 안타깝게도 공인일 수 있는 유명한 연예인, 혹은 좌절한 연예인들도 포함돼 있다. 안 모 씨와 최 모 씨 등은 유명한 연예인들이었다. 그 가운데서도 특히 최 모 씨는 최정상급의 연예인이었다. 타살의 혹은 끊임없이 제기되고 있지만, 한 사람은 우울증 문제로, 다른 한 사람은 경제 문제로 자살했다. 최 모 씨와 안 모 씨의 자살사건은 우리 시대의 성공과 실패의 의미를 다시 생각하게 만든다. 자살 사건은 결코 개인의 문제가 아니라는 것이 다. 자살 사건은 우리사회의 돈과 연관된 시대문제이며 '정치적인' 문제이다.

안 모 씨에게는 많은 돈이 필요했다. 영화의 제작 준비를 하는 데 적지 않 은 돈이 필요했다. 화장품을 홈쇼핑에서 판매했는데, 판매부진을 면치 못했다. 강남에서 빠(Bar)를 운영했다는 소식도 들린다. 즉, 안 모 씨는 경영자로 성공

정치평론가 TIP

뒤르케임의 자살론

그는 사회통합의 관점에서 자살을 분석했다. 사회집단에는 개인의 심리적인 체질이나 물질적 환경으로는 설명할 수 없는 특이한 '자살경향'이 있다.
그는 '이기적 자살', '이타적 자살', '아노미적 자살'로 분류했다.

01.   **이기적 자살:** 종교, 가족, 정치 등과 같은 사회에 통합되지 못하는 자아가 존재의 의미를 찾지 못해 자살을 하게 되는 것이다.

02.   **이타적 자살:** 자신이 속한 단체의 명예나 신념에 따라 스스로 목숨을 끊는 것을 말한다.

03.   **아노미적 자살:** 사회에 의해 인간 활동이 충분히 규제되지 못할 때 나타난다. 아노미는 개인이 사회집단과의 결속에서 끊겨 나온 결과 생기는 사회·심리적 고립 현상을 의미한다. 현대사회에서의 자살을 이해하는 가장 중요한 요소이다.

한편 그는 자살률과 이혼율 사이에 긴밀한 관계가 있다는 점에 주목했다. 그는 '이혼이 많은 곳에서 자살도 많다'는 것을 발견했다.

하고 싶어 했다. 최 모 씨는 우울증을 더욱 악화시키는 커뮤니케이션 채널에 참여했다. 그것은 결국 그녀의 유명(幽明)을 달리하게 만들었다.

세상은 너무나 빠르게 변화하고 있다. 우리나라는 내수시장의 충분한 보호도 없이 모든 사람들이 세계적인 경쟁체제에 참여하고 있다. 어떤 일을 하다가 넘어지면, 결국에는 엄청난 빚을 안고 재기불능에 빠질 가능성이 더 높아졌다. 빚이 많으면 결국에는 파산하게 돼 있다. 카이사르를 여러모로 후원한 크라수스가 그리워지는 순간이다.

'실패는 성공의 어머니'라고 이야기하며, '실패학'을 거울삼아 반드시 성공을 이루겠다는 뜻의 '성공학'. 이는 오로지 돈의 뒷받침 하에서만 가능한 사회로 이동하고 있다. 아니면 벌써 찾아왔는지도 모르겠다. 모든 권위들이 돈에 고개를 숙이는 세상이 됐다.

①

머나먼 태고 옛날 옛적에….

석기제작을 했고, 문화도 있었던 네안데르탈인 등등. 아마 이들도 맹수의 공격을 두려워하며 공포에 떨지 않았을까?

오늘 날에도 여전히 공식적으로 텔레비전에 연예인으로 데뷔하거나, 자신의 삶을 결정시킬 정도의 시험에 마주칠 때면, 이 같은 긴장된 순간이 있었을 듯싶다. 이때 우리는 그 옛날 조상들이 겪었던 유쾌하지 않은 감정을 적잖이 되살리게 된다. 감정은 평생 우리의 삶과 함께 한다. 감정은 우리의 삶을 혼란에 빠뜨리기도 한다. 반면에 다시는 못 잊을 아름다운 순간을 제공하기도 한다. 사랑에 빠지면 우리의 감정은 구름 위에서 둥둥 떠다닌다. 때론 더 외로움이 엄습해 오는 경우도 있지만 말이다.

그런데 버림을 받으면 그 높은 곳에서 별안간 바닥으로 고꾸라지는 아찔한 추락을 경험하기도 한다.[20] 이런 감정적 반응들은 뇌구조의 어떤 측면과 연결될까? 사랑이야기, 인생이야기 하다가 뇌구조를 말하니 따분할지 모르지만, '뇌'가 사실 우리 몸에선 개인의 감정, 더 나아가 정치 경제의 삶까지 통제하고 관장하는 주요한 장치인 셈이다.

그러나 아직까지도 '뇌' 연구는 인간의 감정을 완벽하게 분석하지는 못한다. 감정을 주관하는 기관인 뇌는 21세기에 들어선 현재까지 과학이 해결해야 할 마지막 프런티어로 남아있다. 사랑이나 슬픔을 주관하는 뇌에 대한 과학적 연구는 아직까지 걸음마 수준인 것이다.[21]

당연히 뇌과학과 함께 정신분석학의 문제도 동시에 고려돼야 한다. 뇌과학이 보다 물질적이라고 한다면, 정신분석학은 정신의 분석에 보다 치중한다. 전자가 수술과 약물에 의지한다면, 후자는 자신의 심리적 경로를 보다 치밀하게 추적하고 분석하도록 만든다. 그런 측면에서 뇌는 유물론적이기도 하고, 유심론적이기도 한 특징을 갖고 있다.

따라서 인간의 마음을 분석하는 데는 유심론적 접근 방법과 유물론적 접근방법이 동시에 사용돼야 할 것이다. '정신분석학'이 보다 유심론적 접근에 가깝다면, '뇌과학'적 접근방법은 보다 유물론적인 접근방법에 가깝다. 정신분석학은 실험대상자가 자신의 길을 찾을 수 있도록 의사나 연구자는 안내역할을 담당한다. 반면 뇌과학적 접근방식은 약물을 사용해서 우리 몸, 특히 뇌의 기능을 조절한다.

이 두 가지 방법을 채택해 정치심리학의 기초를 살펴보도록 하자.

정치학에서 인간 심리의 고찰은, 정치학을 처음 연구하기 시작한 그때로 거슬러 올라가보면, 그만큼 오래 되지 않았을까.

심리란 무엇인가? 심리란 마음의 이치를 말하는 것이다. 그런데 마음이 자리하고 있는 곳은 가슴이라고 생각하는 사람들이 적지 않다. 하지만 놀랍게도 실제로 마음이 자리하고 있는 곳은 뇌이다. 이것은 뇌과학이 새롭게 등장함으로써 알려졌다. 뇌과학과 정신분석학은 이런 사실들이 하나 하나 알려지면서 치열하게 경쟁하며, 대결양상까지 띠고 있다. 해법도 한쪽은 약물(학)과 수술을 통해서, 다른 한쪽에서는 자신에 대한 성찰을 통한 이해를 가르치고 있다.

근대의 심리학적 접근은 오스트리아의 지그문트 프로이드의 정신분석학으로부터 시작됐다. 김종주 소장은 우리나라에서도 근대적 의사로서 정약용을 들 수 있다고 주장한다. 즉, 정약용은 초기 정신과 의사와 같은 역할을 담당했다고 한다.[22] 1890년대에 이르러 프로이드는 정신분석학을 주창해 독자적인 심리학 영역을 세웠다. 그는 인간의 행동을 무의식과 의식, 자아와 초자아라는 독특한 개념으로 설명하면서, 인간 행동의 기반을 성적 에너지인 리비도로 봤다. 인간의 의식은 무의식의 세계에 떠있는 빙산과 같은 것이라고 설명한다. 또한 자아와 초자아, 이드(삶을 향한 지향과 죽음을 향한 지향)라는 개념을 사용해 인간의 행동을 설명했다.

현대는 뇌과학의 시대라고 하는 연구자들이 많다.[23] 자극과 자극에 대한 감각적인 파악, 또한 그 자극을 뇌에 전달하는 메커니즘을 우리는 정확하게 알고 있어야 한다. 그 정보를 받아 들여, 그 정보에 대한 반응도 정확하게 읽어야 한다. 이처럼 뇌의 자극에 대한 수용과 뇌의 반응을 연구한다면, 인간의 인식문제에 더 쉽게 도달할 수가 있기 때문이다. 나는 뇌의 구조는 엄청나게 복잡하고, 상당히 진보돼 있다고 생각한다. 인간은 단순히 기억하고, 생각하는 능력과 함께 다양한 감정적인 반응을 표출한다.

뇌는 크게 세 가지 부분으로 나눌 수 있다. 앞은 운동, 뒤는 감각, 가운데는 기억이다. 감각, 운동, 기억 이것이야 말로 생명현상을 떠받치는 세 개의 큰 받침대이다. 우리에게 익숙한 용어는 좌뇌와 우뇌인데, 이것보다 더 중요한 것이 우리 뇌의 앞쪽은 운동, 뒤쪽은 감각, 가운데는 기억이라는 사실이다.[24]

뇌는 신체 내부와 주위 세계를 연결하고 중계한다. 외부세계는 신체가 필요로 하는 모든 것의 근원이지만 그런 욕구에는 냉담하다. 뇌는 밖에 있는 것을 나에게로 갖고 오도록 하는 것이다. 뇌의 세 영역인 감각, 운동, 기억을 아우르는 말이 하나 있다. 그것은 지향성이다. 지향성이란 인식작용은 항상 '무엇에 대한' 작용이라는 것이다. 지향성이 바로 의식이다.[25]

박문호 박사는 마음과 의식, 생각, 언어 등을 잘 정리하고 있다. 마음은 과학적인 용어는 아니라는 것이다. 마음을 대치할 수 있는 용어는 의식이다. 의식에는 감정, 느낌, 상징, 언어가 포함돼 있다. 의식은 언어보다 크다. 생각은 언어에 의해서 진행되는 것이고, 곧 언어다. 의식은 언어를 포함하면서도 뇌의 작용에는 언어가 아닌 부분도 포함될 것이다. 바로 무의식이다. 지금 의식화되지 않는 뇌의 작용이 바로 무의식의 세계이다. 뇌의 활동 가운데 5%만이 의식화되고, 나머지 95%는 무의식이다.

3 투기의 정치심리학

투기 경향은 오랜 문명사에서 분명히 확인할 수 있는 것이었다. 로마의 시장원리는 투기제도 쪽으로 기울어졌다. 로마 사람들은 투기꾼을 '그라시'

(Graeci)라고 불렀다. 그라시는 그리스 사람이라는 뜻이다. 로마 시대에도 투기꾼이 있었다는 것에 놀라지 말자. 국제 원거리 무역에 따르는 환어음 결제에서부터 무역 위험을 헤지하는 다양한 보험형태의 파생상품들까지, 지금 있는 것은 그 시대에도 당연히 존재했다.

드넓은 제국의 조세 징수권은 그 자체로 매력적인 투기 상품이요, 농업 선물(先物)상품이었다. 아리스토텔레스는 그리스 당대의 투기 열풍은 물론 화폐가 이자를 낳는다는 사실부터가 못마땅했다.

그의 대표작인 '정치학'의 한 구절은 "요즘의 금융은 정말 이해하기 어렵다. 돈으로 돈을 버는 복잡한 기술은 모리배가 할 짓이다"라고 쓰고 있다. 그가 "이해할 수 없다"고 했던 바로 그 말을 월가의 서브프라임 사태를 보면서 지금 우리는 되풀이하고 있다.

헬레니즘 문명의 도처에서 발견되는 경매장도, 상품창고도 종잇조각을 발행하고 그것을 유통시켰다. 군인과 법률가의 체제였던 로마가 고난도의 금융투기를 만났을 때, 그것을 그리스 사람의 사기술이라고 불렀던 것은 이해할 만하다. 금융 투기는 3세기께는 이미 귀금속에서 독립한 신용화폐로까지 옮아갔고, 통화위기는 일상적 현상이 되고 말았다. 물론 도가 지나치면서 로마는 파국을 맞았다.[26]

위의 문장은 시장경제 원리를 채택했던 로마사회가 결국은 심각한 투기 쪽으로 기울어지고 있음을 말하고 있는 것이다. 시장경제의 원리와 투기의 결합, 이것은 세계문명사의 고전적인 원리였던 것이다. 이런 시장경제의 원리와 함께 교황청이 만들어지고 카톨릭 문명이 자라났다. 로마는 결국 예수교를 국교로 인정했고, 그것도 유일신으로 인정했다. 부르크하르트는 이렇게 이야기했다. 콘스탄티누스에서 테오도시우스에 이르는 황제들이 기독교만 종교로 인정하고 다른 종교는 사교로 배척하는 법률을 제정하지 않았다면, 그리스 로마 종교는 현대에 이르기까지 살아남았을지도 모른다.

투기(speculation)와 투자(investment)는 어떻게 다른가?

투기란 단기적인 가격 예측에 의해서 차액, 즉 투기적 이익을 챙기는 것을 말한다. 투기의 사전적 의미는 단기간에 대폭적인 가격변동이 있을 것을 예견한 매매행위를 말한다. 투기에 해당하는 영어 단어는 'speculation'인데, 원래 이 뜻은 추측이라는 뜻도 있다. 영어의 어원적 해석에 따르면 '불확실하고 높은 위험이 따르는 투자 행위'를 투기로 본다. 투기를 위한 매매가 실거래와 다른 점은 그 동기가 가격의 등락 차의 취득에만 있다는 것이다. 투기의 거래 대상이 되는 것은 가격 변동이 심하고, 동시에 전망을 예측하기 어려운 주식이나 상품, 부동산 등에 집중돼 있다.

투자는 장기적인 투자이익에 목적을 두고 있다고 본다. 투자이익은 차액의 이익만이 아니라, 투자를 통해서 고용을 늘린다든지 하는 더 큰 이익을 지향한다. 한마디로 투기는 가격차액에 의한 투기적 이익만을 바라고, 투자는 복합적인 이익을 추구한다고 설명할 수 있겠다.

간단히 정리해보면, 투자는 장기적인 이익을 원하고, 투기는 단기적인 이익을 원한다고 평가된다. 경제적으로는 어떠한 행위가 경제적 가치(Value)를 창출하면 투자이고, 그렇지 않으면 투기로 평가된다. 투자(investment)는 다른 경제적 효과를 노리는 것을 말한다.

어쨌든 투기이든 투자이든, 투자하는 사람들의 불안과 기대에 관한 마음은 인간의 오랜 역사 생활 속에 관철돼 왔다. 기대하는 마음과 설레는 마음은 바로 오늘날까지 역사를 발전시켜온 기본적인 에너지가 아닌가.

주식은 자본주의 경제에서 빼 놓을 수 없는 경제 요소 중 하나이다. 주요한 경제 주체인 기업에 자본가가 참여할 수 있는 제도적 장치이다. 자본주의를 지향하는 정부는 자국의 주식 시장을 활성화 시키려고 노력한다. 많은 자금이 주식 시장을 통해 기업에 흘러 들어가서 플러스효과를 가져오고, 투자자에게는 배당 수익과 프리미엄을 안겨 주기 때문이다. 주식시장은 시간의 흐름에 따라 일희일비하지 않을 수 없다. 하루에도 수없이 오르고 내리는 주식가격을 보면서 사람들은 희비를 느끼고, 또한 기대와 절망을 거듭하게 만든다.

주식 시장에서 투자와 투기를 나눠 본다면, 배당 수익을 노려 자금을 투여하는 것은 투자, 시세 차익을 노려 주식을 사는 것은 투기로 정의할 위험성이 도사리고 있다. 1년 이상의 장기 보유자는 투자자, 그 이하 보유자는 투기꾼으로 보고, 특히 데이 트레이더(day trader)는 전문 투기꾼으로 봐야 하는 심각한 문제가 남아 있다.

이와 같은 차이점에도, 투기와 투자는 쉽게 구별하기가 어렵다. 그것은 사후의 세밀한 평가로 판가름 난다. 한편으로는, 투자의 마음과 투기의 마음은 크게 다르지 않다고 볼 수 있다. 그러나 또한 투기와 투자는 탐욕과 욕망을 가르는 기준이 된다는 사실을 우리는 늘 기억해야 한다. 투기와 투자가 이렇게 다르기 때문에, 투기를 억제하기 위한 조치가 투자마인드를 저해하는 요인으로 평가되기도 한다. 어디까지나 투자 마인드는 보호해야 한다.

그렇다면 이건 투자일까, 투기일까?

이명박 대통령의 부동산 투기의혹이 일던 2007년 대선 당시로 거슬러 올라가보자.

열린우리당측 :

"이명박 전 시장이 건설했던 상암동 랜드마크는 시장 재직시절 직접 관여했던
　곳이다." "엄청난 돈이 오피스텔로 흘러들어갔다는 의혹이 있는데, 이에 대한
　부분도 확실한 검증이 필요하다."

이명박 당선자측 :

"비열하고 가증스런 정치공작이다."
"알아보았더니 자녀들의 교육문제 때문에 그러한 사실이 있었다."

당신의 판단에 맡겨본다.

 테러의 정치심리학

지난 2001년 9.11테러 당시 110층 세계무역센터 쌍둥이 빌딩을 기억하는가. 아무 거리낌 없이 '유나이트 에어라인 93편'은 처음 세계무역센터건물을 관통했다. 그때 비행기와 건물에 갇혀있던 사람들의 절규하는 목소리가 지금도 생생하다.

83층 건물에 갇혀있던 여성, 멜리사 도이의 절박한 구호의 절규가 녹취됐다.

"너무 뜨거워요. 온통 연기뿐이에요."

"몸이 타 버릴 것 같아요."

유나이트 에어라인 175편에 타고 있던 브라이언 스위니가 부인 줄리에게 자동응답기로 마지막 남긴 전화 메시지도 공개됐다.

"여보 나 브라이언이야."

"내가 탄 비행기가 피랍됐어."

"그런데 상황이 아주 나쁜 것 같아."

"당신을 다시 볼 수 있으면 좋겠어."

"만약 그렇게 안 되면, 여보! 인생은 즐겁게 살아야 돼."

"최선을 다해서 살고, 어떤 상황에도 내가 당신 사랑하는 거 알지?"

이 같은 비극은 더욱 오랫동안 우리의 기억을 장악할 것이다. 자유주의적인 미국의 활동에 대해 분노하는 이슬람권, 특히 알 카에다 대원들은 9.11테러를 통해 미국에 대한 반발과 적개심을 표출했다. 그러나 너무나 많은 사람들이 희생당했다.

테러리즘은 격렬한 살상과 파괴를 지칭한다. 또한 테러리즘은 사람들에게 공포와 전율을 느끼게 한다. 테러리즘의 주체는 국가가 아닌 경우(국가인 경우도 존재한다)가 많고, 특정한 이념적 지향을 갖는 경우도 있다. 테러리즘은 피해자는 물론이고, 가해자에 대해서도 연민의 정을 느끼게 하는 경우가 많다. 여기에서 연민의 정이라는 것은 '오죽하면 테러리즘을 통해서 메시지를 전달하려고 하는가?'라는 것이다.

테러에는 가해자도 엄청난 피해를 입으면서, 행동하는 경우가 적지 않다. 테러리스트들 가운데 많은 사람들이 자신의 목숨을 버리면서 행동했다. 우리나라의 독립운동 과정에서 윤봉길, 안중근, 김구와 같은 애국자들이 당시에는 테러리스트로 분류됐다는 것을 알고 있는가? 이들도 역시 세계적으로 연민의 정을 느끼게 만들었다.

테러리즘의 가해자들은 테러리즘의 피해자들이 속한 공권력과 직접 맞장을 뜨지 못하는 세력인 경우가 많다. 따라서 비정상적인 방법에 호소하는 것이다. 테러리즘은 분노의 표현, 좌절감의 표현, 공포의 표현인 경우가 적지 않다.

미국의 불특정 시민들에 대한 알 카에다의 9.11 테러는 오사마 빈 라덴이 지시한 철저한 폭력적 살상행위였다. 그럼에도 9.11 테러가 경제적 자원 확보와 부시 정부의 지지율 상승을 위해 이라크 공격에 대한 명분을 마련하려는 미국의 자작극이라는 설도 있다. 일부이긴 하지만 말이다.

2001년 7월17일 한국시각 새벽 2시15분.
미국 백악관의 어두컴컴한 구석진 국정회의실.
가끔 백악관에서 링컨의 유령을 본 사람이 있고….
그의 유령만이 감시하고 있을 뿐이다.

조지 W. 부시: 다들 모였나. 지금부터 우리의 회의는 일급비밀이다. (보안을 철저히 해라) 무기 생산 공장을 갖고 있는 금융자본가 A가 무기 좀 팔아 달래는데, 이를 어쩌지. 팔아주지 않으면, 시중에 돈의 씨까지 말라 버리게 할 거라고 협박하는군.

국방장관: 그러면 악의 축인 이라크를 공격해야 한다는 말인데요, 전쟁의 명분이 없습니다.

조지 W. 부시: 전쟁의 명분? 만들면 되지. 세계 경제중심의 상징인 세계무역센터빌딩을 오사마 빈 라덴이 공격했다고 하면, 전 세계가 우리 편이 될 걸세.

중앙정보국장(CIA): "…."

조지 W. 부시: 재무장관, 요즘 미국 경제는 어떤가.

재무장관: 한마디로 위기입니다. 돈이 기업에도 부족한 실정입니다. 이렇게 가다가는 10년 내에 대기업이 무너질 수도 있다는 우려가 팽배합니다. 부동산 가격에 거품이 꺼지면, 상상조차 할 수 없는 금융위기 등으로 세계공황도 올 수 있습니다.

조지 W. 부시: 정말인가? 이라크를 공격해야겠군. 무기도 팔아주고. 중국에

원유를 이라크에서 공급한다는 말도 들었는데, 국방장관, 그 송유관을 차단시켜. 알았나. 잘못하다가는 경제대국의 패권을 빼앗기겠어. 국무장관, 먼저 우리의 우호인 한국 (대통령)에게 전화를 걸어. 이라크에 군인 좀 파병시키라고 그래. 빨리 당장 전화해.

국무장관: 자지 않을까요? 거긴 새벽인데…. (머뭇하다가) 한국(대통령)이 우리의 말을 들을까요? 좌파계열이 아닌가요?

조지 W. 부시: 파병하는 대신 자동차 팔아준다고 그래. 저리 비켜, 걸기 싫으면 내가 직접 걸지.

이 같은 가상 시나리오가 있을 수 있다는 말인데, 이에 대한 논의는 차후를 지켜보기로 하자.

9.11 테러는 미국의 영향 하에 살고 있는 사람들과 미국에 반대하는 사람들 사이에 엄청난 반응의 차이를 보였다. 세계의 주류 정보통신으로부터 영향을 받고 있는 사람들은 엄청나게 큰 충격으로 받아들였다. 반면에 알 자지라 방송 등 이슬람권 언론으로부터 정보를 받는 사람들은 적지 않은 사람들이 '당연하다'는 반응을 보였다.

2003년에 들어서 알 카에다는 9.11 미국 테러와 같은 대량살상에서 정치인, 정부관리 등 요인암살 쪽으로 테러 전략을 바꿔나갔다. 빈 라덴은 대원의 출생국, 현재 소재하고 있는 곳 등 정보를 개인컴퓨터에 수록했는데, 조직의 이름은 이 데이터베이스에서 비롯됐다. '알'은 정관사, '카에다'는 아라비아어로 '베이스'라는 뜻이다. 같은 사건을 보면서도, 가해자와 피해자가 각자 자기편을 '자유의 전사'로 규정한다.

우리는 테러리즘을 양측이 전혀 입장을 달리하는 폭력적인 사태로 봐야 할까? 그렇다.

테러는 다음과 같이 압축할 수 있다. 테러리즘의 사전적 의미는 폭력적인 공포정치, 혹은 암흑정치를 말한다. 테러는 위협, 폭력, 살상 등의 끔찍한 수단을 동반한다. 이런 것을 무기로 해서 공포정치를 수행한다.

테러리즘은 정치적 효과에 대해서 엄밀하게 분석한다. 테러를 기획하고 수행한 사람은 자기편 사람들에게 엄청난 존경과 경외의 대상이 된다. 테러리즘은 단순한 공격만을 말하는 것이 아니다. 이와 같은 부수효과를 동시에 검토해야 한다.

미국의 저널리스트이며 작가인 해리스(Sidney J. Harris)는 테러에 관해서 문명비평적인 평가를 내놓아 주목을 받았다.

"가난한 자의 폭력을 테러라고 부르며 비난한다. 그러면서 강한 자의 폭력은 전쟁이라고 부르며 찬양한다"는 말이 바로 그것이다.

9.11 테러사건 이후 그라운드 제로에서 벌어졌던 상황을 비교해 보자. 비행기가 세계무역센터를 파고들어 검은 연기를 내며 타는 모습은 우리에게 '테러의 위협'을 핵심적으로 잘 보여줬다. 현대 세계에서 테러의 실체를 느끼게 하는 실재와 가상 모두에서이다.

이미 프랑스의 현대 철학자인 보드리야르가 간파했듯이, 9.11 사태로 말미암아 '아메리카'로 불리는 유토피아 제국의 심장(세계무역센터)에 두 개의 비수가 꽂혀버렸다. 그들의 고통과 피맺힌 절규는 그들이 그토록 자랑하던 매체 CNN을 통해 지구 전역에 생중계 됐다. 영화 같은 그 장면은 분명 현실이었다. 그러나 테러의 이미지는 여전히 가상의 세계에서 늘 출몰한다. 지금은 이처럼 실재와 가상 사이를 오가는 시대에 살고 있다.

미국이 유일 강대국인 현재 이슬람권의 테러는 대부분 미국과 미국이 후원하는 이스라엘을 향해 이뤄지고 있다. 그밖에도 적지 않은 테러들이 세계 곳곳에서 이루어진다. 21세기는 평화가 본격적으로 도래한 시기가 아니다. 테러 수행 집단은 전쟁의 광기 대신에 테러를 통한 공포를 확산시키려고 노력하고 있다.

테러리즘의 정치심리학은 그 수행 주체의 마음에, 적을 향한 피 끓는 분노가 필수적이다. 테러리즘은 결과가 빚어내는 파괴의 메시지와 분노의 메시지를 동시에 세상에 전한다. 그다음엔 그것을 객관적으로 바라보는 사람들에게는 양쪽의 메시지를 모두 듣게 만든다.

그런데 테러리즘은 수행 주체의 입장에서는 테러 정당성을 확신시킨다. 개인에서 시작해, 가족, 또는 집단이나 민족에게 엄청난 자부심을 갖게 한다. 테러의 수행자들에게는 영웅심도 심어준다. 그들 입장에선 테러의 수행은 기본적으로 영웅을 만드는 거룩한 작업인 것이다.

⑤ '사이코패스'의 정치심리학

사이코패스(psychopath)에 관한 이야기들이 솔솔 새어 나온다. 동시에 악에 관한 이야기들도 적지 않게 항간에 떠돌아다닌다. 마치 판타지 소설에서나 나올법한 악마들의 이야기들처럼 말이다. 이를테면 강호순, 유영철, 정남규와 같은 인물들. 범죄분석관(프로파일러)들은 강호순에게서는 살인에 대한 죄책감을 전혀 찾아볼 수 없었으며, 전형적인 '사이코패스'라고 평가했다.

사이코패스의 등장은 소외된 사람들에 전혀 관심을 갖지 않고 내버려뒀기 때문에 일어난다는 주장도 제기된다.[27] 미국 브르크하멜국립연구소의 연구 결과에 따르면, 이들은 감정을 지배하는 전두엽 기능이 일반인의 15%밖에 되지 않아 다른 사람의 고통에 무감각하고 양심의 가책을 못 느낀다. 고통에 무감각해서 자신이 저지른 죄의 대가로 받게 될 처벌을 두려워하지 않아, 재범률도 높고 연쇄 범죄를 저지를 가능성도 일반 범죄자들보다 높다.

전두엽 기능이 15%밖에 안 되는 것을 우리는 어떻게 이해해야 할까?

한편에서는 선천적인 것으로 볼 수도 있지만, 개인주의 사회에서 형성된 후천적인 능력감퇴현상으로 이해할 수도 있다.

강호순은 자신이 한 행위에 대한 반성이 전혀 없다. 자기 욕구 충족만 채워지면, 마치 물건 버리듯이 피해자들을 방치하고 매장하고 살해하는 방법을 택했다. 은연중에 피해 여성들의 행실을 탓하며, 자신의 범죄를 합리화하기도 했다. 프로파일러들에 따르면 강호순은 "내가 강제로 태웠느냐, 스스로 타지 않았느냐"고 특별히 이 부분을 강조해서 이야기했다는 것이다. 강호순은 '여성은 마음만 먹으면, 내가 언제든지 유혹할 수 있는 사람이고, 내가 하루에도 몇 명의 여자를 유혹하려면 할 수 있다'는 심리를 드러낸 것이다.

이것은 피해 여성들의 입장을 전혀 고려하지 않는 악으로 정의할 수 있다. 악은 이처럼 고통, 적의, 상실을 의미하는 담론으로 정의할 수 있다. 악에 관한 질문은 고통과 적의가 무엇이고 그것들이 진실로 악을 의미하는가의 문제가 아니다. 만약 이렇게 묻는다면, 신만이 답할 수 있을 것이다. 악은 관계개념이고 그것의 관계는 모두 내적이며 개념과 경험사이의 관련을 의미한다. 여기서 경험이란 악이라는 용어를 사용하는 사람들의 내적 경험이자, 타자들과 함께 그 용어로 이야기하는 사람들의 대안적 경험이다.[28]

유영철과 강호순의 경우 ○ 불특정 다수를 상대로 범행을 반복해서 저지른 점 ○ 사체유기 ○ 치밀한 범행 ○ 자기 권능감 ○ 평상시 살인범의 얼굴이 아니라는 점 ○ 피해자들이 저항을 못했다는 점, 즉 ○ 피해자들이 노인이나 여성이라는 점 ○ 호감 가는 인상 ○ 자신의 혈육에 대한 애착심 ○ 자신의 쾌감을 위해 살인을 계속했다는 점 등을 비슷한 점으로 꼽을 수 있다. 다만 유영철은 강간을 하지 않았지만, 강호순은 강간을 했다는 점을 차이점으로 들 수 있다.

우리가 엽기적 범행 속의 악에 관해 이야기하고, 그 내용을 남들과 공유해야 한다면 어떻게 할 것인가?

만약 우리가 그러한 범행에 깃든 악의 '양'을 감소시키고 싶다면, 자신의 존재방식을 어떠한 담론의 형태로 지탱하느냐 하는 것은 아주 중요하다. 악에 관해 이야기하는 것이 악을 해소하는데 필요한 전부는 아니지만, 이야기하기를 포기하면 악은 실체화 돼 마치 신의 모습처럼 인간됨의 속성을 벗어 버린다.

범죄자들은 우리들 자신의 과장된 모습이다. 이 점에 대해서 '실종'이란 영화에서 사이코패스를 연기한 문성근은 다음과 같이 이야기한다.

"소외된 사람을 방치해서는 안 된다고 생각합니다. 농경사회에는 '소외'란 게 없었어요. 현대의 직업이 분화되면서 아주 작은 부분만 알고 일해도 먹고 살 수 있으니까 (전체로부터) 소외되는 거죠. 소외에 이어지는 자폐는 언젠가는 터지니까, 공동체는 그런 사람을 내버려두지 말고 어떻게든 안으로 끌어들여야 합니다. 인류 문명이 변화하면서 나타난 현상이기 때문에 개인이 책임지기엔 너무나 무거운 일입니다."

범행은 단순히 개인의 파괴적 충동의 표현이 아니다. 중요한 것은 그 충동이 문화적으로 수용되지 못해서 발생한 것이다. 유영철이 살인마로 돌변한 것은 포용되지 못한 그의 적의로 가득 찬 파괴적 충동이, 더 이상 표용할 수 없는 문화와 결합한 결과이다.[29]

연쇄살인은 사회가 만들기도 하고, 또는 살인자 개인도 책임으로부터 결코 자유롭지 않다. 이를 막아내기 위한 최소한의 안전장치, 그리고 적절하고 신속한 수사, 그 후유증을 최소화하기 위한 노력은 사회적으로 전개할 필요가 있지 않을까. 전문가들은 연쇄살인을 양극화가 만들어낸 사회적 병리현상으로 진단한다. 사회적 약자, 소외된 자에 대한 배려와 보호 등을 통한 원인 제거가 무엇보다 중요하다는 것이다.

글로벌 금융자본에서 사이코패스를 찾는다면 어떤 모습을 하고 있을까? 이웃의 운명에는 전혀 관심조차 두지 않는, 냉혈한과 같은 인간. 이것이 바로 금융시장에서의 사이코패스들일 것이다. 사이코패스는 오로지 자신만을 생각한다.

6 우울한 사회의 정치심리학

윈스턴 처칠, 아브라함 링컨, 시어도어 루스벨트, 헤르만 헤세…. 이들을 모르는 사람은 없을 것이다. 겉으로 화려해 보이고 남부러울 게 없는 이들. 역사적으로 유명한 이들은 놀랍게도 우울증 환자였다. 영국의 처칠경은 일생 동안 우울증에 시달렸다. 그 해소를 위해 손에는 항상 담배가 쥐어져 있었다고 전해 내려온다. 미국의 링컨 대통령도 우울증에 시달렸고, 천재 음악가 베토벤 슈베르트도 우울증 환자였다는 말들이 있었다.

경제적 불황의 골이 깊어지면서, 우울증의 정도는 여러 계층으로 퍼져나가며 심화 되고 있다. 그럴수록 사람들의 심리는 더욱 더 갈등이 심해지고 황폐해진다. 이런 상황에서 우울증은 더욱 더 번져 나갈 가능성이 높다. 집단 우울증은 서민들을 고통으로 이끌어 자살이란 극단적인 선택을 하게 한다.

자살은 아마도 우울증을 해결하는 극단적인 방법일 것이다. 우울증은 이웃과의 대화를 차단시킨다. 결국 대화를 회복해야하며, 이웃에게 비친 자신의 심리를 읽을 수 있어야 한다.

또한 화와 우울을 털어놓는 곳이 있으면 한다. 말이 넘쳐남에도, 자신의 말만 일방적으로 해대며, 남의 말을 좀처럼 잘 듣지 않으려는 시대. 이러한 시대를 사는 우리들에게 자신의 말을 줄이고 남의 말에 귀를 기울이지 않으면 안 될 것이다.

그래도 화병을 갖고 사는 우리들에겐 그나마 작은 희망은 있다. 우울증은 성공적으로 치료될 수 있다는 것이다.

우울증 치료는 정신 치료나 약물 치료 중 한 가지 혹은 두 가지를 동시에 하기도 한다. 항우울제는 뇌의 화학 물질에 영향을 주게 돼, 몇 주 후에는 상당한 개선을 얻게 된다. 새로 개발된 약들은 안정성과 내약성 면에서 우수하다.

전문가들은 항우울제는 습관성 약물이 아니며, 만성 우울증이나 우울 삽화의 재발 예방에 유용하다고 조언한다. 약물치료는 항우울제 치료만으로 70% 이상에서 효과를 볼 수 있다고 의사들은 설명한다. 항우울제는 세로토닌이라는 호르몬을 나오게 만듦으로써 우울증 증상을 완화시킨다. 증상이 좋아진 뒤에도 재발 가능성이 있어, 최소 6개월간은 꾸준히 복용하는 것이 좋다는 것이다. 최근에는 부작용을 최소화하고 우울증상, 감정조절에 선택적인 효과가 있는 약물들이 개발돼, 과거보다 약물을 복용하는 것이 더 쉬워졌다.

정신분석학자인 김종주 소장은 19세기 말에 비엔나와 파리에서 기승을 부리던 히스테리가 사라진 것처럼 보이지만, 실은 우울증이란 형태로 흔히 경험된다고 말했다.[30] 오늘날의 우울한 사람들은 슬픔과 무감동이 뒤섞인 이상한 증후군에 침범된 신체와 영혼을 지니고서 자신의 정체성을 찾으려고 애쓴다. 하지만 더 이상 기존의 치료방법을 믿지 못한다는 것이다.

라깡의 정신분석학에서는 자기 자신이 향락에 대한 욕망에 굴복할 때, 우울해진다고 말한다. 그것이 바로 도덕적 허약함이라는 것이다. 인간이 본래 갖춘 인간 속의 사랑하는 능력을 발휘하지 못한다면, 인간은 신경증과 무력감, 그리고 파괴적인 성향을 나타낸다. 그것은 성장을 저지당한 질병의 징후이다.

우울증은 프로이드가 내버렸던 '신경쇠약'이란 개념과 피에르 쟈네가 묘사한 '정신쇠약'이란 개념에서 유래한 것이다. 우울증은 피곤함과 결손과 인격의 악화로 생각되는 허약한 실체가 된다. 우울한 개인들의 심리학이 사회의 중요한 부분들을 차지하고 있다. 그들은 사회구조의 부당함과 자신의 욕망의 공허함을 이겨 보려고 갖은 노력을 다한다. 대체로 그들은 정신분석으로부터 정신 약물학으로 옮겨 간다. 지금까지는 우울증의 원인은 대체로 개인에게서 찾

우울증의 일반론

우울증의 증상은 우울한 기분이 주 증상으로 나타날 수 있다. 하지만 흥미나 의욕의 저하, 식욕의 변화, 불면증 또는 수면과다, 불안과 초조, 피로감과 무기력, 무가치감, 집중력 저하, 우유부단함, 죽음에 대한 생각, 자살 생각 등 여러 가지 증상들을 동반한다.

우울증은 여러 가지 요인들에 의해 유발될 수 있다. 이런 요인들에는 유전적인 소인, 주요한 상실, 고통스러웠던 아동기, 풀리지 않는 비탄, 스트레스, 심각한 질환, 경제적인 어려움, 나쁜 대인관계, 술이나 약물의 남용 등등이 있을 수 있다. 이러한 것은 단지 우울증을 시작하게 만드는 요인에 지나지 않는다.

우울증의 발생원인은 차별적인 사회구조에서, 자신을 인식하는 문제이다. 따라서 주체성이 강하든지, 또는 따뜻한 사회, 오순도순 한 인간관계는 우울증의 발생을 차단한다. 우리 사회는 불황 우울증, 집단 우울증에 걸려 있다고 해도 과언이 아닌 상황이다. 우울증은 누구나 한 번쯤 앓아 봤고, 누구에게나 찾아올 수 있다고 해서 '마음의 감기'로도 불린다.

한편 우울증과 자살 사이에는 친근한 연결 관계가 형성돼 있다. 자살은 통계청이 발표한 2007년 사망 원인에서 4위로 나타났다. 2007년에만 1만 3천명이 넘는 사람이 스스로 목숨을 끊었다. 10년 전에 비해 4배가 늘었다. 교통사고 사망자보다 많은 수치다. 한국의 자살률이 경제협력개발기구(OECD) 국가 중 1위라는 불명예도 차지했다. 자살의 어원은 라틴어의 sui(자기 자신을)와 cædo(죽이다)의 합성어다. 스스로의 의사에 의해 자신의 목숨을 끊는 행위를 말한다. 자살에는 여러 가지 심리상태가 깔려 있다

왔다. 사회구조에 대한 개인 인식의 결함이라고 본 것이다. 우리는 사회와 개인 모두에게서 우울증의 원인을 찾을 수 있다.

우울증의 사회적 원인을 찾아본다면, 그것은 당연히 '주체의 패배'에서 찾을 수 있다. 즉, 그것은 부의 분배체계에서 노동이 차지하는 위상은 너무 적어졌다. 대부분이 베팅과 투기에 의해 배분된다. 또는 결정해야 할 주체가 결정하지 못하고, 그 결정이 다른 곳에서 결정돼서 온다. 우울한 사회는 사람을 대상으로 전환시키는 경제적인 세계화 운동 속에 새겨져 있다.

그렇다. 세계화는 결정권의 이전을 의미한다. 이제 주체성이 작용하는 사회에서의 범위는 극히 위축됐다. 이런 시대에 누군들 믿을 수 있겠느냐는 심리가 번져가고 있다. 따라서 우울한 사회의 관심 인물은 대중적인 스타일 따름이다. 우울한 사회는 항상 결손을 숫자화하고 핸디캡을 측정하고, 정신적 외상의 정도를 수단화하려고 한다. 우울한 사회에서 병든 사람은 그의 사유를 지배하는 생체정치(Biopolitique)체제에 사로잡혀 있다.

1

시인 신현림은 '내 머리에 8할은 섹스다'라고 노래했다.

다들 공감한다면 거짓일까?

성은 느낌과 정서, 열정과 유희와 관련된 인격의 측면을 표현한다. 성적 욕망과 본능을 일깨우는 정신 에너지는 실질적인 의미에서 육체보다는 정신과 더 깊이 관련돼 있다. 그렇기 때문에 성적 상상력의 차이가 그 첫 번째 에너지라고 볼 수 있다.

오늘날 성에 관한 여러 보고서를 읽어보면, 성에서 가장 중요한 것은 균형과 통합, 배려와 조화라는 사실을 알게 된다. 균형이 유지된다면, 성은 편안함과 동시에 삶에 새로운 에너지를 공급하게 될 것이다. 균형이 깨질 때, 성은 편안함이 아니다. 충격적인 문제로 나타난다. 성에 폭력의 개념이 결합된 여러 사례나 성중독증(sexual addict)이 발생하기도 한다.

미국의 정신분석학자 제롬 레빈에 따르면, 미국 남성 가운데 58%가 성중독증에 시달리고 있으며, 사회적으로 성공한 사람들의 경우에는 그 비율이 20%에 이를 정도라고 한다. 결국은 성공 신드롬의 하나로 성중독증을 들 수 있다.

우리의 경우 인터넷 이용자의 상당수가 음란 사이트와 음란 채팅 등을 통해 성적 욕구를 해결하려는 '사이버 성중독증'에 걸려 있다. 일부는 중독 정도가 우려할 만한 수준인 것으로 알려졌다. 인터넷 중독은 병적 컴퓨터 사용 장애이다. 직접적인 스킨십도 잊은 채 몰입과 집중을 하는 게 특징이다. 인터넷을 못 쓰게 하면 거부감을 드러낸다.

컴퓨터를 병적으로 사용해 신체, 심리, 대인관계, 경제, 사회 기능에 손해나 지장이 생긴 경우다. 사이버 주식 중독, 사이버 섹스 중독, 사이버 게임중독, 채팅 중독 등으로 세분할 수 있다. 인터넷 중독은 의사소통 장애, 관음·노출증적 질환, 충동조절 장애, 우울증 등으로 분석된다. 급기야 현실에서 탈출한다. 늘 대리

만족하려고 더 자주, 더 오래 인터넷에 빠져든다. 접속해 있어야 평화롭고 행복하다. 실재가 아닌 가상의 세상에 살게 된다. 인간의 성에 대한 건전한 관심은 편안함과 쾌락, 그리고 2세를 얻는 것이다.

그런데 현실에서 도착적인 성중독 환자가 얼마나 많은가.

2

오로지 자유주의적인 경쟁만 강요할 때, 심각하게 나타나는 사회적 문제가 학교에서의 양극화(폭력-공부)문제이다. 폭력은 가정폭력과 학교폭력에서 시작된다. 가정에서도 폭력이 있다. 하지만 학교에서 폭력을 쓰는 청소년들은 학교 사이에 조직을 만들어서 그들의 패권을 차지한다.

학교에서 강자들은 조직을 만들어 운영하는 경우가 적지 않다. 이들에게는 공부를 중간 정도하는 애들도 피해를 입지만, 동시에 왕따를 발생시키는 경우가 적지 않다. 조금이라도 행동이 늦거나 허점이 보이면, 강자들은 그런 아이들을 왕따 시킨다. 다른 한편으로 공부를 잘 하는 아이들은 공부를 잘 해서 특수목적고로 진학하는 경우가 많다.

학교에서 폭력이 발생했을 때, 일단 선생님, 학교당국, 교육청이 많은 주의를 기울여야 하지만, 현실은 그렇지 못한 형편이다. 일단은 학부모가 적극적으로 신경을 써주지 않으면, 폭력은 근절될 수 없다. 학교 폭력은 처음은 장난으로 시작된다. 장난이 욕설, 모욕적인 말 등으로 거듭 악화된다. 그러다가 문제는 더욱 심각해지게 된다.

이런 학교에서의 양극화는 고등학교 정도 되면 아예 취직을 하듯이 폭력조직에 가입하는 경우를 볼 수 있다. 이들은 폭력조직을 적성에 잘 맞는 조직이라고 생각한다. 지금은 폭력조직이 이른바 기업처럼 운영되곤 한다. 또한 군대에서의 폭력문제도 심각하다. 폭력을 지향하는 사병이 군대에 들어오면, 주위에서 긴장하기 시작한다.

성폭력 문제도 심각하다. 성폭력은 대체로 남성이 가해자였지만, 지금은 소수이긴 하지만, 남성이 피해자가 되는 경우도 볼 수 있다. 여성들의 성폭력도 쉽지 않게 목격되고 있는 것이다. 이런 폭력들이 모이고 모여서 폭력문제를 놓고 양극화가 진행된다. 폭력조직은 이제는 기업형 조직으로 변신을 완료했다는 것이다. 사회에서 폭력조직이 가는 길은 흔히 성매매업, 폭력 활동, 마약으로까지 발전했다.

이런 모든 집착으로부터 생기는 범죄예방 활동을 예전에는 경찰에 전담시켰다. 그러나 이제는 너무나도 달라졌다. 심리적으로 누구나 범죄자가 될 수 있는 개연성이 그만큼 높아졌다. 범죄예방 활동을 경찰에 맡길 때만 하더라도, 당시에는 욕망을 스스로 조절하는 것이 가능했다.

여기에 여러 종류의 사람들이 함께 참여하고 있다. 경찰과 사법부에는 정신과 의사와 심리분석학자들이 함께 참여하고 있다. 또한 종교인, 카운슬러, 임상심리학자, 시민운동가, 각종 책들의 저자들이 함께 참여해 노력하고 있다.

그것은 왜인가? 이제 인간의 욕망은 탐욕의 수준을 넘보고 있다. 그래서 영국의 역사학자인 홉스보움은 20세기를 '극단의 시대'라고 명명했다. 극단의 시대는 지금도 계속되고 있다. 극단을 낳았던 심리학적인 문제들은 더욱 악화되고 있는 것이다. 그것이 바로 욕망에서 탐욕으로의 진전이다.

권력에 대한 참여 욕구는 경쟁적인 인간존재로서 살아 움직인다는 것을 보여준다. 인간은 경쟁적인 존재이기에 공정한 경쟁이 이뤄지지 않을 때, 그때부터 대부분의 인간 활동은 투쟁의 성격을 갖게 된다. 경쟁 권력에서 승자독식의 원리는 누구도 욕망을 굽혀서는 안 된다는 것을 말하고 있다. 이것이 바로 정치에서 최고의 경쟁이 벌어지는 배경이다.

이런 욕망은 다음에서 제시된 어떤 원리와 결합시켜야 하는가?

이것은 정치의 첫째 임무를 과연 국민의 뜻을 받드는 것인지, 아니면 정치인의 욕망을 관철시키기 위한 것인지 선택해야 한다는 것을 말한다.

그 답은 당연히 정치인들의 욕망이었다.

이런 욕망은 보스와의 관계, 정치자금, 선거에서 경쟁자와의 승리라는 세가지 요소와 결합된다. 욕망은 구조적으로 결코 굽힐 수 없는 것이었다. 이것이 바로 오늘 보스정치의 구조이다. 여기에 출구를 내는 방법은 유권자가 먼저 조직화를 시도하는 것일 수밖에 없다. 국민의 뜻을 제대로 반영하도록 통로를 여는 방식 이외에는 없다.

정치인들의 탐욕을 지적하면서 정치인들에 대해서 절망할 수밖에 없다고 많이들 지적한다. 또는 아예 정치인들과 만나기를 피하는 사람들도 적지 않다. 일부 네티즌들은 정치인들의 사이코패스적인 특성과 권모술수를 지적하기도 한다.

이 문제를 해결하는 방식은 정치권에 순회방식을 수용해야 하는가?

아니면, 국민이 행동의 이니셔티브(주도권)를 취하는 방식을 취하는 방법이 좋은가?

현대 사회는 '유혹하고 유혹당하는 사회'이다. 아니 능동적으로 그것을 행하기도 한다. 그만큼 유혹하는 게 많다는 뜻이기도 하다. 그 유혹은 환상과 돈, 투기, 황금만능주의, 성, 포르노, 카지노, 대박주의, 로또복권, 베팅, 유흥, 환락, 미모, 폭력, 승자독식주의 등이다.

게다가 민주화가 진행되면서, 사람들은 돈에 대한 강력한 욕망을 피력해왔다. 강력한 욕망, 그것은 첫째는 돈에 대한 욕망이었다. 다음은 섹스에 대한 욕망, 권력에 대한 욕망이었다. 그런데 욕망은 때론 집착을 낳는다. 욕망과 집착은 탐욕으로 이어진다. 마치 자위행위를 탐닉하듯이 말이다.

돈에 대한 욕망은 생명체가 살아 움직이려는 시도와 같다. 인간의 모든 움직임의 기초에는 물질이 개입하고 있다. 돈에 대한 욕망이 보다 구체화된 계기는 세계화와 함께 경쟁을 강조하는 문화와 궤도를 같이했다. 그 이전 시대는 권위주의 정권이 장애로 막혀있었다. 한국의 '386세대'들의 업적 가운데 가장 확실한 것은 '개인주의 혁명'을 수행했다는 것이다. 개인주의 혁명은 돈 문제를 낳았다. 개인주의 → 끝없는 돈의 필요성 → 주식투자를 통한 재테크 → 주식의 봉

괴현상으로 이어진 것이다. 이것
은 운동권의 일파가 만들어낸
효과였다. 앞으로 공동체
주의를 추가하는 변혁은
386세대 또는 이후의
세대에서 위임돼 있다.
　　이때부터 일부 젊
은 사람들은 주식 게
임에 본격적으로 참여
했다. 또는 우리사주에
의한 주식을 배정받기도
하는 사태가 벌어졌다. 만
약 돈에 대한 정치학적 연구
가 필요했다면, 바로 이 시점부
터였다. 주택을 구입하는 문제는
부동산 경기와 관련해 빈부격차를 가르
는 핵심적인 기준이었다. 그보다 더더욱 중요
한 문제는 사교육이었다. 사교육비는 경쟁교육을 만드는
데 필수적인 요소였다. 공교육의 경쟁력과 정상화가 절실한 부분이다. 대학 등
록금이 치솟고, 돈만으로 교사와 교수를 채용하는 공교육의 풍토가 만연해진다
면, 이는 사교육 문제보다 더 큰 병폐를 초래하게 된다.

마음대로 좋은 나뭇잎을

골라 뜯어먹는

목이 긴 기린의 행복을 생각할 때,

목이 짧아 굶어죽은

기린의 고통을 잊어서는 안 된다.

존 M.케인즈

한 사람의

부자가 있기 위해서는

5백 명의

가난뱅이가 있지 않으면 안 된다.

애덤 스미스

취업의 위기는
모든 위기의
진원지이다

일자리 확충에 대하여

도쿄 니시오기쿠보(西荻窪). 이곳은 '라면 신(新)격전지'로 꼽힌다. 조그만 난쟁이 나라를 방불케 하는 두세 평짜리 라면집이 골목 구석구석에 즐비해 있고, 성쇠를 거듭하고 있다.

그중 누구에게나 단골집인 '다이(大)'의 경우, 도쿄 중심가 미타(三田)의 유명 라면집 '지로(二郎)' 족보에 속한다. 여기서 밑바닥 수행을 통과한 청년 3명이 낮 11시30분부터 심야 1시30분까지 교대로 주인·주방장·종업원 일을 해낸다.

이 동네가 '격전지'가 된 것은 변두리라 임대료가 싸기 때문이다. 중심가 유명 라면집에서 힘을 키운 청년들이 자신의 가게를 열고 데뷔하기에 용이하다. 생존 여부는 다음에 결정된다. 마주한 라면집이라도 한쪽은 수십 미터 줄이 늘어서고, 다른 한쪽은 손님 한 명 찾지 않는 냉혹한 승부처가 도쿄다.

일본에서 라면 집이 급속히 늘어난 것은 오래된 일은 아니다. 1990년대 중반부터 수많은 청년들이 라면의 세계에 뛰어든 결과다. 이 시기는 장기 불황으로 나라가 청년들에게 일자리를 못 준 일명 '취업 빙하기'와 겹친다. 덕분에 일본 라면 문화는 국물 없는 사누키우동처럼 10년, 20년 전과 비교할 수 없을 만큼 깊어졌고 세계화됐다.

라면뿐일까? 캐릭터·만화·패션·디자인 등, 지금 일본 문화의 21세기를 이끌어가는 분야도 불황기에 단련됐다. 강력한 도제(徒弟) 시스템의 밑바닥에 뛰어들어 삼각 김밥으로 끼니를 때우던 젊은이들이 10년 후 세계를 무대로 커다란 부가가치를 창출하는 것이다.

요즘도 우리 청년들은 세상이 자신을 '배신'하고 있다고 느낄 법하다. 여러 나라 학생들이 함께 공부하는 아름다운 지적인 공간, 미국 아이비리그 대학 캠퍼스. 하버드 예일 프린스턴…. 붉은 벽돌과 담쟁이덩굴로 둘러싸인 이런 곳에서 공부하는 것만으로는, 당신의 삶을 예전처럼 지탱해줄 것이라고 용기 내어 말해줄 수 없는 세상이 돼 버린 것이다.

이때 최고의 비빔밥, 최고의 된장찌개, 최고의 냉면, 최고의 캐릭터, 최고의 옷을 꿈으로 삼는 것은 어떨까? 꿈을 이루기 위해 주방이나 공방 청소부터 시작하는 봉행(奉行)의 청춘은 어떤가? 10년 후 세상은 반드시 그들에게 보답하지 않을까.[31]

이와 같은 직업은 경쟁적인 상황에서의 직업 찾기를 말한다.

그렇다고 꼭 모든 일자리 문제를 청년들이 알아서 해결하라는 식으로 돌리기에는 약간은 무리한 측면도 있다. 정부에서 일자리라고 마련한 인턴제도는 심지어 오로지 일회성 예산으로 실업통계와 인턴세대의 사회 불만을 막기 위한 것으로 보일뿐이다. 인턴제도라는 임시 아르바이트 대신에, 정규 일자리를 주기 위해 정부는 머리 감싸고 노력하는 모습을 보여줘야 하겠다.

한 번 정리해보자. 일자리 문제는 이른바 우리 사회 시스템의 세대 간 연장이라는 점에서 중요하다. 케인즈는 정부가 일자리에 신경을 씀으로써 완전고용을 향해 나아가는 것이, 안정된 세상을 만들 수 있는 비결이라고 강조했다.

자유주의 정부인 이명박 정부는 2009년에 일자리 55만개를 만들어 내기 위해서 5조원의 예산을 배정했다. 아무리 자유주의 정부라고 할지라도 급하고 어려운 상황에서 일자리를 지원할 수밖에 없었다. 하지만 5조 원의 예산을 쓴다고 할 때, 한 사람에게 천만 원 정도의 예산이 지원될 뿐이다.

보다 정확히 설명하면, 2009년 3월 19일 정부가 추경 예산 4조 9천억 원을 투입해 55만개 일자리를 창출하겠다고 밝혔다. 정부의 이 같은 계획은 취업 취약계층에게 한시적 일자리만을 제공하겠다는 것이다. 이런 계획이라도 없는 것보다는 낫긴 하지만, 이런 정책은 미봉책일 뿐이다. 실제로 3월 12일 이미 발표한 저소득층 공공근로 성격의 희망근로프로젝트(40만 명)가 대부분을 차지하고 자활근로(1만 명), 노인일자리(3만5천 명) 사업 비중도 높다. 이와 같은 임시직 취업은 고용유지 효과가 그리 오래가지 않는 데 더 심각한 문제가 있다.

다른 고용대책들도 단기 계약직 위주라서 '질 좋은 일자리'와는 거리가 멀다. 좋은 일자리에 취업하는 5%의 사람들은 초등학생 때부터 선발된다. 정부가 내놓았던 방안을 구체적으로 살펴보면, 초중고 인턴교사(2만5천 명), 대학 조교

(7천 명), 공공기관 인턴(4천 명) 등이 눈에 띈다. 정부는 중소기업 인턴 채용 시임금을 70% 지원해, 2만5천 명 규모의 인턴 인력을 3만7천 명까지 확충했다.

이외에도 사회복지·교육·환경·문화 부분에서 사회적 일자리(3만3천 명)를 늘려 저소득층에게 취업 기회를 주고 사회서비스도 향상시키려 했다. 이를 위해 사회적 기업도 218곳에서 400곳으로 늘리려 했다.

정부는 추경예산과는 별도로 도로, 하천 등 SOC(사회기반시설) 개량 등을 통해 6만~10만개 일자리 확충을 약속했었다. 이를 통해 토목건설산업 활성화 의지를 밝혔다. 당시 SOC 투자에 24조 7천억 원을 투입하기로 결정했는데, 이는 전년 대비 26% 늘어난 규모다.

이와 함께 민간부문의 일자리 나누기, 이른바 '잡 셰어링'에 대해서도 5천억 원을, 33만 명에게 취업교육 훈련을 제공(1580억 원)하고, 38만여 명에게 실업급여·채용장려금 등을 지원(1조6천억 원)하기로 했다. 이 중 일자리나누

정치평론가 TIP 　정부에게 일자리 마련을 위한 고언

- 진취적이고 자립적으로 문제를 풀어 나가도록 해야 한다. 그렇게 되도록 성장 동력을 최대한 많이 만들어야 한다. 이렇게 해서 고용시장에 역동성을 부여해야 한다. 성장 동력이란 바로 현세대와 미래세대를 연결하는 벨트인 것이다.

- 인턴제도는 결코 미래 산업이 될 수 없다. 우리는 새로운 서비스산업의 창출을 통해 미래를 대비해야 한다. 창의적인 서비스 산업의 개발을 위해서는, 청년층의 의견부터 들을 수 있어야 한다. 여기에도 경쟁방식을 채택하지 않을 수 없다. 계획서를 받고 그것을 엄격하게 심사해 거기에 자금을 보태 줘야 한다. 그들의 창의적인 아이디어를 갖고 먼저 도전하도록 해야 한다. 이런 새로운 사업위원회를 만들어 엄정하게 심사하도록 해야 한다. 캐릭터, 만화, 패션, 디자인 등 새로운 21세기의 문화산업을 적극적으로 일으켜 세워야 한다.

- 몇 개의 업종은 경쟁을 통해서, 미래로 나아갈 수 있도록 해야 한다. 이 사업을 하려는 사람들에게는 사업자금이 필요하다. 여기에 대해서 정부가 대신 보증을 서 줘야 한다. 일본에서 라면가게가 커간 것처럼 말이다. 서비스 시장을 조금 더 새롭게 아이디어와 꾸준한 노력을 통해서, 경쟁력을 기를 수 있도록 만들어야 한다.

- 노동교육시스템을 적절하게 활용할 수 있어야 한다. 취업과 직업교육 시스템을 획기적으로 연계시켜야 한다. '실업-고용 패러다임'에서 '교육-고용 패러다임'으로 전환시켜 나가야 한다. 노동 대중에 대한 평생 직업교육을 사회의 공적 부문으로 확립시켜야 한다. 숙련 교육을 계속 할 수 있어야 한다. 교육비와 급여 지원, 맞춤형 직업교육으로 고용과 소득의 안정성을 증대시켜야 한다.

- 지식산업에 충분한 인력제공을 하도록 만들어야 한다. 미래 산업은 모두가 지식산업에 속하게 될 것이다. 지식산업을 지금부터 철저하게 준비해 나가야 한다. 지식산업은 모순되는 두 가지 주장을 놓고 선택하는 방법부터 시작해야 한다.

- 사회적 노동을 적극적으로 추진해야 한다. 이 세상은 하나의 원리로만은 살아남을 수가 없도록 돼 있다. 경제 분야에서 승자가 살아남는 방법이 있다고 한다면, 사회적 원리를 통해서 살아남는 자도 있어야 한다. 사회적 일자리는 보람이 가득한 일자리라고 볼 수 있다.

- 정부는 고용정책으로부터 빠질 수 없는 존재이다. 케인즈와 토빈은 완전고용까지 촉구하였음을 기억해야 한다. 일자리의 계승이 없이는 그 사회가 유지될 수 없다. 그런 측면에서 인구정책과 고용정책은 필수적인 대목이다. 이런 과정이 우리가 압축 성장을 거치는 과정에서 잊어 버렸던 원리들이다. 원론적인 대목에서 일자리를 함께 찾는 노력을 전개해야 한다. 농업이 급격하게 축소됐던 것도 그런 대목으로 설명할 수 있다. 나는 농업을 환경농업으로 살리는 데, 많은 사람들을 필요로 한다고 생각한다. 이런 고용 문제에 대한 문명적 효과에 대한 검토를 깊이 있게 해 나가지 않으면 안 된다.

기 예산의 경우, 고용유지지원금 지원을 확대(6만5천 명 → 21만 명, 583억 원 → 3653억 원)했다. 무급휴업 노동자에 대해 평균임금 40%까지 휴업수당을 지원하기로 했다. 또한 일자리 나누기를 위한 근로시간단축으로 줄어든 임금을 1/3씩 노사정이 분담하기로 했다.

이명박 정부의 고용정책에 대해서 평가할 때, 경제위기는 장기적인데 정부 대책은 지나치게 단기적이라는 사실이다. 단기적 처방으로 실업률을 낮추는 효과가 있기는 하다.

실업률을 단기적으로 낮추는 것이 과연 어떤 효과가 있을까? 혹시 들끓는 사회적 불만을 다소라도 늦출 수 있기 때문일까?

많은 전문가들이 하반기부터 경제가 회복된다면 모를까, 장기간 위기가 지속된다면 이것만으로는 부족하다고 비판한다. 또한 대규모 구조조정이 예상되는 영세사업자, 자영업자에 대한 대책은 없이 지나치게 임금 근로자에게 초점이 맞춰져 있다고 지적한다. 보다 장기적으로는 이후 성장 동력 산업에 대한 전망을 세우고, 그에 맞춰 인력을 확보하는 장기적 전망이 필요하다.

청년층 인턴제도에 대해서도, 업무가 단순 사무보조에 그치고 취업 인센티브가 없어 학생들이 기피하는 경향마저 엿볼 수 있다. 내용을 보완하지 않고는 일자리만 늘려봤자 효과가 없을 것이라는 판단이다. 대학조교와 관련해서 보았을 때도 정부의 정책은 전혀 새로운 것이 아니다. 이미 대학들이 졸업생 일부를 학과조교로 돌려서 취업통계에 포함시키는 관행이 많이 나타났다.

나의 생각에는 긴급조치를 취하고 난 후, 장기적인 고용정책을 마련하지 않으면 안 된다. 희망근로프로젝트 등을 긴급조치로 생각하고, 그것을 단순한 돈 나눠주기 식이 아니라 반드시 안정적인 사회적 서비스 일자리로 연결시켜야 한다. 더 나아가서 고용이야 말로 새로운 문명적 과제라는 사실을 깨닫는 것이 그만큼 중요하다고 판단한다.

일자리에 신경을 써야 한다는 것은 세계 대부분의 학자들이 주장하는 내용이다. 이런 문제들에 대해서 어떻게 신경을 써야 할까? 일자리 문제를 놓고, 일단 노사정이 함께 모이자. 다음에는 시민사회단체들까지 포함해서 함께 논의를 할 필요가 있다고 생각한다. 그렇다면 일자리는 사용자 측에서 많이 고용해야 하지만, 사용자측과 함께 공공의 일자리도 많이 만들어야 한다는 결론에 도달하게 될 것이다. 공공의 일자리, 이것은 사회적 일자리인 것이다.

김문수 경기도지사는 여기에 딴지를 걸고 나섰다. 정부가 일자리 창출하는 것은 맞지 않다고 주장했다. 김문수 지사는 정부가 사회복지를 강화하고, 일자리는 기업에 맡기라고 주장한다. 김문수 경기도지사가 공무원 급여삭감과 정부 인턴 확대로 대표되는 이명박 정부 일자리 대책에 대해 강도 높은 비판을 쏟아냈다.

유시민 전 열린우리당 의원도 2005년 5월 16일 성년의 날을 맞아 열린우리당이 마련한 '20대 청년과의 간담회'에서 자신의 입장을 밝혔다.

이 행사에 참석한 한 대학생이 유 의원을 지목했다.

"취업문제와 청년실업에 대한 생각과 앞으로 방안은 무엇입니까"

유 의원 왈(曰),

"방법이 있으면 왜 이렇게 해결이 안 되겠냐."

"모든 산업국가에서는 고학력 청년층의 실업 문제를 갖고 있다."

"내가 하는 정치는 되도록 가치실현을 위한 것이지, 누군가를 위한 정치는 안 한다."

"그래서 취업에 관한 책임은 각자가 지는 것이다."[32]

한편 김문수 지사는 2009년 3월 3일 서울 프레스센터에서 열린 '기업이 살아야 경제가 산다' 정책세미나(한국제도경제학회-경기개발연구원 공동주관)에서 "(정부가) 기업을 도와주는 일은 안 하면서, 마치 자기들이 일자리를 만드는 것처럼 말하는 것은 맞지 않다"고 지적했다. 또한, "우리 공무원들 봉급 깎고, 인턴 채용 늘리자는 것은 (내가) 안 했다"며 정부를 비판했다.

정부 인턴제에 대해서도 김 지사는 강한 불신을 표출했다. 김 지사는 "일자리 만든다고 인턴제를 하는데, 인턴은 진정한 일자리가 아니다. 언제까지 할 것이냐. 제대로 된 일자리냐. 진짜 필요한 일자리냐"며 문제를 제기했다. 하이닉스 등 관내 대기업들에 대한 규제가 일자리 창출을 막고 있다고 김 지사는 지적했다.

김 지사는 "하이닉스 안에 스테츠팩코리아라는 세계 최첨단 회사가 있다.

당장 공장 증설을 해야 하는데 이곳도 구리 때문에 막혀서 해외 6~7개중 하나의 공장으로 가야하고, 이것도 안 되면 수 백 명 수준 채용을 못하고 공장 증설을 못 한다. 이런 것만 해줘도 도청에서 하는 인턴 채용보다 훨씬 더 좋은 일자리, 더 높은 봉급, 젊은이들이 푸른 꿈을 꿀 수 있는데 우리가 못하게 막고 있다"며 청년실업에 대한 근본대책을 촉구했다.

이 세미나는 좌승희 경기개발연구원장, 김인준 한국경제학회장(서울대 교수) 등 관계자 200여명이 참석할 정도로, 김 지사의 발언은 파급력이 있어 보였다.

동양에서 정치(政治)와 경세제민(經世濟民). 이 말은 거의 비슷한 용어로 사용됐다. 정치는 보다 원칙에 가까운 의미를 갖고 있었고, 경세제민은 보다 현실적인 문제들에 관한 해법이라고 봤다.

정치는 늘 '국민의 뜻'을 내걸었고, 하늘과의 소통을 주장했던 것이다. 황제의 시대가 끝나고 국민 직선의 대통령 시대가 전개된 이후, 국민의 뜻은 거의 표로 결정돼 왔다. 아직은 상당히 미흡하다. 공급자가 정책을 제대로 내어놓지 않기 때문이다. '세상을 다스리고 백성을 구제함' 뜻의 경세제민은 서양에서 이

정치평론가 TIP

정치와 경세지민

● 국가라고 하는 공동생활의 틀 안에서 정치를 논의한다. 사회생활에서 일어나는 대립과 분쟁은 조정되고 통일적인 질서가 유지된다. 국가라고 하는 공동생활의 틀 속에서 단순히 개개인의 풍습이나 도덕 등의 자율적인 규범만으로 유지되지 않는 질서. 이것을 국가권력을 배경으로 법과 그 밖의 방법을 동원해 유지시키는 작용을 정치라고 보는 견해이다. 이상의 견해도 위로부터의 통치만을 정치로 보지 않고, 아래로부터의 항쟁 및 그 밖의 활동도 정치라고 보았다. 다만 여기서는 국가를 중심으로 정치를 파악하는 점이 특색이다.

● 정치는 사회 안의 다양한 조직적인 틀 안에서 일어난다. 회사, 노동조합, 교회, 학교, 가정 등 어디에서나 발생되는 이해관계의 대립이나 의견의 차이를 조정해 나가는 통제의 작용도 모두 포함한다는 견해가 있다. 미국 정치학자들의 대부분은 이 관계를 거번먼트(government)라고 표현한다. 국가는 공적인 거번먼트인 데 비해서, 그 밖의 것들은 사적인 거번먼트라고 설명한다.

야기하는 이코노믹스와 비슷한 뜻을 갖고 있다. '경세제민'과 이코노믹스에 어떤 원리가 구현되느냐에 따라, 정치의 원리도 달라진다.

정치는 조직 사이의 공존을 지향하는 활동에 동의하는 주장이 있는가 하면, 일련의 대립과정으로 보는 견해도 있다. 사회적·경제적·이데올로기적 대립의 항쟁관계 속에서 상대방을 복종시키고 스스로의 주장을 관철시키는 활동을 정치의 본질로 보는 견해가 있다.

그것에 따르면 자기편에게는 가장 우호적인 단결과 협력을 제공하고 상대편에게는 적대적인 태도를 취하는 것이 곧 정치의 형태이다. 정치는 스스로의 의지에 상대방을 복종시키고 상대방을 통제하며 자신이 필요로 하는 질서를 유지·강화하는 작용인 것이다.

마르크스의 경우에 국가는 특정계급의 이익을 보호하는 권력기관이다. 국가의 통치는 적대적인 여러 계급의 저항을 통제하고 스스로의 권익에 필요한 질서를 유지·강화하는 것이다. 피지배계급에 속하는 대중은 자신의 권리와 이익을 수호하기 위해 부단히 저항하고 요구하며, 그것을 실현시키기 위해 다양하고도 조직적인 노력을 경주한다. 이러한 지배와 저항을 본질로 하는 것이 정치라고 규정했다.

어떤 견해를 채택하든지, 경제 문제에 신경을 쓰지 않는 정치는 없다는 사실을 철저하게 확인한다. 사람이 살아나가기 위해서는 생존 자료인 재화가 필요하다. 재화 중에는 공기처럼 인간의 욕망에 비해 무한정으로 존재하여, 매매나 점유의 대상이 되지 않는 자유재도 있다. 하지만 대개는 욕망에 비해 그 양이 한정돼 있어, 매매나 점유의 대상이 되는 경제재이다. 경제란 생산수단과 노동으로써 자연에 작용하여 이러한 경제재를 획득(생산)하고, 그 생산물을 분배·소비하는 과정을 말한다.

이처럼 우리는 정치가 경제 문제에 늘 관심을 갖는 이유를 이해하게 됐다. 정치는 경제문제에 늘 깊은 신경을 쓰고 있다.

그런데 정치가 경제를 무시한 적도 있고, 경제가 정치를 필요악이라고 생각한 적도 있다. 이때 사회는 절대로 원활하게 굴러갈 수 없었다. 정치와 경제의 영역은 상호보완적이다. 당연히 경제의 영역에서 노동자와 사용자 소비자들이

해야 할 역할이 있다. 또한 정치에는 경제를 통괄할 책임과 권리가 있다. 이것은 정치가 수행해야 할 최소한의 역할이다. 정치가 수행해야 할 역할에는 몇 가지가 더 있다. 당연히 정치가 보호해야 할 역할 가운데 헌법에 나열된 권리와 자유는 당연히 보호해야 한다. 그 가운데는 경제활동도 당연히 포함된다.

아무리 그래도 정치에게는 경제 이외에도 해결해야 할 과제가 더 있지 않을까?

그것은 민주주의 문제를 해결해야 하는 것이다. 다른 한 가지는 그 사회의 총체적인 가치인 정신적인 문제에 대해서도 두루 신경을 써야할 것을 말한다.

정치평론가 TIP

정치학의 범위

●　　정치학자들은 정치를 보다 폭넓게 정의하고 있다. 이는 연구의 범위를 정부에 한정시키지 않고 더욱 확대시키는 것이다. 미국의 정치학자 H.D.라스웰은 '정치에 대한 연구는 영향력과 영향력을 가진 자들에 관한 연구'라고 주장한다. D.이스턴은 '어떤 사회를 위한 가치의 권위적 배분에 대한 연구'가 정치학의 주제라고 피력한다.

●　　정치학의 목적은 일반적으로 사람들에게 그들 스스로 공공문제를 분석하는 훈련 및 통찰력을 부여함으로써, 그들의 생활을 풍요롭게 하는 데 있다. 사람들은 그들 자신의 목적을 위해 정치학의 지식을 활용해 정치체계를 이해하려 하는 것이다. 역사적으로 정치학은 학문적 발전을 거듭했고 인간들의 여러 활동분야에 널리 적용됨에 따라, 그 연구대상과 정치현상을 분석하는 방법 및 기술은 더욱 다양해졌다.

●　　정치학을 연구하는 연구자들의 문제의식이나 연구목적과 방법이 반드시 일치하는 것은 아니기 때문에, 정치학의 범위를 정확하게 설정하기는 어렵다.

청년실업자, 그들은 어디에서 어떻게 살고 있는가?

1

우석훈 박사는 [88만원 세대]라는 책에서 '섹스'라는 개념으로부터 글을 써 내려가기 시작한다. 나이와 섹스의 상관관계는 18세기 이후의 경제학에서 가장 큰 질문중의 하나라는 것이다. 대표적으로 [인구론]을 쓴 맬서스는 출산에 관한 이야기 하나로 한 시대를 풍미한 이론가가 됐다. 후에 인구경제학이라고 부르는 분과는 맬서스의 이론을 기본 축으로 삼고 있다.

[자본론]을 쓴 칼 마르크스의 동료이자 평생에 걸친 그의 후원자였던 엥겔스는 결혼제도에 아주 관심이 많았다. 엥겔스는 '폴리가미(polygamy)'라고 부르는 난혼제도에서 어떻게 '모노가미(monogamy)'라고 불리는 일부일처제가 등장하게 됐고, 모계사회에서 어떻게 오늘날 아버지 중심의 부계적 가족제도가 나오게 됐는가를 규명하는데, 상당히 많은 시간을 할애했다.

현대경제학에서도 나이와 섹스에 관한 주제는 여전히 중요한 위치를 차지한다. 평생 소득 가설이나 항상 소득 가설과 같은 이야기들은 거시경제학 핵심 이론 가운데 하나이다.

"나이에 따라 사람의 소득이 어떻게 변화하는가?"에 관한 뛰어난 논의들은 모두 노벨 경제학상을 탔다. 현재 표준 경제학의 기틀을 만든 폴 새뮤얼슨의 '세대 간 중첩모델(over-lapping)'은 아버지와 자식세대, 즉 어떻게 '가족의 부'를 다른 세대에 이전시켜 주는가를 꼼꼼히 분석해 노벨상을 수상했다. 또 다른 노벨상 수상자인 게리 베커는 '인적자본론'이라는 가설을 통해, 왜 부모들이 자식들에게 더 많은 교육을 시키려고 하는지 설명함으로써 교육경제학이라는 틀을 확립시키는데 기여했다. [33]

이런 것을 전제로 동거권 개념의 비교를 통해, 우리 청소년들의 국제적인 위상을 살펴보자.

동거권 개념은 프랑스에서 가장 먼저 전면화 됐다고 보는데 국제적으로 이견이 없다. 그중 상징적인 인물로는 장 폴 샤르트르와 시몬 보부아르를 꼽을 수 있다. 둘 사이의 특별한 애정이 이런 새로운 담론을 얻었던 것이다. 이 같은 동거권은 일본에서도 당연히 있다. 동거를 하나의 권리로 생각한다면, OECD 국가 중에서 18세에서 20세의 청년들에게 동거권이 주어지지 않는 나라는 현재(2009년) 우리나라가 유일하다.

동거권만이 아니라 모든 권리들이 매양 그러하듯이 그냥 생겨난 것은 하나도 없다. 여성들의 투표권은 물론이고, 장애인 이동권이나 크고 작은 환경권, 심지어 교육의 권리 같은 것조차 그냥 주어지지 않았다.[34] 그런 측면에서 우리나라 청소년들은 프랑스식으로 하면 '아이'라고 놀림 받을 만도 하다.

동거하려면 주택은 어떻게 할 것인가? 동거권이 있는 나라의 경우, 주택은 한국처럼 비싸지도 않을 뿐더러, 지방자치단체에서 오히려 많은 비용을 지불한다. 저소득층에게 적용되는 사회안전망은 당연히 10대 후반이나 20대 초반의 젊은 커플에게도 적용되는 개념이다.

다음은 교육비이다. 국민소득 4만 달러를 넘어서는 스위스의 경제운용형태는 조금 다르다. 그래도 스웨덴 덴마크와 함께 국민들이 잘사는 나라라고 할 때, 스위스는 가장 많이 인용되는 나라 중의 하나인데, 그런 스위스도 대학진학률은 고작 27% 정도이다. 스위스 사람들은 대학은 물론 평생교육 체계와 함께, 매우 잘 발달된 자영업을 중심으로 하는 마에스트로 시스템을 통해 그 분야의 장인이 된다. 만일 그렇지 않으면, 공공 일자리 등을 통해서 중산층 정도의 경제적 지위를 누리면서 세상을 살아가게 된다. 스위스 시계나 맥가이버 칼로 유명한 빅토리 녹스 주머니칼은 바로 그런 사람들이 만드는 물건이다.

임금으로 비교해 봐도 그들의 임금이 우리나라 대졸자보다 낮지 않다.[35] 이런 등등의 측면에서도 보면, 우리나라에서 첫사랑은 모두가 깨지라고 있는 건 아닐까?

현대 경제학은 소득의 근원으로 근로소득과 자본소득만을 인정한다. 부동산 거래의 과정을 통해서 얻는 불로소득이 있기는 한데, 표준경제학에서는 불로소득이라는 개념은 존재하지 않는다.

가정 내에서의 불로소득에 해당하는 '이전소득', 즉 '증여' 혹은 미리 집행된 상속이라고 설명할 수 있는 용돈. 이를 제외하고는, 거의 모든 10대에게 적용이 불가능한 자본소득도 제외하고 나면 남는 소득은 단 하나 뿐이다. 흔히 알바라고 부르는 파트타임 노동인 10대 비정규직이다. 스위스나 스웨덴의 경우에는 청소년의 일자리를 사회적 일자리, 지역일자리라는 관점에서 지자체가 상당한 수준의 고용을 제고하고자 노력한다. 도서관 사서보조와 같은 일자리를 주당 20시간 정도의 노동 강도에 맞춰서 늘려 나가는 것이 하나의 추세이다.

한국에서 가장 나쁘고 저급하면서 장기적으로 시스템에 치명적인 해를 끼치는 것을 두 가지만 꼽으라고 하면, 1318 마케팅과 다단계판매를 주목하고 싶다.

실제 사람들의 삶을 관찰하면, 1990년대 이후 한국인의 삶을 지배한 것은 이 두 가지라 할 수 있다. 만일 이 두 가지가 없었다면 우리나라 사람들의 표정은 훨씬 밝았을 것이고, 사회도 더 명랑했을 것이다, 이 두 가지 모두 IMF 이후 급성장한 신규산업들이다. 그 가운데서도 1318 마케팅은 10대들의 삶을 완전히 파괴해 놓았다. 세대 착취 정도가 아니라 세대 파괴적 마케팅 활동이라고 할 수 있다. 10대들은 교육 장치에 의해 완전히 통제될 수밖에 없고, 또한 마케팅 장치에 의해서 극단적으로 착취당하는 집단이라고 할 수 있겠다.

이런 젊은 세대들의 치명적인 문제들을 기성세대의 정당인 여당과 야당은 어느 것 하나 해결해 주지 못하고 있다. 이 문제들을 해결하기 위해서는 대한민국의 경제에 대한 접근방식을, 세대 간의 문제와 다음 세대의 문제라는 축으로 바꾸면 어떨까. 그래야 문제해결을 시도해 볼 수 있다. 그렇게 하지 않고 기성세대의 가사의 분배와 갈등이라는 시각만으로 접근할 경우는 세대 착취의 문제와 한국이 안고 있는 독특한 인질경제의 문제는 사회적 논의의 테이블 위에 올라와 보지도 못한다.[36]

지금의 20대가 만나게 될 시대상황은 크게 다르다. 예전 유신세대나 386세대와는 완전히 다른 시대가 펼쳐지고 있다. 지금의 20대가 경제인으로 자리 잡기 이전 그들이 10대를 보내고 있을 때, 우리 경제는 IMF 경제위기라는 진행 과정 중에 가장 큰 사건이 벌어지게 된다. 이것이 바로 투기자본의 한국진출을 낳은 계기가 됐다. 한국경제 상황을 위기에 몰아넣은 원인으로 작용하고 있다.

왜 이런 과정이 전개됐는지, 김대중 정부와 노무현 정부의 정책을 비교해 보도록 하자.

우숙훈 박사는 김대중 정부와 노무현 정부는 신자유주의를 정책적 지표로 생각했다고 기술한다. 두 정부의 차이점은 정책의 강도에서만 차이가 있었다는 것이다. 이와 같은 정책적 차이가 바로 한국 주식시장의 오늘과 한국의 주요산업에 강력하게 영향을 미치게 된 것이다. 그동안 투기자본이 휩쓸고 지나갔다는 것은 모두가 알고 있는 사실이다. 노무현 시절에 신자유주의는 더욱 노골적으로 변했다. 현재의 주류 경제담론은 신자유주의라는 흐름을 전제하고 그 속에서 '죽을 사람을 내버려두고 일단 살 사람이라도 살자'는 형태로 변하고 있다고 보여진다. 즉, 문학과 예술은 죽고, 경제나 경영, 혹은 재테크나 부동산 같은 애기들이 전면에 등장하게 됐다.

이런 내부적인 변화를 사회적인 용어로 규정한다면, '승자독식의 시대'라고 할 수 있다. 이런 때 패자에게는 거의 아무런 기회가 주어지지 않는다. 패자 부활전은 올림픽과 같은 아마추어 게임에나 있는 용어일 뿐이다. 그야말로 초기 자본주의가 갖고 있었던 담론들이 전면적으로 한국사회에 다시 복귀한 셈이다. 신자유주의의 전면화라고 할 수 있고, 삶의 자본화라는 표현을 쓸 수도 있다. 하지만 표준경제학의 용어로 정의하자면, '독과점화의 강화'라고 할 수 있다.

백가쟁명의 시대라고도 할 수 있는 한국식 영광의 30년. 이 시간이 지나가면서 기업집단의 시대라고 부르던 재벌의 시대 역시 IMF 경제위기와 함께 조금 뒤로 물러나게 된다. 반면 상품별 부문별로 독과점화가 강력하게 진행됐다. 2-3개의 주요 생산업체가 매출 혹은 수입의 대부분을 차지하게 되고, 선두 한 개 회사가 나머지 2-3위 회사를 합친 것과 비슷하거나, 혹은 이보다 약간 큰 규모를 가지는 일종의 1:2 법칙이 발생했다.

이런 상황은 경제학의 표준 모델이 전제하고 있는 완전경쟁 시장의 조건과는 현실적으로 매우 다른 상황이다. 거의 무한대에 가까운 생산자와 역시 무한대에 가까운 소비자가 시장을 통해 공정하게 가격을 발생시키고, 어느 누구도 시장가격을 독점적으로 움직일 수 없다는 완전경쟁 시장은 경제학자들에게는 꿈에 해당하는 희망이다. 이미 기존의 재벌시스템 하에서 한국경제가 갖고 있던 독과점화의 경향이 IMF 이후 10년 동안 오히려 강화된 셈이다.

라면 휴대폰 냉장고 TV같은 소비재에서 신문 방송, 혹은 주유소나 은행, 편의점, 대형유통매장까지 이런 1:2의 법칙에 의해 움직인다. 나머지 생산자들은 소위 롱테일이라고 부르는 10% 정도의 작은 시장에서 버티고 있는 것이다. 이것이 지난 10년간 한국에서 벌어진 상황이다. 이 기묘한 상황은 전통적인 경제학 분석으로는 설명하기 좀 어렵고, 게임이론이나 시스템 이론과 같은 설명의 틀로 더욱 잘 분석할 수 있다.[37]

이런 상황에서 청년들의 실업문제는 누구도 손대기 힘든 '덩어리'의 문제로 취급됐다.[38] 청년층은 TV에서도 그들만의 '영웅'들을 지지해 줄 경제력을 갖지 못했다. 그런데 이와 같은 상황은 낯설고 전례가 없던 일이다. 적어도 OECD 국가 내에서 지난 50년 동안 한 사회 전체가 가난하거나 전체적으로 부유해지는 일은 있어도 특정 세대, 특히 20대나 그 이후 세대에게 경제적 고통이 집중되는 경우는 잘 벌어지지 않았다. 왜 이런 일이 벌어졌는가 하고 석학에게 질문한다면, 신자유주의라는 경제적 운용방식을 결정한 '워싱턴 컨센서스'를 가장 많이 지적할 것이다.

워싱턴의 금융가들과 정치인들이 세계를 통치하기 위해 제시한 방식으로 경제를 운용하면, 엄청난 외부 식민지를 가지고 있는 나라(이 경우에는 미국) 외에는 대체적으로 노동유연성이 다음 세대에게 집중된다. 이에 따라 20대가 비정규직의 나락으로 떨어지는 일이 벌어진다. 1차적으로는 외국인 노동자들과 여성들에게 피해가 집중 된다. 우리나라에서는 프랑스 시락크 정부가 그랬던 것처럼, 피해를 전가시킬 외국인 2세들이 존재하는 것도 아니다. 그리고 여성들의 사회적 진출을 거의 금지하고 있는 아랍국가 수준으로 여성들의 경제적 활동이 위축돼 있다. 당연히 이 피해가 20대에게 집중될 것이라는 점은 너무나도 분명했다.

우석훈 박사가 바리케이드를 치고, 짱돌을 들라는 것은 다음과 같은 상징적인 의미가 있다. 이러한 움직임이 발생하지 않는다면, 기존의 20대는 한명씩 자신의 골방에 은폐돼 고립되고 파편처럼 공격받을 것이다. 오히려 기성세대의 희생양이 될 가능성이 높다. 대신에 바리케이드를 치면, 자신의 권리를 보호할 수 있다. 짱돌을 들면 자신의 이익을 확보해 나갈 수 있다. 그렇기 때문에 현재 이들에게 필요한 것은 토플이나 GRE 점수가 아니다. 그들이 한발이라도 자신의 삶을 개선시키기 위해 필요한 짱돌과 바리케이드다. 지금은 이들의 창조적 파괴에 기대할 수밖에 없는 시점이다. 그러나 이들은 이미 승자독식게임을 받아들인 적이 있다. 승자독식게임의 수용과 창조적 파괴의 균형에 의해 일자리가 이들에게 배분될 것이다.

88만원을 갖고 살아가는 방법은 다음과 같다. 하나는 그것으로 그대로 살아가는 상태주의자들의 방법이 있다. 다른 하나는 이들의 소득이 높아지고 직업안전성이 높아지는 방식으로 기존의 노동과 사회를 재구성하는 방법이 있다. 스웨덴과 스위스가 대체로 이런 방식을 채택한다. 여기에서 우리가 선택할 수 있는 길은 유럽형이냐 중남미 방식이냐 하는 것이다. 여기에서 유럽형으로 이전할 수 있다면, 우리가 그동안 산업화의 과정에서 밀어 놓았던 문제들을 전부 해결하는 셈이 된다는 것이다.

● **유럽 모델:** 신자유주의적 모델이 아니라, 통합적 모델이다. 통합적 모델의 정확한 뜻은 유럽 사회의 특수한 역사적 경험을 반영하고 있다는 것이다. 자유주의자와 사회민주주의자 모두가 승리한 역사적 경험 때문이다. 자유주의적 모델과 사회민주주의적 모델이 합쳐져서 그것이 동시에 통합적 모델을 만들었다. 일본은 이미 중남미형 모델이 아니라, 유럽모델로 이전했다. 유학이 필요가 없는

사회를 만든 것이다.

● **미국 모델:** 불행하게도 미국은 다른 어떤 나라도 그런 시스템으로 운용될 수 없는 독특한 특징들을 지니고 있다. 현재 자본주의 최정점에 있는 맨해턴 시스템은 전 세계적인 노동분업과 금융체계의 정점에 서있는 미국에게만 유효하다. 아직까지 영국은 물론이고 미국형 앵글로색슨 모델을 채택한 그 어떤 나라도 미국형 사회에 도달해 본 적이 없다.

● **중남미형 모델:** 세계적으로 경쟁할만한 기업들이 적은 지역이다. 사회영역도 일정 부분 지원할 수가 없는 경제체제를 말한다. 이 지역에서 성장한 젊은이들이 미국으로 유학가면 돌아오지 않는 게 일반적인 사회가 됐다.

늘 우리 청년들의 삶을 다시 되돌아보자. 그것도 수평적인 시선으로 보아야 한다.

첫째, 취업 재수생으로 보내고 있는 경우도 있다. 이들은 몇 백 장의 입사 지원서를 써서 냈다. 대학을 졸업한 이후에도 그들은 취업 스터디 모임을 한다. 어학연수 경험도 있고, 영어회화 실력도 갖췄지만, 서류심사조차 통과되지 않는 경우도 적지 않다. 일단 이들은 자기 소개서를 멋지게 쓰는 방법부터 배운다. 동영상으로 제작된 훌륭한 자기소개서의 모범을 보이기도 한다.

오늘도 우리 청년들은 취직하기 위해서 엄청나게 노력한다. 취업이 되지 않은 가장 큰 이유는 구직자들이 '스펙'(학점·토익 점수 등 이력을 뜻하는 말)이 모자라서라기보다는 기업들의 인력채용이 너무 적기 때문이라는 사실을 너무나도 잘 알고 있다. 이들은 오늘도 스펙경쟁을 통한 내부경쟁을 지향한다. 우석훈 교수는 외부경쟁을 통해서 세대 간의 균형을 이루는 취직정책을 얻어 낼 것을 요구했다.

둘째, 아예 졸업을 미루는 경우도 적지 않다. 대신에 스펙을 높이기 위해서 토익 등 학원에 다닌다. 학원비를 벌기 위해서 아르바이트를 한다. 남는 시간은 영어공부와 자격증 취득 시험 준비를 한다. 이제 대학은 취업이 잘 되도록 하는 게 최우선이 됐다. 또 취업을 할 회사에서 구조조정을 하는 경우도 얼마나 많은가.

셋째, 아르바이트 직원으로 일하고 있는 젊은이들을 많이 보게 된다. 우리 주변에 이런 젊은이들이 얼마나 많은지 모른다. 동네에 슈퍼마켓에 가보면, 거기에서 일하는 젊은이들은 대부분 여기에 해당할 것이다. 대부분 이들의 손에는 책이 들려져 있다.

넷째, 기업체 인턴이나, 공무원 인턴으로 취직하고 있는 청년 실업자들도 적지 않다. 이들은 이것을 새로운 직업이라고 보지 않고, 단순히 새로운 아르바이트로 평가한다. 기업에 인턴으로 일하는 젊은이들은 정부에서 지원하는 예산의 일부로서 월급을 받고 있다. 공무원 인턴은 말할 것도 없고, 공기업에서 일하는 젊은이들도 월급은 예산에서 지원된다. 기간이 너무 짧다. 그 가운데 일부는 이런 일자리라도 많이 있기만을 바랄 뿐이다.

한편 2009년 3월 30일자 신문에서 "비정규직은 정규직보다 우선적으로 감원 대상이 된다. 기업들이 인턴들을 채용하며 비정규직 일자리를 줄임에 따라, (청년들은) 잠재적 실업의 공포에 떨고 있다"고 보도했다. 이것은 약자와 약자끼리의 대결이 아니라, 약자연합에 의한 대결이 필요함을 지적하고 있다고 보아도 좋다.

다섯째, 취업준비생들에게 2009년 상반기 전망은 더욱 암울했다. 주요 기업들이 '잡셰어링(일자리 나누기)'에 나서겠다면서, 정규직이 아닌 인턴 채용에 주력하는 움직임을 보였다. 사실 청년 구직자들에게 실질적인 도움이 되지 않았다. 삼성, LG, 포스코 등 일부 대기업을 제외하고는 대부분 기업들이 이번 상반기에는 채용계획을 세우지 못했다. 다음은 네이버 블로그에서 살펴 본 청년실업자의 한국사회에 대해서 느끼는 단상이다.

"청년 실업자 수가 바야흐로 300만에 육박하고 있습니다. 저 또한 그런 청년 실업자(정확하게는 구직자) 중의 한 사람입니다. 직업이 없다는 것이 꼭 무능력하다거나 죄인은 아니지만, 마치 실업자가 사회의 암세포 마냥 취급받는 세상에서 백수를 고백하는 일이 그리 마음 편하지는 않습니다.

누군들 백수가 되고 싶어 된 사람이 누가 있겠습니까? 청년 실업은 우리 사회의
문제이며, 개인의 능력 차원에서 접근해야 할 문제는 아닙니다. 사회 구조적이며
시스템적인 문제입니다. 우석훈 경제학 교수님이 쓰신 〈88만원 세대〉를 보면 그런
청년들의 아픔과 시대상이 적나라하게 잘 드러나 있습니다. 아직 못 읽어보신
분들은 꼭 한 번 읽어보시기 바랍니다. 책값이 전혀 아깝지 않은 좋은 책입니다.

한국이란 나라에서 살아가는 것이 새삼 이렇게 힘든 것인가 느끼게 됩니다. 실업이
지속되면서 대개의 젊은이들이 그렇듯이 저 또한 자괴감에 빠져있습니다. 사회에
무언가 도움이 되는 존재이고 싶은데, 아니 최소한 생계는 스스로 꾸려나가야
하는데 그러지 못하니 마음속에는 울적함이 쌓이고, 자신에 대한 회의만 쌓여
갑니다. 가슴 속에는 마치 무거운 돌을 얹은 듯이 만성 우울증 증상도 어느 정도
나타납니다.

잘 모르시는 분들은 단순히 힘내라는 등의 입 발린 위로는 하지 마십시오. 겪어보지
않은 분들은 아마 짐작도 상상도 못할 것입니다. 그냥 내버려 두세요. 섣부른
위로나 입 발린 위로보단 그게 낫습니다. 단순한 위로를 받기 위해서 이런 고백을
하는 것은 아닙니다.

이명박 정부는 청년 실업의 근원적인 문제에 대해서
고민하지 않고, 단기적인 관점에서 땜질식 처방만
남발하고 있습니다. 그 중에서 대표적인 것이
청년인턴제입니다. 인턴제는 공무원의
사무보조를 하면서 한 달에 100만 원
가량의 보수를 받습니다. 하지만
10개월의 근무기간이 끝나면
도로 실업자가 되는 임기응변식
처방에 불과합니다.

청년들이 원하는 것은 그런 불안한 비정규직 일자리는 아닙니다. 대기업까지는 아니더라도 자신이 원하는 꿈과 적성을 키울 수 있는 기업에서 최소한 인간대접을 받으면서, 그리고 비전이 존재하는 기업에서 일하기를 원하는 것입니다. 요즘 청년들은 눈이 그다지 높지 않습니다. 계속되는 불황과 경기침체를 맞이해서 청년들의 눈높이는 많이 낮아지고 있습니다.

기성세대 여러분, 그리고 정치인 여러분 제발 앞길 창창한 청년들의 마음에 그늘이 드리워지는 세상을 만들지 말아 주세요. 직장을 가지지 못한 청년들 가슴에는 지금 피멍이 들고 있습니다. 저 또한 하루하루 사는 것이, 아니 버티는 것이 힘겹습니다. 사회에 첫발을 내딛어보지도 못하고 희망을 잃은 채 꿈이 꺾이는 세상에서 더 이상 살고 싶지 않습니다.

어떤 사람은 저보고 이야기 합니다. "왜 그렇게 사회에 불만이 많냐"고 말입니다. 하지만 실업자로서 느끼는 심적 고통이 얼마나 큰 것인가를 감안해본다면, 일자리를 얻지 못한 청년들이 세상에 불만을 가지는 것이 어찌 보면 당연하다고 할 수 있지 않을까요.

그런 청년들이 왜 불만을 가지게 되었고, 왜 우울증에 시달리게 되었는지를 이 사회와 기성세대가 고민하고 대책을 마련해 주어야 하는 것이 아닌가요. 일자리 잃은 청년 가슴에 못 박는 말을 들을 때마다 더욱 힘들어지는 것은 청년 실업자들입니다.

그들은 주변의 싸늘한 시선에 주눅이 들어있고, 자존감을 상실한 채 충분히 고통 받고 있습니다. 제발 그들을 마치 사회에 불만이 많은 잠재적 범죄자로 취급하지 말아 주세요. 위로의 말을 기대하진 않습니다만 최소한 따뜻한 시선으로 바라봐주세요. 청년이 꿈을 상실하고 자존감을 잃어버리고 일자리를 찾지 못하는 세상은 비전이 없는 세상입니다."

바야흐로 전 세계는 금융전쟁 중이다.
한편에서는 단돈 5만원의 월생계비를
걱정해야 될 금융소외계층과 한번에
5조를 벌고자 몸부림치는 론스타 같은
'검은 세력'이 공존하고 있다.

외환은행을 인수한 론스타 펀드!
2004년 현재, 론스타가 180억 달러의
자산 중 우리나라에 투자한 규모는
약 10조원이 넘는 상태다.
그러나 지금까지 론스타 펀드의
자금 출처가 어디인지, 누구인지에 대해서는
전혀 공개된 바가 없다. 제작진은 대서양의
버뮤다, 미국, 일본, 현지 취재를 통해
론스타의 '페이퍼 컴퍼니(서류상에만
존재하는 회사)'를 파헤쳤다.

김준환, 김영환, 송희영

금융 개방
"돈에 대한
싸움은 끝없이
계속 된다"

핫머니 ³⁹

1

머니(Money)가 열을 받으면 어떻게 될까?

보신탕이 된다고?

무슨 말이지?

아하, [열두 살에 부자가 된 키라] 책에 나오는 강아지 '머니'라고 생각했나보군.

아니면, 하도 불경기이다 보니, "돈 좀 있게 해 달라"는 주술적인 기원으로 집에서 키우는 강아지한테 '머니'라는 이름을 지어준 모양이군.

나는 강아지 이름 '머니'보다는 우리 삶에 더 중요한 진짜 '돈'을 말하고 싶다.

머니가 열을 받으면, 당연히 뜨거워지지 않을까?

보신탕이 아닌 핫머니(hot money)가 된다.

핫머니는 열을 받아 뜨거워진 돈이란 뜻이다. 궁둥이가 뜨거워진 돈은 한 자리에 계속 앉아있기가 힘들다. 그런 돈은 분명히 사고를 친다. 1997년 당시 동남아 외환위기 때, 그때도 동아시아에는 뜨거운 돈의 열풍이 몰아쳤다. 돈을 넣었다가 빼버리니, 동남아시아의 여러 시장에는 달러가 모자라 난리가 났던 것이다. 당시 한국에도 뜨거운 돈들이 잠시 들렀던 적이 있다. 그리고 그 후 핫머니들이 일거에 빠져 나가 버렸다. 이런 핫머니를 보면, 이제 시장 자체가 점점 더 공평하게 움직여 나가지 않으면 안 되겠다는 생각을 해본다.

내가 이상주의자 같나?

2009년 4월 말을 기점으로 800조원을 넘어선 단기유동성은 현재 자산시장(주식시장)과 실물부문의 괴리가 얼마나 큰 지를 잘 보여주고 있다. 서민과 중소기업 등 실물부문 구석구석으로 온기가 퍼지지 않는 가운데, 경기회복 기대에 따른 핫머니(단기자금)만 넘쳐나고 있는 것이다. 정부는 이런 형태의 단기유동성이 시장교란 요인으로 작용하고, 향후 자산 인플레이션으로 연결될 수 있다고 판단했다. 이 같은 점에서 실물부문에 타격을 주지 않는 가운데, 자산 거품을 최소화할 수 있는 미시 대응책을 구상했다.

기획재정부와 금융감독원, 한국은행에 따르면 정부 당국이 공식집계한 단기유동성 규모는 2009년 4월말 기준 811조 3천억 원으로 사상 처음 800조 원선을 넘어섰다. 금융위기 직전인 2008년 9월 말에 단기유동성이 719조 5천억 원이었음을 감안하면, 91조 8천억 원이 늘어난 것이다. 지난해 말 기준으로는 747조9천억 원으로 2009년 들어서만 63조 4천억 원의 부동자금이 생성됐다. 이는 올해 들어 경기회복에 대한 기대감이 커진데 따른 것으로 해석 된다.

일반적으로 단기유동성은 실세요구불예금, 수시입출금식예금, 6개월 미만 정기예금, 양도성예금증서(CD), 환매조건부채권(RP), 머니마켓펀드(MMF), 6개월 미만 은행신탁, 종금사의 발행어음과 종합자산관리계좌(CMA), 증권사 고객예탁금 등을 포함한다. 단기유동성이 과잉상태가 되면 자금이 실물경제로 흐르지 않고, 부동산이나 주식시장에서 투기자금으로 활용돼 인플레이션의 원인이 된다.

한국은행의 금융시장동향 자료를 보면, 실세요구불예금과 수시입출식예금은 2009년 4월 기준으로 2008년 말 대비 8.5%, 10.1% 늘어났다. 이에 비해 증권사 고객예탁금은 55.4%, 자산운용사의 머니마켓펀드(MMF)는 34.8% 급증했다. 3월 예금은행의 정기예금 회전율이 0.4회로 관련 통계가 작성되기 시작한 1985년 이후 가장 높았다는 점도 주목할 부분이다.

정기예금 회전율은 예금 지급액을 예금 평잔 액으로 나눈 수치로, 회전율이 높다는 것은 예금 인출이 그만큼 빈번했다는 것을 뜻한다. 쉽게 말해 정기예금을 깨서 수시입출금예금이나 요구불예금, MMF로 자금을 옮기고 있다는 얘기다.

단기 유동성이 폭증하는 것은 현재 돈을 굴릴 투자처를 찾는 돈이 그만큼 많다는 의미다. 저축자들이 투자처를 찾으려고 관망하고, 기업들이 불확실한 경제상황에 대비해 현금 혹은 현금성 자산을 보유하고 있는 것이다. 이 가운데 일부 자금은 주식과 부동산시장으로 들어가 과열을 만들어 냈다.

당초 정부는 극심한 경기침체를 맞아 금리를 낮춰 돈을 풀고 유동성을 풍부히 한 뒤 실물부문에 투입해, 조기에 경제 회복을 하겠다는 복안을 갖고 있었다. 이를 위해 한국은행은 지속적으로 금리를 낮추고, 정부 또한 금융기관을 통해 기업에 대한 유동성 공급에 주력해왔다.

경기침체 국면이 여전한데도 주식과 일부 지역 부동산 등 자산 가격만 나홀로 급등하면서, 과잉유동성이 문제로 떠오르게 됐다. 물론 이는 경기회복의 기대감을 반영하는 신호로 해석할 수 있다. 하지만 또 다른 거품을 형성한다는 점에서 부작용이 우려된다. 실제 2009년 4월 한 달간 코스피지수 상승률은 11%로 미국의 5.2%, 영국의 7.3%에 비해 강한 흐름을 보였다. 부동산 시장도 강남 3구 재건축 아파트를 중심으로 규제완화에 대한 기대감이 형성되면서 급등하는 추세다. 결국 정부가 단기 유동성 문제를 방임한 상태에서 향후 경기 급락세가 진정될 경우 부동산 가격 폭등 등 자산시장 과열, 그리고 인플레이션으로 한국 경제가 다시 한 번 위기를 맞을 수도 있다.

기본적으로 정부는 민간부문이 자생적인 활력을 찾을 때까지, 확장적인 정책기조를 유지하겠다는 입장이었다. 2009년 경제위기가 신용경색에서 출발한 만큼 정부는 금리를 낮춰 시중에 풍부한 유동성을 공급해왔다. 아직 경기 회복을 확신할 만큼 곳곳으로 자금이 풀리지 않았다는 판단이다. 폭증하는 단기유동성에 대해 우려를 표명하긴 했지만, '과잉'이라는 꼬리표를 달기에는 아직 이르다고 공식적으로 언급했다.

이는 자산시장과 실물부문의 괴리가 커진 데 따른 것이다. 실물부문에선 경기회복을 단언하기 어려운 상황이다. 자산시장은 과열로 치닫게 되면서 향후 경제운용에 부담이 될 수 있다. 이 같은 이유로 정부는 겉으론 태연한 듯 보이지만, 머릿속은 다소 복잡하다. 실물 구석구석으로 자금이 퍼져 나가도록 하되, 자산시장으로 과도하게 유입되는 자금은 통제해야 한다는 복합적인 명제에 직면해 있었다.

이런 차원에서 정부는 불특정 다수를 대상으로 하는 통화정책보다는 미시적인 접근법을 떠올렸다. 부동산 시장이 과열된 지역의 경우 추가적으로 투기지역 지정을 검토해볼 수 있다. 담보인정비율(LTV)과 총부채상환비율(DTI) 규제를 강화하는 방법으로 부동산 시장으로 가는 자금을 차단하는 방법도 검토했다. 이런 카드와 함께 은행채 매입 등 비전형으로 통화를 회수하는 방안도 검토됐다.

하지만 시중자금이 정부가 원하는 쪽으로만 가도록 디자인하기가 매우 어렵다는 점이 문제다. 자산시장에 흘러간 자금이 결국은 위축된 소비나 투자를 풀리게 해서 경기를 선순환 궤도에 올릴 것이라는 기대감도 없지 않았다. 상황이 이렇게 복잡해지자, KDI는 경기회복이 확인되기 전에 유동성을 흡수해야 한다고 권고하기도 했다. 결국 유동성이 자산시장으로 과도하게 흘러가 거품으로 연결되는 것이 아니라, 기업의 투자 부문으로 가도록 유도해야 했다. 이 과정에서 매우 섬세한 조치가 필요하다고 재정경제부 관계자는 설명했다.[40]

무슨 말인지 잘 모르겠다는 눈치 같다.
같이 커피 한잔 마실까?
에스프레소에 물을 섞은 아메리카노 커피? 입에 살살 녹아들어가지 않나?
잠 좀 깨고 싶어? 블랙커피로? 싫어?
알았다. 언제 한번 만나면 와인 마시러 가자.
오늘만큼은 중국경제로 머리와 눈을 이동할래.

중국에서도 이와 비슷한 돈의 움직임이 감지됐다. 중국에 유입된 핫머니 규모가 위험수위에 도달했다는 경고가 잇따랐다. 위안화 절상 기대감과 국내외 금리차를 노리고 중국에 유입된 핫머니는, 경제형세가 바뀌면 언제든지 빠져나갈 수 있는 자금이었다.

돈의 속성이 그렇다. 돈은 일단 금리가 높은 곳으로 이동하며, 또한 세계화된 오늘날에는 세계 어느 곳으로든지 이동할 수 있다. 만약 미국의 서브프라임모기지 문제가 치유단계에 들어갔다면, 중국에 있는 핫머니가 눈 달린 듯이 줄지어 미국으로 이동할 준비를 할 것이다. 달러화가 강세로 돌아서고 금리가 상승세로 돌아설 경우, 문제는 더욱 심각해진다. 중국으로 들어온 핫머니가 일시에 미국이나 유럽으로 빠져나갈 수도 있기 때문이다.

2008년에 미국의 연방기금금리는 9월 이후 처음으로 하락행진을 멈추고 형세를 관망했다. 중국에서 핫머니가 빠져나가는 상황이 발생하면, 중국의 주식이나 부동산시장은 괴멸적인 타격을 받을 수 있었다. 사회불안정도 가중돼 정권 자체가 위협받을 수 있다. 중국 경제에 거품이 일시에 빠지면서, 전체 경제가 휘청거리는 악몽이 나타나지 않으리라는 보장이 없다. 2008년 베트남 경제의 거품붕괴는 중국에도 경종이 됐다. 동남아 외환위기 때도 태국에서 처음 발생한 외자유출이 동남아를 휩쓸고 한국을 강타했다.

베이징 올림픽 이후 중국의 성장속도가 둔화되고 위안화 절상도 더뎌졌다. 또한 미국에서 서브프라임모기지 문제가 심각해졌고, 그것이 불황으로 이어졌다. 세계경제는 어떤 한 나라의 상황만 안다고 해서 다 알 수 없는 그런 시대를 맞이하고 있다. 세계의 모든 시장을 알아야만 경제상황을 이해할 수 있는 그런 시대가 왔다.

중국의 언론들은 중국을 위협하고 있는 핫머니 유입을 막기 위해, 무역의 경우 외환관리국과 해관이 협력하여 서로 수치를 교환해야 한다고 당부했다. 또한 허위무역으로 들어오는 달러가 없는지 조사해야하며, 해외의 직접투자(FDI)는 외환관리국과 상무부와 협력해 유입된 돈이 정확히 어디로 향하는지를 면밀히 추적해야 한다고 강조했다.

일본 산케이(産經)신문도 해외의 달러화 유입으로 중국내 물가가 위협을 받고 있다고 보도했다. 핫머니가 일시에 빠져나갈 경우, 11년 전의 태국처럼 중국 경제가 붕괴될 수 있다고 경고했다. 신문은 2008년 들어 남부 선전의 부동산 가격이 30% 폭락하고 상하이(上海) 등 대도시에서도 가격하락현상이 나타나기 시작했다고 지적했다. 2009년에 들어서 벌써 6%에 이른 위안화 절상 폭과 내외금리차로 중국에 유입된 핫머니가 벌써 8%의 이자수익을 올렸다며, 유입배경을 설명했다.

중국 통화당국도 물가를 부추기는 주범인 핫머니에 바짝 긴장하고 있다. 2008년에만 두 차례에 걸쳐 은행의 지급준비율을 1%포인트나 올린 것도 핫머니를 겨냥한 조치다. 2009년 들어 세계경제의 침체 속에 수요둔화와 위안화 절상으로 인한 무역흑자 감소에도 불구하고, 중국의 외환보유고는 기형적으로 급속히 늘고 있다.

2008년 5월말 현재 중국의 외환보유고는 1조7천969억 달러로 올림픽을 전후해 2천263억 달러가 늘었다. 이는 2007년 동기 대비 18.7% 증가한 것이다. 늘어난 외환보유고 가운데는 상당부분을 핫머니가 차지하고 있다는 지적이 많다. 중국은 사회불안 해소를 위해 당장 물가를 안정시켜야한다. 하지만 금리인상의 경우 핫머니를 더욱 유인할 수 있어 속을 부글부글 끓이고 있었다. 중국이 자본시장 개방일정을 늦추는 것도 핫머니에 대한 우려가 한몫하고 있는 것으로 보인다.

중국에서 핫머니는 골칫거리였다. 주식, 부동산시장에 거품을 조장하고 있는 것은 물론 통화팽창으로 물가를 부추겼다. 중국 사회과학원의 장밍(張明)은 한 보고서에서 중국에 유입된 핫머니 규모가 1조7천500억 달러로 2009년 3월말 현재 중국 외환보유고의 104% 수준이라고 밝혔다. 이는 메가톤급 규모라서 대단한 충격을 줬다. 하지만 모건스탠리의 수석 경제학자인 왕칭(王慶)은 장밍의 보고서가 나온 직후, 중국에 유입된 핫머니가 상상하는 만큼 많지 않았다고 설명했다. 또 2005년부터 현재까지 유입규모가 3천109억 달러 정도로 중국 경제에 미치는 영향이 크지 않았다고 밝혔다.

핫머니 규모가 이처럼 크게 차이가 나는 것은 계산방식의 차이 때문이다. 핫머니 규모는 계산 방식에 따라 결과가 다양하게 산출된다. 가장 일반적으로는 외환보유고에서 무역수지 흑자와 해외의 직접투자(FDI)를 뺀 것이다. 하지만 장밍 연구원은 기존의 계산방식과는 달리 기산점을 2005년이 아니라 2003년으로 앞당겼고, 유입된 핫머니의 예상수익을 다시 핫머니에 포함시켰다. 외환관리국의 관계자는 장밍의 계산방식이 비합리적이라며 의문을 제기했다. 기산점을 중국 경제가 과열되기 시작한 2005년이 아닌 2003년으로 잡은 것은 문제가 있다. 또한 이윤을 핫머니에 포함시키고 해외로 빠져나간 자금을 감안하지 않은 것도 비합리적이라는 것이다.

그는 여기서 한발 더 나아가 중국에는 핫머니가 없으며, 그래도 있다면 비정상적인 자금이 있을 수 있다고 말했다. 핫머니란 빠르게 유출입이 이뤄지는 자금이다. 그런데 중국은 외환 유출입에 대해 엄격한 통제를 실시하고 있어, 빠른 유출입이 불가능하다는 것이다. 무역을 위장하거나 FDI로 유입된 자금이 원래 목적에 쓰이지 않고 주식, 부동산 등에 유입됐을 수 있다. 하지만 이들 자금은 결코 빠른 시일 내에 용이하게 중국을 벗어나지 못하리라는 것이다.

그는 이렇게 차분히 정리해준다.

"핫머니는 개방된 자본시장을 전제로 하고 있지만, 중국은 아직까지 자본계정에서 통제가 엄격한 나라이다."

"유입 경로나 규모가 어떻든 간에 중국에 기본적으로 핫머니란 존재하지 않는다."

"핫머니란 빠르게 유출입이 가능해야 하는데, 중국에서 이런 일은 실질적으로 쉽지 않다."

"핫머니가 아닌 비정상적인 자금규모는 산출이 어렵다."

"하지만 중국은 경제규모가 큰 나라이기 때문에, 이들 자금이 경제에 미치는 영향은 크지 않을 것이다."

한편 국내에 금융 불안이 생긴 이유에 대해서는, 삼성경제연구소가 해외 단기자본에 의존한 때문이라는 진단을 내 놓았다. 앞으로는 국제공조를 강화해야 한다는 것이다. 2009년 우리나라 금융시장이 유독 불안한 모습을 보인 것은, 글로벌 단기자본에 지나치게 의존했기 때문이라는 지적이 나온 것이다.

IMF의 고리대금업

　한 나라가 IMF로부터 돈을 빌리게 되면, 엄청난 타격을 입는다. IMF가 심각한 위기에 놓여있는 나라를 대상으로 돈 장사를 해 버리니, 고통이 이만저만이 아니다.

　지금의 세계화는 금융의 네트워크화로 이루어지고 있다. 금융의 네트워크화는 다른 나라에 가서 물건을 살 때에도 기축통화인 달러로 계산하는 문화를 만들어 냈다. 달러 환율이 상승하게 되면, 한국은 달러가 모자랄 위험성에 직면하게 된다. 이처럼 한국은 달러 환율 여부에 생명이 좌우되는 개방경제권에 속해 있다. 한국은 수출액수가 국민경제에서 차지하는 비중이 아주 높은, 즉 대외의존도가 높은 경제체제를 유지한다.

　금융의 개방화 이후, 한국은 두 번째 금융위기를 맞이하고 있다. 첫 번째 금융위기는 한국에 들어 와 있던 핫머니가 빠지면서 환율이 엄청나게 상승한 것이었다. 그때 IMF가 한 일은 일부 선진국과 일본에서 약 4%의 금리로 차출한 자본을 한국에 7~8%의 금리로 빌려준 것이 고작이었다. 여기서 발생하는 이자 차익은 3~4%에 달한다. 불난 집에 부채질한 셈이다.[41] 두 번째 금융위기는 미국에서 발생한 붕괴의 영향으로 인해 파급되는 문제이다. 이 문제는 정확한 강도가 규명되지 않고 있는 것이다.

　1978년 4월에 출범한 킹스턴체제에서, IMF가 각국에 환율제의 선택 재량권을 부여함으로써 변동환율제를 사실상 인정했다. 한국은 1980년 2월 27일을 기해 변동환율제로 이행했다. 현재의 환율과 그동안의 변동추이를 보려면 [환율변동 그래프]를 살펴보면 된다. 지난 10년간 환율의 변동 추이를 보면, 1달러에 가장 낮았던 때가 900원대라고 한다면, 최근(2009년 중)에 가장 높아진 것은 환율이 역시 1500원대에 도달해 있던 시점이었다.

금융의 개방화는 김대중 정부와 노무현 정부에 의해서 가속화돼 왔다는 것을 주목할 필요가 있다. 게다가 이명박 정부는 한국의 모든 것을 개방할 생각을 갖고 있었다. 한미 FTA에 이어, 한일 FTA까지 이야기됐다.

금융 산업의 바벨탑은 입을 헤벌리고 침을 흘릴 만큼, 좋은 효과를 거둘 수도 있다. 하지만 우리가 겪었던 것처럼, 아니 겪고 있는 것처럼, 수많은 사람들을 괴롭힐 수도 있다. 금융 산업이 갖는 경제 네트워크의 기능과 역할에 대해서 세심한 검토를 거치지 않으면 안 된다는 사실을 우리들에게 확실히 보여줄 것이다. 이처럼 민주화를 높이 내세운 정부가 오히려 많은 사람들을 고통스럽게 만들었다는 사실에 대해서는, 더욱 더 많은 세심한 검토가 필요할 듯하다.

사모펀드와 투기자본의 횡포

사모펀드들에는 다음과 같은 것들이 포함된다. 론스타, 칼라일, 뉴브리지, 소버린, 콜버그크래비스로버트(KKK), JP모건 파트너스, 스팍스, 헤르메스, 아이칸 등등. 이것들이 엄청난 규모의 영업이익을 올렸다. 이들 자본들은 사모펀드들인데, 사모펀드는 50인 미만의 자본가들이 투자한다.

고수익 기업투자 펀드라고도 한다. 투자신탁업법에서는 100인 이하의 투자자, 증권투자회사법(뮤추얼펀드)에서는 50인 이하의 투자자를 대상으로 모집하는 펀드를 말한다. 사모펀드의 운용은 비공개로 투자자들을 모집해, 자산가치가 저평가된 기업에 자본참여를 하게 하여 기업 가치를 높인 다음 기업주식을 되파는 전략을 취한다.

공모펀드와는 달리 운용에 제한이 없는 만큼 자유로운 운용이 가능하다. 공모펀드는 펀드 규모의 10% 이상을 한 주식에 투자할 수 없고, 주식 외 채권 등 유가증권에도 한 종목에 10% 이상 투자할 수 없는 등의 제한이 있다. 그러나 사모펀드는 이러한 제한이 없어 이익이 발생할 만한 어떠한 투자대상에도 투자할 수 있다.

이러한 점 때문에 사모펀드는 재벌들의 계열사 지원, 내부자금 이동수단으로, 혹은 불법적인 자금이동 등에 악용될 우려도 있다. 채권수요 확대방안의 하나로 도입이 추진되고 있는 사모 채권펀드의 경우에도 이러한 부작용이 따를 것으로 예상된다.

금융감독위원회는 2000년 7월부터 투자신탁회사들에게 주식형 사모펀드의 발행을 허용했다. 이 주식형 사모펀드는 특정종목에 대한 투자를 펀드 자산의 50%까지 할 수 있다. 발행주식의 편입 제한도 없어서 특정회사 주식을 100%까지도 매입할 수 있다.

한국에서는 사모펀드를 M&A(기업의 인수·합병)를 활성화하기 위한 수단으로 도입했다. 하지만 외국에서 사모펀드는 M&A의 수단이 아니다. 다양한 투자자의 요구를 충족시키기 위한 맞춤 펀드로 활용하고 있다. 이들 사모펀드들이 가장 좋아하는 흥행성이 가장 높은 산업이 다름 아닌 은행산업이다.

IMF 외환위기 후 은행산업이 겪은 현실을 차분하게(?) 진단해 보도록 하자. 87조원이라는 공적자금 투입과 은행 간 합병, 해외매각 등을 거치면서, 외형적으로 덩치는 커졌다. 하지만 주요 시중은행 대부분 외국인 지분율은 75-100%(2008.5. 23 기준, 우리은행 제외)로 전체 상장사의 외국인 총지분율 30.4%(2008. 3. 24)보다 2.5배 이상 높다.

외국인 특성상 단기이익 만능주의와 경쟁논리에 따라, 각 은행 고유의 특성은 물론이고 은행의 공공성까지 사라지면서 국내 금융소비자 선택권은 제자리걸음을 하고 있다.

향후 한미 FTA는 미국 금융기관에 새로운 힘을 넣어 줄 것이다. 먼저 미국 은행들은 한국의 은행을 보다 자유롭게 인수할 수 있게 될 것이다. 정부는 한미 FTA에서의 개방수순이 '예상했던 것보다 낮다'고 얘기한다. IMF를 통해 선 개방을 했기 때문이다. 한미 FTA가 금융시장을 개방시키는 직접적인 역할을 할 것으로 보인다.

하지만 더 큰 문제가 있지 않을까? IMF 외환위기 이후 재정 금융 당국의 금융개방 정책을 보면서, 한미 FTA 이후 재정금융 당국이 과거보다 더욱 더 랫치(ratchet, 역진방지: 예컨대 미국산 쇠고기를 수입할 때, 50%를 개방한 후 불리하다고 40%로 낮추지 못한다)를 남발할 것이라는 우려가 도사리고 있는 것이다.[42]

IMF 시절 우리나라에 몰려 온 사모펀드들이 국내 여러 기업에 투자를 했는데, 그들 가운데 가장 인기가 있는 것은 당연히 은행이었다. 이들이 과연 어떤 기업에 투자를 해서, 어느 정도의 이익을 올리는지 정리해 보도록 하자.

그 가운데서도 펀드자본의 주체가 미국, 혹은 다른 나라에서 은행에 종사하는 기업이면 얼마든지 투자할 수 있다. 그렇지 않고 산업자본이면 주식은 10%(의결권 4%) 이상을 넘길 수 없다. 그럼에도 은행이라는 이유로 산업자본들이 자신의 성격을 숨기면서, 한국의 은행에 많이 투자했다.

이때 산업자본(군수자본인 칼라일)은 JP모건 등 은행자본과 결합한다. 그러면서 은행자본으로 둔갑해 한미은행을 먹었다가, 그것을 시티은행에 넘기고 '먹고 튀었다'. 론스타는 분할매각의 방식으로 외환은행을 먹었다. 당시 한국의 금융감독 기관들은 금감위, 금감원, 재경부, 수출입은행, 감사원, 검찰 등 어떤 기관도 문제제기를 하지 않았다. 지금도 김&장의 변호사들이 론스타의 활동을 감싸고 있다.

사모펀드의 이름	어느 기업에 투자했나?	어느 정도의 이익을 냈나?
론스타	외환은행 51.02%	5조원을 벌겠다는 목표, 부시 가문과 친한 자본투자가
칼라일	한미은행 인수	세금 0원 6600억 원의 차익
뉴브리지	제일은행 인수	세금0원 1조 2천억 원의 수입, SC(Standard Chartered) 매각
소버린	SK 글로벌에 투자 1700억 원으로 제1대주주로 올라 섬.	소액주의 활동을 보면서 퇴각을 결정함. 2년 4개월 만에 무려 1조 원의 수익.
콜버그크래비스 로버츠(KKR)	OB맥주 인수. 180억 달러 투입.	
원에쿼티파트너스 (OEP, JP모건)	동양제철화학과 2006년 3위 카본블랙 생산업체인 콜럼비안케미컬컴퍼니 (CCC)를 5000억 원에 인수.	종양제철화학과 OEP 사이에 지금도 갈등이 계속되고 있음.
영국계 BIH펀드	브릿지 증권	2005년 유상감자, 부동산 매각, 투기자본의 행태
헤르메스	2004년 삼성 주가조작 사건으로 물의.	
아이칸	한국 KT&G에 투자.	1400억 원 먹고 튐.

● 사모펀드들의 한국 내부 진출 현황

브랙스톤과 같은 세계 최고의 사모펀드가 국민연금과 함께 각기 20달러씩 투자해, 부동산 주식 채권에 투자하기로 약정서를 맺었다. 한국에 진출한 것도 눈에 띈다. 프리마 HSBC PE 스탠다드차타드PE 등도 홍콩에서 시장을 주시한 것으로 전해진다. 홍콩을 기반으로 사모펀드 중 하나인 어피니티 에쿼티 파트너스(AEP)는 콜버그 크래비스 로버츠(KKR)와 더불어, OB맥주 인수전에 참여했다.

국내 기업구조조정 시장은 다시 외국인투자가들의 손에 휘둘리게 될 수밖에 없게 될 전망이다. 외환위기 때 국내 유력 기업들이 외자계 사모펀드에 인수된 상황이 재연될 가능성이 높다. 금융권의 대표적인 BIH가 대유증권과 일은증권을 매입하여, 현재의 브릿지증권이 탄생했다. 이 과정에서 2200억 원을 투자한 뒤 고배당과 유상감자 등을 통해, 투자자금 대부분을 회수했다.

외국인들이 인수해 경영정상화 후 유상감자[43] 와 배당을 통해 투자금 이상의 과실송금이 뒤따르는 것은, 명백한 국부유출로 볼 수 있다. 경영권 방어도 문제다. 전략적 M&A가 많아지면, 우호적 M&A와 적대적 M&A의 구별이 모호해 기업들의 경영권 방어가 더욱 어렵게 된다.

이처럼 사모펀드들의 행동은 우리 눈에는 대부분 투기로 보인다. 그 가운데서도 사모펀드들이 투자해서 이익을 얻는 분야 가운데 대표적인 것은 바로 은행인 것이다.

주식시장에서 전투들

1

오늘도 주식시장에서는 치열한 전투가 벌어지고 있다. 웅장한 로마 원형 경기장의 검투사들처럼 말이다. 전투와 같은 상황은 주식시장에만 집중돼 있는 것은 아닐 것이다. 하지만 주식시장에서는 전투에서 볼 수 있는 것처럼, 초단위로 변하는 모습을 볼 수 있다.

원형경기장에선 피를 흘리고, 상대 검투사 죽음에 승리의 나팔을 불고…. 주식시장에서 벌어지는 전투는 투자자들을 울리기도 하고 웃게도 만들면서 계속된다. 주식가격이 많이 떨어지게 되면, 대부분의 투자자들은 충격을 받는다. 반면, 많이 오른 경우에는 웃음을 머금게 만든다. 급기야 죽음과 삶의 갈림길에 놓이는 모습도 어렵지 않게 목격된다. 주식거래 상황과 시황은 초마다 달라진다고 얘기한다.

투자자는 어떻게 투자해야 하는 것일까? 홈트레이딩(home trading)을 하는 투자자들. 이들은 초마다 분마다 시간마다 달라지는 주식가격을 보면서, 언제 자신이 주식을 내놓고 언제 구입할 것인가를 판단하기가 대단히 힘든 것이 사실이다. 한국 증시가 문을 닫는 순간, 대부분의 사람들은 하루를 마감한다. 그러나 이때부터 다시 뉴욕시장, 런던시장이 문을 열어 나간다.

주식시장이 어떻게 움직이고 있는가를 잘 알아야 하겠다. 주식시장에는 외국인 투자자, 기관투자가, 그리고 개인투자가들이 있다. 이 가운데 외국인 투자가들은 정확하게 분석해서 투자를 하는 것으로 유명하다. 이를테면 MSCI지수[44]와 같은 것을 보면서 말이다. 한국의 기관투자가들도 마찬가지이다. 대신에 '개미군단'이라고 불리는 세력들은 천차만별의 실력을 보인다.

개미군단은 프랑스의 소설 [개미]가 나온 이후, 우리사회의 첨단 분야에서 작은 힘을 가졌지만, 많은 사람들이 모여 그들만의 힘을 과시하기 때문에 나온 이름이다. 개미군단의 투자방향은 그래서 중요하다. 개미군단은 대체로 자신의 일터와 홈트레이딩를 겸한다. 개미들의 행태는 다양하다.

현대사회에서 개미의 최대 약점은 체계적인 정보를 제공해 줄 주체가 없다는 것이다. 그렇기 때문에 개미투자가들 가운데는 고작 20% 정도만 수익을 낸다.[45] 개인투자자들은 워렌 버핏(Warren Buffett)의 조언 따위에 귀를 기울이지 않는다.

이들은 일반적으로 첫째, 잘 나가는 기업의 주식을 산다. 둘째, 값이 싼 주식을 산다. 셋째, 루머가 퍼지는 주식만 찾아다닌다. 넷째, 상한가 치는 종목만 쫓아다닌다. 다섯째, 주가가 떨어지면 바로 손절매(損折賣)한다.

개미들의 욕망은 그렇게 크지 않다. 대신에 개미들은 손과 발이 부지런하고, 개미들은 희망이 컸다. 가끔 주식시장에서 환상을 보기도 한다. 개미들 가운데는 자신의 돈으로 주식투자를 한 사람들도 있지만, 은행에서 대출받아서 주식투자를 한 사람들도 적지 않다. 일단 주식가격이 폭락했기 때문에, 아마 그들의 자산 가운데 50%가량은 붕괴로 바닥에 파묻혔을 것이다. 주식가격이 폭락할 경우, 가장 많이 떼이는 투자자들은 개미군단이기 때문이다. 개미군단은 투매로 돈을 잃은 사람들이 대부분이다.

이들에게 희망은 되돌아올 수 있는 것일까? 카지노처럼 환상이라도 있어야 주식을 계속할 텐데 말이다. 이번 기회에 손을 털겠다는 사람들도 많다. 또한 은행 빚에 쫓기는 사람들도 적지 않다. 우울한 계절이다. 개미군단은 멤버교체가 되어 부활할 것이다.

개미군단이 기초가 되어 개인주주가 존재한다. 개인주주는 제2차 세계대전 이후,

1. 상속세·누진소득세 등으로 인한 개인 대주주의 감소.
2. 기업의 안정주주 공작.
3. 퇴직연금제의 보급에 의한 자금의 주식운용으로의 이전.
4. 저경제로 인한 각 회사 여유자금의 주식에로의 투자 등으로 말미암아 비중이 줄어듦.

따라서 기관투자가의 지주비율이 증대되고 있는 추세이다.

주주는 개인주주와 기관투자가로 구분되는데, 기관투자가들은 유가증권에 대한 투자에 의해 생기는 수익을 주요한 수익원(收益源)으로 하는 법인투자기관을 말한다. 법인주주(法人株主) 또는 투자기관(投資機關)이라고 부른다. 기관투자가에는 보험회사, 은행, 투자신탁회사, 연금기금, 대학기금, 공제조합, 농업단체, 스포츠단체, 일반회사 등이 있다.

미국의 큰 손 중의 큰 손인 워렌 버핏은 위기 속에서도 계속 투자한다. 투자를 결정한 근거는 미국 경제는 절대로 붕괴하지 않을 것이란 믿음 때문이다. 수십 년 동안 연평균 26.7%의 수익을 올렸으니 그럴 만도 하다. 버핏은 버크셔 헤더웨이를 운용하면서, 51,000배의 투자수익을 기록한 역사상 최대의 성과를 거둔 투자가이다. 버핏과 같은 큰 손은 기다릴 줄 아는 것이 가장 큰 덕목이다.

버핏은 첫째, 지속적으로 순이익을 증가시키고 있고, 둘째, 재무적으로 안정돼 있으며, 셋째, 주가가 저평가돼 있는 기업을 고르라고 이야기한다. 주식시장이야 말로 규모의 경제가 통용된다. 주식시장에서 회사는 규모가 크면 클수록 도움이 된다.

외국인 투자가들은 오늘도 한국에서 많이 활동하고 있다.

예를 들어보자. 외국투자가들이 가진 주식의 양은 한국 주식전체의 50%를 넘은 적도 있다. 지금도 30%는 넘는다. 2009년 6월 17일 코스피(KOSPI)지수는 1390선을 지지대로 삼아 공방을 펼친 적이 있다. 외국인과 기관이 매도에 나선 가운데 개인이 매수로 대응하며 팽팽한 접전을 펼치는 모습이다. 원/달러 환율은 1260원대에서 후퇴해, 1255.70원에 거래되고 있다. 코스피지수는 17일 오후 1시26분 현재 전날에 비해 8.21포인트(0.59%) 내린 1390.94를 기록했었다.

장 초반부터 1390선을 중심으로 밀고 당기기가 이어졌다. 심리선인 20일 이동평균선(1399) 회복을 위해 안간힘을 쓰는 상태다. 외국인은 902억 원을 순매도하며 3거래일째 매도우위를 지속했다. 외인 순매도 행진이 전개 되는 이유는 기본적으로 글로벌 주식시장이 흔들리고 있기 때문이다. 여기에 더불어 북한 핵문제와 MSCI 지수46)의 불발 등 국내 요인이 겹쳐 외인이 매수강도를 조절하고 있는 것으로 판단됐다. 증권업계는 외국인의 추세전환을 논하기에는 규모가 작아 아직 섣부르다는 입장을 고수했다. 이런 추세가 장기화될 수도 있었다.

증시 상승으로 눈높이는 높아졌는데, 실물경기는 그걸 충족시키지 못했다. 마땅한 주도주도 없고, 거래도 크게 줄면서 수급도 좋지 않았다. 한국 주식시장의 투자자들이 지쳐갔다. 코스피지수가 1400선에서 크게 오르지도, 내리지도 않는 모습이 길어지고 있었다. 그렇다고 2008년 말 2009년 초 녹색성장주처럼 뚜렷한 테마주가 있는 것도 아니었다. 여기에 ○ 경기 회복 지연에 대한 우려 ○ 해외 증시의 불안한 모습 ○ 다시 고개를 드는 안전자산 선호현상 ○ 지정학적 리스크 등으로 인해 1400선에 갓 진입했을 때와는 달리, 하락에 대한 우려도 커지고 있었다(그래도 1500선 진입은 무난해 보였다).

이 글들은 투기성 사모펀드가 유독 은행만을 집중 공략하는 이유를 월가의 검은 프로젝트 사례를 통해 알아보고, 정작 '은행이야말로 군대보다 무섭다'는 사실을 세상에 알리고자 준비한 것이다. 이를 통해 먹차를 타고 떠나려는 론스타의 거대한 음모를 사전에 막아서면서, 서민경제에도 일조코자 한다.

제갈량의 출사표에는 그의 충성스러운 마음이 잘 드러나 있다. 모름지기 한 인간으로서 자신을 알아주는 사람, 조직, 국가를 위해 헌신하는 모습처럼 아름답고 보람 있는 일이 또 있을까?

그것은 사실인가?(Is that true?) 그것이 공정한가?(Is that fair?) 이것이 우리 국민에게 이익이 되는가?(Is that beneficial to all of us?)

외국인들은 2008년 국내 증시 비중을 과도하게 많이 줄인 점을 최우선 과제로 감안하면서, 상반기 순매수 행진을 벌여왔다. 경기 모멘텀과 기업들의 실적을 확인한 후 매수강도를 조절하는 방향으로 변할 것으로 보였다. 이에 따라 순매도 추세는 당분간 지속될 것으로 보였다. 중국이나 브릭스로 외국인들의 펀드자금이 유입되면서, 상대적으로 한국으로는 자금 유입이 줄어드는 것 아니냐는 우려도 제기됐다.

바로 지금 전 세계는 주식전쟁, 금융전쟁 중이다. 그렇기 때문에 한국의 주식 시세는 세계 여러 곳의 주식시장과 반드시 비교해 봐야 한다. 이 전쟁은 실제로 일어나고 있다. 다만 이 전쟁의 피해자들은 돈이 부족함을 강렬하게 느낀다.

론스타는 대개 하얏트나 힐튼, 신라 같은 특급 호텔의 값비싼 스위트룸에 장기간 투숙했다. 아니면 월 임대료 1000만원 안팎의 고급 빌라를 썼다. 어수룩한 한국 고객에게 마치 조지 소로스나 워렌 버핏의 직계 후손인 듯한 신뢰감을 주려는 계산이었다. 그들 중 누군가는 당시 '왕처럼 살고 있소'라며, 고급 위스키와 미인, 최고급 승용차로 호강하는 서울 생활을 적은 이메일을 미국 본사 동료들에게 돌리기도 했다. 일하는 방식이나 협상법도 특이했다. 실무자를 생략한 채 곧바로 은행장을 상대했고, 총수를 직접 공략하는 일이 잦았다. 장관실에 들락거리던 인물도 있었고, 거래 당사자보다 청와대 고위관료나 권력실세와 담판 짓는 사람도 있었다.

김준환, 김영환, 송희영

한편에서는 단돈 5만 원의 월생계비를 걱정해야 할 금융소외계층과, 한번에 5조 원을 벌고자 몸부림치는 론스타 같은 검은 세력이 공존하고 있다.

뉴욕 증시가 2009년 3월을 저점으로 40% 안팎의 급등세를 연출했다. 하지만 며칠간 숨고르기 양상을 보였다. 미국에서 경기 바닥론이 고개를 들었지만, 아직 시기상조라는 전망이 제기됐다. 3월9일 이후 미국 증시의 S&P500 지수는 40% 급등했다. 다우지수는 35% 폭등했다. 2009년 6월 14일 이후 뉴욕 증시는 미국의 경기 회복이 지연될 것이란 전망 속에 2% 급락한 뒤 16일 1% 이상 하락하여, 연일 조정 조짐을 보였다.

2009년 5월 산업생산이 월가 예상을 하회한 가운데 원자재주와 소매업종

주가 약세를 보였다. 모건스탠리와 골드만삭스 등 월가 주요 투자은행과 경제 전문가들이 미국 증시가 수 주간 조정을 겪을 것으로 예측한 점이 악재로 작용했다. 이외에도 금융위기를 예측했던 대표적 비관론자인 누리엘 루비니 뉴욕대 교수도 비관적인 전망에 힘을 실었다. 골드만삭스의 짐 오닐 수석 이코노미스트는 시장이 각국 정부의 경기부양책이 축소될 수 있다는 전망에 초점을 맞출 것이라고 했다. 또한 이로 인해 글로벌 증시가 향후 수 주간 조정을 겪을 수 있다고 내다봤다. 그는 각국 정부가 부양책을 축소하는데 신중을 기해야 한다고 조언했다.

루비니 교수는 로이터 통신 인터뷰에서 미국 경제가 2009년 연말까지는 회복세로 돌아서지 않을 것이라고 진단했다. 그는 침체 국면에서 전환하더라도 고금리와 상품가격 상승으로 회복 강도는 매우 미약하고 취약할 것이라고 예상했었다. 그는 경기회복 싹이 움트고 있다는 견해에 대해서도 미국 경제가 반짝 상승세를 기록한 뒤 다시 하락하는, 이른바 '더블 딥'에 빠질 위험이 높다고 설명했다. MTB인베스트먼트 어드바이저스의 수석 주식중개인인 클래런스 우즈 주니어는 "경제가 돌아서고 있으며 성장을 회복할 수 있을 것이라는 가정은 다소 시기상조였다"면서 "주가 상승도 너무 컸고 너무 빨랐다"고 말했다.

금융전쟁의 결과는 세계의 권력판도도 바꾼다. 글로벌 경기 침체와 유가 하락 양상이 지속된 가운데, 러시아와 베네수엘라, 이란 등 미국과 적대 관계에 있는 '석유 제국'의 몰락이 점쳐졌다. 이에 따라 지정학적 세계 권력 판도에 큰 변화가 생길 가능성이 있다고 미 시사주간지 [뉴스위크]가 전망해 관심을 끌었다.

[뉴스위크]는 러시아의 블라디미르 푸틴, 베네수엘라의 우고 차베스, 이란의 마무드 아마디네자드 등 3대 '석유 제국' 지도자들은 불과 6개월 전 고유가에 힘입어 국제 외교 사회에서 오만이 극에 달했다고 진단했다. 하지만 지금은 지위 자체가 크게 흔들리고 있어 미국의 외교적 영향력이 상대적으로 커질 수 있게 됐다고 분석했다.

2009년 6월 14일자 [뉴스위크]에 따르면 2008년 여름 유가가 배럴당 147달러로 치솟았을 때 푸틴은 그루지야 침공을 감행하여, 옛 러시아 제국의 영광 재현을 시도했다. 아마디네자드는 달러가 무용지물이라며 유로화를 대거

사들였는가 하면, 차베스는 미국에 연일 독설을 퍼부으며 러시아와 무기 거래에 나섰다. 세계 경기가 붐을 이루고 많은 나라들이 석유를 확보하는 데 혈안이 돼 있다면, 유가 급등에 힘입어 이들 권력자들의 지위가 더욱 올라가는 현상을 낳았다. 하지만 석유로 번 돈으로 권력을 유지해온 이들 지도자로서의 위치는 점점 더 불안해지고 있다고 [뉴스위크]는 지적했다.

이들 3대 석유 황제(PETRO-CZAR)들은 오바마 미국 대통령의 대화 제안에 대해 매우 이례적이고 신속하며 우호적인 반응을 보였었다. 지위가 흔들리는 만큼 미국 등 서구와의 대화나 관계 정상화가 필요하다는 방증으로 해석이 가능했다. 당시 유가 하락과 글로벌 경기 침체, 국제 신용 시장의 몰락 등 때문에, 이들 세 나라는 여타 국가들보다 훨씬 더 심각한 타격을 입고 있었다.

헤지펀드인가? 아니면 파생금융상품인가?

금융 분야에서 가장 위태로운 상품을 고른다면 어떤 것일까?

나는 모두가 금융전쟁 가운데서도 금융핵무기로 보인다. 파생금융상품은 선물, 옵션, 스와프 등을 포함한다.

선물은 알다시피, 미래의 상품을 오늘의 시점에서 오늘의 가격으로 구입하고 판매하는 행동을 말한다. 옵션은 딱지를 사는 것을 말한다. 옵션(option)은 파생 상품의 일종이며, 미리 결정된 기간 안에 특정 상품을 정해진 가격으로 사고 팔 수 있는 권리를 말한다. 이러한 권리는 특정 금융 상품을 정해진 가격에 매입할 수 있는 권리를 가진 매입 옵션(call option)과, 매도할 수 있는 권리를 가진 매도 옵션(put option)으로 나뉜다. 스왑은 각기 원하는 상품과 거기에서 발행하는 이익이 일치하는 사람끼리 장외에서 교환하는 것을 말한다. 파생금융상품은 구체적으로 실물의 뒷받침이 없어도 오늘 발행할 수 있기 때문에, 엄청난 규모의 돈들이 풀려 있다는 것을 의미한다.

금융계의 예언자 조지 소로스는 "일부 신용파생상품들은 아예 거래가 되지 말아야 하는데 CDS가 그런 상품이다"라고 강조했다. 이 상품에 대해 더 많이 알수록 더 위험하다는 것을 깨닫게 된다는 것이다.

CDS는 보유 채권의 부도에 대비한 보험 성격의 신용파생상품으로, 은행들은 CDS를 다시 증권사나 투자은행 등에 팔아넘기기도 한다. 채권에 대해 CDS를 사들이면, 부도 가능성을 모면하는 대신 보험료 성격의 수수료를 지불하게 된다.[46]

헤지펀드

김대중 전 대통령은 조지 소로스를 동반한 적이 있다. 영국 런던경제학교 칼 포퍼 교수의 제자였던 소로스는 알다시피 헤지펀드의 달인, 투자의 귀재라고 불리는 인물이다. 이 같은 평가는, 바로 '정치적인 힘'을 동원할 수 있는 영향력을 말하는 것이다.

소로스는 세계 최고의 투자자라는 명성과 함께, 활발한 자선사업으로 명망도 높았다. 하지만 금융적인 야망과 함께 지적인 욕망도 가진 인물이다. 세상이 자신의 사업적 수완만큼 철학적 견해도 진지하게 받아주기를 바랐던 그는, 더 많은 것을 원했다. 소로스 자신도 말했듯이, 그는 돈만 버는데 그치는 것이 아니다. 명성도 쫓을 수 있는 비즈니스 기회를 찾아 나섰다.

세계 경제의 신(神)이라고 불리는 폴 크루그먼이 쓴 [불황의 경제학]이라는 책이 2009년 출판됐다. [불황의 경제학]에서 저자인 크루그먼은 헤지펀드가 세계경제에서 경제 질서를 가장 심각하게 어지럽히는 금융상품이라고 인식했다.[47] 크루그먼은 헤지펀드가 세계를 움직이는 세력으로 간주한다. 엄청난 돈을 가진 그들은 시장을 조종해 노동자들의 땀을 빼앗는 악당이었다고 회고한다. 즉, 짐승의 본성을 갖고 있어, 시장의 변동성을 정확하게 읽어냄으로써 투자할 수 있는 금융의 투기꾼이라고 부를 수도 있을 것이다.

헤지펀드를 네이버 사전에서는 다음과 같이 설명한다. 100명 미만의 투자가들로부터 개별적으로 자금을 모아 파트너십(partnership)을 결성한 후에, 카리브해의 버뮤다제도와 같은 조세회피(租稅回避) 지역에 위장거점을 설치하고 자금을 운영하는 투자신탁이다.

헤지펀드는 파생금융상품을 교묘하게 조합해서 도박성이 큰 신종상품을 개발하는데, 이것이 국제금융시장을 교란시키는 하나의 요인으로 지적돼 관심을 끌고 있다. 전 세계 헤지펀드 가운데 절반 이상을 차지하는 소로스의 '퀀텀그룹'이 특히 유명하다.

1996년 말 현재 운용규모는 한국의 국민총생산(GNP)의 8배에 이르는 3조 7000억 달러의 자금을 운영하고 있는 것으로 추정됐다. 더욱이 이들 헤지펀드는 파생금융상품을 집중적으로 거래하기 때문에, 이들이 일제히 준동할 경우에는 국제금융계에 미치는 파급효과가 하루 1조 5000억 달러에 이를 것으로 예상됐다.

서방 7개국(G7)을 포함한 OECD의 모든 중앙은행들이 동원할 수 있는 자금 규모가 5000억 달러에도 미치지 못한다는 사정을 감안하면, 헤지펀드가 국제금융 시장에 미치는 위력이 얼마나 큰가를 짐작할 수 있다. 한국에서도 1996년 9월 금융기관들로부터 자금을 모아 남아메리카와 동유럽 등 투자위험성이 비교적 높은 신흥시장에 집중 투자하는 헤지펀드가 최초로 생겼다. 헤지펀드와 투자은행(IB) 등, 이른바 그림자 금융(Shadow Banking)에 대한 규제 필요성이 국제 금융계에서 지속적으로 제기됐다.

한국은행이 소개한 [국제 금융계 동향]에 따르면 최근 영국 금융 감독청(FSA)의 〈터너 보고서〉는 "복잡한 금융 수단이나 정보 비대칭성을 이용해 규제를 피하는 '그림자 금융'을 일관되게 규제해야 한다"고 지적했다.

[동향]에 따르면 다수의 헤지펀드가 집단적 행태를 보일 경우, 금융 시스템의 위험을 초래할 수 있다고 지적했다. 헤지펀드들의 무분별한 핫머니 운용에 제동을 걸 것을 주문했다. 국제 민간금융전문가 그룹인 G30도 보고서에서 "금융 감독 당국과 중앙은행에 헤지펀드와 관련한 정보수집 권한을 부여하자"고 제안했다.

헤지펀드는 파생상품을 이용한 단기 투기라서, 목표물을 충분히 흔들어야 등락을 이끌 수 있다. 규모가 너무 크면 먹을 수가 없다. 미국, 일본, 유럽 등 선진국 보다는 개발도상국을 주 타깃으로 했다. 해당국 정부의 묵시적 동의가 있으면 훨씬 낫다. 우리나라에서도 한때 외국인 투자자라는 이유로 헤지펀드 투자가를 우대한 적이 없는 것은 아니다. 헤지펀드는 가치투자가 아니고, 파생상품이나 환투기이다. 따라서 이익실현 후 즉시 빠지기 때문에 투자라고 볼 수 없다.

헤지펀드가 들어가는 길목이 증권시장이다. 해당국의 증권시장이 안정돼 있으면 어렵다. 대신에 주식시장이 불안하면 헤지펀드의 주 타깃인 파생상품이

요동친다. 그때는 헤지펀드가 힘을 발휘한다. 단기 고수익을 올리는 것이다. 방어할 경제 능력이 안 되는 국가들은 법률로 헤지펀드의 유입을 막는다.

M&A(mergers and acquisitions) 열풍

론스타가 경영하고 있는 외환은행이 또다시 인수합병(M&A)의 대상으로 떠올랐다.

외환은행의 주가는 어땠을까? 당연히 큰 상승세를 기록했다.

영국 파이낸셜타임스(FT)는 2009년 5월 KB금융지주가 대규모 유상증자[48]에 나설 계획이라고 보도했다. 이 신문은 금융시장 분석가들의 말을 인용해, 외환은행 인수를 위해 자금을 모으는 것일 수 있다는 가능성을 제시했다.

손종호 LS전선 사장은 한양대 안산캠퍼스에서 'LS전선의 변화와 도전'이란 주제로 특강을 열고, 기업 인수합병(M&A)에 대해 진지하게 입을 열었다.

"M&A는 돈만 있다고 성공하는 게 아니라 인수 후 전략의 통합, 기존 사업의 경쟁력 강화, 비전 공유, 신뢰 문화 조성이 중요하다."

정치평론가
TIP

M&A(mergers and acquisitions)란?

● 어떤 기업의 주식을 매입하여 소유권을 획득하는 경영전략이다. M은 기업합병을, A는 매수(종업원 포함)를 뜻한다. M은 매수한 기업을 해체하여 자사(自社) 조직의 일부분으로 흡수하는 형태를, A는 매수한 기업을 해체하지 않고 자회사, 개별회사, 관련회사로 두고 관리하는 형태를 말한다.

● M&A는 투기를 목적으로 하는 단기수익 추구형과 경영방식의 개선을 위한 경영 다각화형으로 나눌 수 있다. 한국의 기업은 주로 후자의 입장에서 현지 생산, 판매, 경영 노하우 습득, 선진국의 무역장벽 극복, 국제화의 발판 마련 등을 위해 외국기업의 인수·합병에 주력해 왔다.

그는 LS전선이 인수한 JS전선(옛 진로산업)과 미국 수페리어 에식스(SPSX)의 예를 들어 가면서, 자신의 M&A 경험을 통해 바람직한 기업 경영 방안을 이렇게 설명한 것으로 보인다.

2004년 JS전선을 인수하고 CEO로 취임한 손 사장. 그는 수동적인 조직문화, 단기성과 중심의 사업 운영에서 벗어나, 적극적으로 소통하려는 노력과 경영 철학 공유, 시너지 극대화 등에 주력했다. JS전선은 인수 3년 만인 2007년 코스피에 재상장 됐다. 2004년 1천600억 원이었던 매출은 지난해 4천800억 원으로 증가했다. 해양·선박용 케이블 분야에서는 프랑스의 넥상스(Nexans) 등 선두 업체들을 제치고 세계 1위에 올라섰다.

그는 "경영은 사람이 하는 것이다"라며, "인수 기업과 피인수 기업 임직원이 서로 신뢰를 쌓지 않으면 M&A 이후 핵심 인재의 이탈, 사업성 악화 등 M&A의 위험에 빠지게 된다"고 설명했다. 또 그는 "SPSX의 CEO를 비롯한 경영진을 그대로 유지하고 LS전선과 SPSX는 하나의 가족이라는 점을 강조했다. 인수기업, 특히 미국인이 아시아 기업에 대해 가질 수 있는 거부감을 없애기 위해 노력했다"라고 덧붙였다.

GS그룹의 지주회사인 ㈜GS는 이사회를 열어 모건스탠리PE(MSPE)가 보유한 ㈜쌍용 보통주 69.53%(742만5천634주)를 최종 실사한다는 것을 전제로, 주당 1만8천원 이하에 매입하기로 의결했다. 그리고 매입가격을 대표이사에 위임하는 안건을 승인했다. 인수가는 어림잡아 최대 1천336억6천141만2천 원에 이를 것으로 전망됐다.

이에 따라 ㈜쌍용은 1999년 외환위기로 쌍용그룹이 해체되면서, 워크아웃에 들어가 2005년에 졸업했다. 2006년 MSPE에 매각되는 과정을 거쳐 새 주인을 맞게 됐다.

GS그룹은 "㈜쌍용을 통해 GS그룹의 신사업 발굴과 추진 플랫폼을 확보하고, GS의 기존 네트워크 및 해외사업 역량을 강화하기 위해 ㈜쌍용 인수를 결정했다"고 밝혔다.

GS그룹은 ㈜쌍용 인수에 성공했다. 앞으로는 ㈜쌍용이 종합상사로서 쌓아온 글로벌 무역 역량과 광범위한 해외 네트워크를 활용해 에너지, 유통, 건설

사업에서 시너지 효과를 낼 것으로 보였다.

2009년 6월 주요 대기업그룹과 부실 업종 기업들의 신용위험평가가 사실상 마무리됐다. 이로써 정부 주도하의 구조조정 작업이 본격적으로 시작됐다. 각종 유동성 지원을 위해 펀드와 기금을 조성했다. 외자 유치에도 적극 나서 민간 주도의 구조조정이 관 주도로 바뀌는 것 아니냐는 전망과 함께, 구조조정의 칼바람이 휘몰아치는 분위기가 감지됐다.

특히 산업은행측은 GM대우의 경영권이 GM 측에 있는 것은, GM대우 문제 해결에 전혀 도움이 되지 않는다고 공식적으로 밝혔다. 이로써 GM대우 경영권을 넘기도록 압박했다.

내분비샘 교란과 화폐전쟁

내분비샘을 교란시킨다는 것은 일반적으로 환경 호르몬의 작용을 말한다. 우리나라에서는 내분비계 장애물질(Endocrine disrupters)이란 뭘까?

DDT, PCB 등 화학물질을 말한다. 이 화학물질이 사람이나 생물체의 성장, 생식 등에 관여하는 호르몬(내분비계)의 정상적인 작용을 방해한다. 이에 따라 정자수의 감소, 암수 변환, 암 등을 유발시킬 수도 있다.

내분비계 장애물질로 추정되는 이 물질은 일반적으로 생물체 내부에 축적된다. 공기와 물, 토양 등 여러 매체로 이동해 식품, 농수산물 등에도 축적돼 사람에까지 노출될 수 있다. 급성의 독성을 나타내지는 않는다. 하지만 장기적으로 생태계에 위해가 되는 물질들이 많아, 상당수는 이미 금지됐거나 그 사용이 제한됐다.

미국은 환경청(EPA)을 중심으로 본격적인 연구에 착수했다. 일본 또한 환경호르몬 전략계획을 발표하고, 내분비계장애물질연구에 가세했다. 아울러 OECD는 내분비계 장애물질 시험, 검색법 개발을 위한 연구를 활발히 진행했다. 내분비계 장애물질 목록은 전 세계적으로 확정된 목록은 없다. 그러나 우리나라는 세계야생보호기금(WWF)의 67종의 화학물질을 우선연구대상으로 해 관련연구를 추진했다. 이들 물질 67종에는 DDT 등 유기염소계농약, PCB 등 잔류성 유기할로겐화합물, 알킬페놀 및 비스페놀 A등 산업용화학물질, 다이옥신 등의 부산물들이 포함됐다.

이처럼 내분비계 물질의 교란은 화폐전쟁 상황에서 유사하게 발생한다. 이 같은 현상은 이른바 우리의 정신 보다는, 물질이 미친 것과 같은 현상이 발생하는 것이다. 이런 물질과 정신적 판단과의 심각한 괴리현상, 바로 그것이 내분비샘의 교란이다.

화폐발행권과 화폐전쟁

한 나라의 정부와 중앙은행이 화폐발행권에 대해 큰 영향권을 행사한다. 자유주의 시장경제 시스템을 갖고 있는 나라들의 경우에는, 화폐발행권을 놓고 경쟁한다. 물론 우리나라에는 아직 이런 시도가 구체적으로 탐지될 수 있는 것은 아니다. 그럼에도 학자의 시도는 있다. 특히 안재욱 교수가 그런 입장을 견지했다.

안재욱 교수는 그의 저서인 [시장경제와 화폐금융제도] [49] 에서 중앙은행 제도의 한계를 다음과 같이 밝힌다.

1. 중앙은행 독립
2. 재량적 통화정책
3. 준칙에 의한 통화증가율 고정정책
4. 물가안정목표제
5. 중앙은행 제도의 성과

20세기에 들어와서 생긴 중앙은행 제도의 통화정책으로는 화폐불균형의 문제를 해결할 수 없다. 중앙은행의 통화 공급과 수요가 탄력적이지 않기 때문이다. 다시 말해, 중앙은행은 기본적으로 사람들이 원하는 화폐량에 꼭 맞춰 화폐를 공급할 수 없다.

중앙은행 제도에서는 기본적으로 화폐불균형은 존재할 수밖에 없고, 그로 인해 야기되는 문제 또한 존재할 수밖에 없다. 이 뿐만이 아니다. 인플레이션을 억제하는 데서도 중앙은행 제도가 결코 우위에 있지 않다. 각국의 경험에 의해 증명되고 있다.

강렬한 자유주의자인 중앙은행 제도 대신에, 민간은행이 화폐를 발행하는 민간화폐제도에 대해서 깊이 있게 논의해 보자. 민간화폐제도가 아마도 지금으로서는 가장 낫다는 주장을 편다. 안정성이 있으며, 화폐균형을 만들 수 있다는 것이다. 주요 국가 민간화폐제도의 역사성을 이야기한다. 스코틀랜드, 스웨덴, 캐나다, 미국, 중국 등에서 한 때, 아니 지금도 민간화폐 제도를 운영한다는 것이다.

민간화폐제도는 과거 18세기에서 20세기 초까지, 약 3백 년 동안 60여 개 국가에서 매우 안정적으로 시행됐다. 그러나 제1차 세계대전과 대공황 등의 역사적 사건을 빌미로 은행을 통제해 정부의 영향력을 키우려는 정치적 동기 때문에, 중앙은행모형으로 대체됐다는 것이다.

이 제도의 문제점에 대해서는 설명을 생략하고 있다. 일찌감치 세계에는 화폐발행권을 가진 자가 화폐공급량으로 통화팽창과 긴축을 조종했으며, 세계의 거부들이 은행 권력에 의해 대체됐다는 주장이 제기돼 왔기 때문이다. 이에 대한 반론이 필요한데, 그것이 생략돼 있다.

전 세계에는 모두 200여 종의 주권화폐가 존재한다. 중국이 아시아적 생산모델의 전형이라면, 미국은 서구식 생산모델을 대표한다. 한국은 내수가 부족하기 때문에, 중국과 미국, 유럽의 내수기반에 의존할 수밖에 없다는 점이 중국과 다르다. 한국은 경제불황(금융위기) 이후 해외시장이 축소되면서, 심각한 수출 둔화를 겪었다. 한국이 내수를 확대하고 사회간접시설을 확충하는 등의 경기부양책을 쓰겠지만, 해외시장이 살아나지 않으면 근본적으로 문제가 해결되긴 어렵다. 아무래도 한국의 내수시장은 너무 작아서 자력으로 위기를 극복하기는 역부족이다.

1929년 대공황.
1990년대 일본의 경기침체.
1997년 아시아 금융위기.
이때를 거치면서 일부 개인 자산가와 국가가 거덜 났다. 반면에 로스차일드 일족으로 대표되는 금융가문이 득세한 이유는 바로 화폐 발행권이 얼마나 큰 힘인가를 증언해 준 셈이다. 이런 관점에서 위안화 절상압력에 시달리고 있는 중국은 이미 화폐전쟁 와중에 있는 것으로 판단된다.

작전세력들

5년 만에 100억 원대를 벌은 '슈퍼개미'.
실제로 있다. 현실에서는 흠모하고 싶은 그 이름, 김정환.

김정환 씨가 쓴 [한국의 작전세력들] [50] 이란 책이 있다. 주식시장의 '사설 투자업체'로 소개돼 온 '작전세력'. 일반인들에게는 모호한 이름인 것처럼, 그 실체가 환상 속에 가려져 있었다. 이 책 저자 김정환 씨는 작전은 사기이며, 작전세력은 사기꾼이라는 개념을 정확히 갖고 있어야 한다고 말한다.

주가를 인위적으로 올리거나 내리거나 혹은 고정시키거나 하는 것을 주가조작 혹은 시세조작이라고 한다. 흔히 이러한 시세조작 행위를 하는 일단의 사람들을 일명 '작전세력'이라고 지칭한다. 작전세력은 한마디로 위법행위를 하는 것이다. 이들 집단을 범죄 집단이라고 평가하는 게 맞다. 횡령과 증권거래법 위반 등의 혐의로 부산지검 동부지청에 의해 구속 기소된 강 모 씨와 전 모 씨 등은 주가조작과 허위공시, 차명인수, 자금세탁 등 각종 불법을 총동원한 것으로 나타났다.

하지만 금융 감독 당국은 이들의 범행이 전혀 눈치 채지 못하게 되는 경우가 많다고 말한다. 따라서 재발방지 차원에서 조직적 작전세력에 대한 사전감시 및 사후 적발시스템의 보완이 강화돼야 한다고 지적한다.

코스닥 등록기업인 J사. 이 회사는 주식 시세가 5천원 이하로 비교적 낮고 1일 주식거래량이 20만~30만주 정도에 불과하다. 이로 인해 이 회사는 10억 원의 자금만으로 시세조종이 가능하다는 점에서 J사를 작전세력의 범행대상으로 선정했다. 작전세력들의 먹잇감이 된 J사는 2002년 코스닥에 상장된 전자상거래 장비 개발 업체로 직원 40여 명이 근무하고 있었다. 하지만 만성 적자로 상장 이후 경영자가 4차례나 교체되는 등 영업 부진에 시달렸다. 강 씨 등은 2009년 4월 이 모 씨 주가조작 전문가 2명에게 10억 원을 건네주면서, J사의 주가조작을 지시했다.

이 씨 등은 장 마감 직전 동시 호가 시간대에 직전 거래 주식가격 보다 약 200원 높은 가격으로 매수 주문을 내 종가를 끌어올리는 방법으로 주가를 조작했다. J사의 주가는 연일 상승행진을 벌였다. 1천 원대에 머물던 J사의 주가는 불과 2개월여 만에 4천800원까지 치솟았다.

J사 전 대표 석모 씨로부터 150억 원에 J사를 인수하기로 사전에 약속한 강 씨 등은 유상증자를 통해 투자자 47명으로부터 181억 원을 모아 이중 90억 원을 횡령했다. 횡령한 돈은 J사 매입대금으로 사용하고, 회사운영 및 설비대금 구입자금으로 사용하겠다고 허위공시를 냈다. 또 J사 주식을 담보로 사채업자로부터 60억 원을 빌려 자기돈 한 푼 들이지 않고 기업을 인수한 이들. 당시 가격보다 5배 이상인 2만5천원까지 주가를 끌어올릴 것이라며, 일반 투자자들에게 정보를 흘리면서 또다시 주가조작을 시도했다. 하지만 유상증자 이후 일부 투자자들과 사채업자들이 주식을 팔아치우면서, J사 주가는 다시 곤두박질쳐 두 달 뒤 1천 원 대로 내려갔다.

작전세력들의 말을 믿고 수십억 원을 투자한 일부 투자자들은 주가하락으로 고스란히 피해를 입게 되자, 검찰에 수사를 의뢰하게 된다. 마침내 말로만 듣던 작전세력이 꼬리를 잡혔다. 명의상 대표인 최 모 씨 등은 검찰 수사가 시작되자, 증거인멸을 목적으로 J사와 무관한 C사의 주식 110억 원을 투자한 것처럼 허위공시를 내기도 했다. 횡령한 자금을 서류상으로만 존재하는 회사(페이퍼컴퍼니) 2곳으로 분산 이체해 소액수표로 출금하는 등 자금세탁도 했다.

J사의 실소유주인 강 씨와 전 씨 등은 자신들을 이사로 등재하지 않은 채, 배후에서 최 씨와 감사인 김 모 씨 등을 내세워 회사를 차명으로 인수했던 것이다. 그 뒤 유상증자와 자금 횡령을 주도한 것으로 밝혀졌다. 주가조작을 통해 코스닥 상장기업을 인수한 후 차익을 남기고 처분하려던 작전세력 일당이 검찰에 붙잡힌 것이다.

한국증시의 구조

한국증시의 구조는 전반적으로 '종속이론'과 비슷한 구조를 이룬다. 그 이유는 한국 증시가 놓인 자리가 그런 위치에 있어서다.

1. 외국인은 복수의 시장 가운데 선택한다. 뉴욕시장으로 돌아갈 것인지, 아니면 한국증시(또는 다른 나라 증시)로 갈 것인지 선택할 수 있다. 외국인이 한국에 남는 것은 한국 주식시장에서 돈을 잃기 보다는 딸 수 있기 때문이다.

2. 한국의 금융 자본가들도 외국 펀드에 투자해서 돈을 따오는 경우가 있다. 그런데 이때 한국인의 숫자는 한계가 있다. 그렇기 때문에 상대적으로 완전히 메울 수는 없다.

3. 한국의 개미군단 가운데 20%는 이익을 남겼지만, 80%는 마이너스 기록을 남긴다. 다시 80%는 말을 바꿔 타고 등장한다. 개미군단이 돈을 잃게 되면 주변 사람들에게 엄청나게 손해를 끼친다.

4. 경제불황으로 인해서 주식투자 세력도 금융자산가들과 개미투자 군단으로 완전히 양분화 됐다. 그런 가운데 전투에서 쓰러지는 것은 대부분 개미들이다. 개미들이 쓰러지면서, 밑에서부터 올라오는 세력들의 힘은 완전히 황폐화된다.

5. 바로 이것이 바벨탑의 구조로 불리는 것이다. 돈을 적게 버는 그룹들과 돈을 벌지 못하는 그룹들의 삶에는 이른바 습기까지 다 말라버리고 있는 것이다.

○ 한국의 증권시장이 갖고 있는 시장의 위상과 그 시장의 개방과정 ○ 개방 이후 한국금융시장에서 한국인 또는 같은 외국인들끼리 승부를 하는 외국의 자본가들 ○ 한국 금융 자본가들이 외국 시장에 펀드로 투자해서 뜯어오는

부분들을 총합해 본다고 할지라도, 한국은 손해가 많다. 이른바 '화폐전쟁의 시각'을 채택해서 이를 설명할 필요가 있다. 이런 관점에서만 문제를 보면 미시적인 것을 보지 못할 위험성은 있다. 일부 마르크시스트 경제학자들처럼 '주식=도박'과 같은 시각을 가질 수도 있을 것이다.

우리는 증권을 제대로 알기 위해서, 증권시장의 구조와 함께 증권시장의 시황을 제대로 알아야만 하겠다는 생각이 든다. 증권시장의 구조는 보다 비관적인 위험성이 있다. 증권시황 분석을 들어보면, 어떤 경우에도 증권시장의 애널리스트에게 물어 보라는 당부를 덧붙이고 있다.

 한국 증시에 대한 낙관적 시황과 비관적 시황

나는 어느 날 아침 뉴욕시장에 관한 비관적인 정보를 갖게 됐다. 오후에는 다시 서울시장의 시황분석 정보를 갖게 됐고, 저녁에는 이웃들과 마주 앉아 시황분석에 관해 대화를 나눌 기회가 있었다. 뉴욕 시장의 시황분석에는 미국경제를 이끌어 가는 3인방 학자들(루비나, 스티글리츠, 코루그먼 교수)의 주장이 잘 반영됐다. 따라서 당분간은 뉴욕시장에 기대를 하지 말라는 그런 내용이 실려 있었다.

그날 오후 한국 애널리스트의 분석 자료에 따르면, 외국인의 매도세는 신중하게 생각해서 다시 선택하는 것으로 해석하고 있었다. 외국인은 재투자 여부를 곧 결정할 것으로 보고 있었다. 즉, 뉴욕시장에 대한 분석은 아주 근본적인 시각을 반영하고 있었다. 반면, 한국시장에 대한 분석은 애널리스트의 실리적인 이해를 반영하고 있었다. 정작 한국에 주가가 떨어지기 시작한 것은 주말을 넘기고 난 이후였다.

나는 떨어진 증시에 대해서 어느 정도 낙관론적인 견해를 반영하면서, 유심히 지켜보고 있었다. 한마디로 떨어진 한국의 주가는 언제쯤이면 다시 오르기 시작할 것인가? 아니 언제쯤이면 다시 낙관적인 견해가 회복될 것인가? 아니 주가가 많이 떨어졌기 때문에 언제쯤이면 많이 오를 것인지 이런 분위기를 읽고 있었다. 폭락한 증권시세는 2달 전의 종합주가 지수(KOSPI)를 반영하고 있었다. 이런 널뛰기 현상이 왜 한국시장에서는 벌어질 수밖에 없는가?

더더욱 경제불황은 미국에서 먼저 시작됐기 때문이다. 한국에서 종합주가지수의 상승은 미국경제의 회복과 어느 정도는 맞부딪혀야 하는 것이다. 이것이 바로 한국 증시시세를 정확히 알기 위해서는 세계 여러 나라의 증권시장의 구조와 시황분석, 증권시장의 추세(trend)를 잘 알아야 한다는 교훈을 남겨 주었다.

얼마 전 나는 한국증권협회 박병주 증권본부장으로부터 한국의 증권시장에 대한 강연을 들을 기회가 있었다. 박 본부장은 자본시장통합법을 만드는 데 많은 역할을 한 증권인이다. 박 본부장은 한국의 증권 현황을 증권인의 관점에서 설명했다. 증권인의 관점에서 설명한다는 것은 많은 의미를 갖고 있었다.

그는 활력이 넘쳤다. 당연히 지금 우리나라에서 가장 활성화된 기업은 바로 금융업이기 때문이다. 증권기업의 입장은 조금이라도 더 많은 자본이 증권기업을 통해서 한국은 물론 세계 여러 시장에 투자되기를 원하고 있다. 또한 수출이 잘되는 기업은 현재 몇 손가락만 꼽을 정도로 적다.

그것은 세계적인 랭킹 안에 들어간 삼성전자, 현대자동차 등 글로벌 랭킹 기업들뿐이기 때문이다. 이런 기업의 이익을 대변하고 있었다. 세계적인 금융전쟁의 시대에 아군의 입장을 대변하고 있는 것이다.[51]

강연 이후 박 본부장은 나와 많은 대화를 나눴다. 대화 도중에 그는 자신이 다녀 온 경주 최 부잣집의 역사와 노블리스 오블리제가 어떤 결과를 낳았는지에 대해 설명해 주었다. 그러면서 자신은 한국의 증권에 관한한 낙관적 시각을 갖고 있다고 이야기해 줬다. 나는 정작 지금이야 말로 장기적으로 낙관주의적 시각이 필요한 시점이라고 생각했다.

나도 역시 증권시장에서 작은 부분을 눈여겨봄으로 해서, 낙관적인 견해를 가져 봐야 되겠다는 생각을 하고 있었다. 바로 이런 것이 금융시장에 대한 낙관론과 비관론의 차이라고 생각할 수 있다. 이런 차이가 있음에도 중도지향적인 성격을 갖는다는 것은, 서로를 인정하고 서로의 입장 차이를 인정하는 다원주의적 관점을 유지하는 것을 말한다.

두 가지의 시각은 다행스럽게도 입체적 중도의 시각에서 만나야 한다. 즉,

입체적 중도의 시각이란 중도와 양극단의 주장을 한편으로는 그대로 인정하는 것을 말한다. 다른 한편에서는 중도론으로 수렴해 가는 것을 말한다. 우리는 지금도 한국의 증권시장에 닥칠 여러 난관들을 경계한다. 쑹훙빙이 보았던 붕괴의 여러 단계, 그 붕괴가 한국의 주식시장에 미치는 영향에 대해서, 그대로 분석할 필요가 있다. 그러면서 동시에 증권시장에 투자한 개미들의 입장에서 미리 대비하도록 할 필요가 있는 것이다.

한국증권 시장의 시황분석의 내용을 보다 철저히 주시해 볼 필요가 있겠다. 시황분석 이전에 한국 증권시장에 대한 구조적인 분석이 필요하다. 그 때 우리가 유지해야 할 시각은 그 어떤 경우에도 중도지향적인 낙관론과 비관론이다.

중도지향적인 시각을 가질 때라야만, 낙관론의 범위 안에서 비관론의 분위기를 반영할 수 있다. 이렇게 해서 낙관론적인 비관론의 입장을 가질 수 있다. 또한 중도적인 시각에 서있을 때라야만, 비관론의 범위 안에서 낙관론적인 분위기를 유지하는 비관론적 낙관론의 입장을 추가할 수 있을 것이다. 그러니까 우리는 금융시장의 구조와 시황을 분석하면서 낙관론 → 비관론적 낙관론 → 중도시각 → 낙관론적 비관론 → 비관론 등으로 세분화해서, 그 가운데 가장 합리적인 시각을 선택할 수 있어야 하겠다. 특히 시황분석은 아주 중요하다. 시황분석의 자료만 갖고 투자를 하는 개미들도 어지간히 많기 때문이다.

돈이 없다는 것은
슬픈 일이다. 하지만
돈이 넘친다는 것은
두 배로 슬픈 일이다.

톨스토이

로스차일드는 오늘 날에도
최고의 사금융 기관
가운데 하나이다.

리처드 템플러

워렌 버핏의 투자 철학의
핵심요소는 투자에 있어
다른 사람들의 비이성적인 태도와
확연히 구분되는 워렌 버핏의
분석적이고 전략적인
태도에 있다. 이것은 바로
주식시장의 비이성적인 성향과
대비되는 그의 사업 전망에
근거한 투자기법이다.

메리 버핏, 데이비드 클라크

chapter

5

위기의
한국경제,
그 결과들

고용 없는 경영과 '마이너스 고용 터널'

학교를 졸업하고 취업을 갈망한다면, 이를 두고 돈에 대한 '탐욕'이라고 말할 수 있을까? 아마도 그렇게 말할 수 있는 사람은 없을 거다. 취업은 욕망, 탐욕이전에 생존인 것이다. 사회적 책임이라고 그럴싸하게 포장할 수도 있겠다.

그런데 만약 아무리 취업하려고 해도 모든 기업이 고용을 하지 않으면, 어떤 일이 벌어질까? 생각할수록 끔찍하다. 이 같은 가상이 현실로 나타나지 않길 바라는 마음으로 고용문제를 생각해보자.

2009년 당시 고용문제는 수치상으로 보면 환란 당시에 비해서는 나아졌다. 천만 다행이다. 취업자 수가 마이너스(-1만 2,000명)로 돌아서긴 했지만, 하루 100명 이상 감소하던 10년 전과 비길 바는 아니다. 문제는 속도다. 신규취업자 수 추이를 보면, '21만 명(2007년 2월) → 15만 9,000명(8월) → 7만 8,000명(11월) → -1만 2,000명(12월)' 등 가파른 하강세다. 더욱이 성장률이 -2%로 감소하고, 20만 명 정도 줄어들 것으로 신임 윤증현 기획재정부 장관이 밝혔다. 이것은 강만수 전 장관의 의욕과는 전혀 정반대의 결과였다.

일자리 감소는 소비 위축을 낳고, 소비 위축이 다시 일자리 감소로 이어지는 악순환이 불가피하다. 환란 때는 물론이고 2003년 카드 사태 당시에도 '마이너스 고용'에서 탈피하는데 7개월이라는 적지 않은 시간이 걸렸다.

실물경제 지표는 대부분 환란 당시를 능가했다. 생산, 소비, 투자는 물론이고 우리 경제의 유일한 버팀목이었던 수출까지 두 자릿수 감소세로 돌아선 상태였다. 기업들의 대규모 구조조정이 기다리고 있었고, 자영업자들도 하나 둘 문을 닫을 수밖에 없었다. 고용 한파로 들어가는 시점이었다. 제조업의 일자리 감소를 서비스업이 흡수했는데, 그런 효과도 기대할 수 없었다. 아예 일자리 구하기를 포기하는 구직 단념자가 1년 새 4만 명 이상 증가했다는 것은 그만큼 현재 고용 사정이 심각하다는 것을 보여줬다.

우리나라의 수입품에는 다음과 같은 것들이 있다.

석유, 목재, 철강, 반도체, 컴퓨터, 석유화학제품, 천연가스, 석탄, 정밀화학 원료, 계측제어 분석기, 의류, 중석, 경공업원료, 전기, 전자기기, 정보통신기기, 원유, 화학공업원료, 금속, 콩, 종이, 연필, 유아용품, 깨, 쌀, 담배, 나무젓가락, 이쑤시개, 플라스틱 병, 주방용품, 신발, TV, 자동차, 액세서리, 캠코더, 영화, 음반, CD플레이어, 기계류, 과일, 커피 등을 들 수 있다.

수입개방화의 문제는 수출시장 확보의 문제와 깊이 연결됐다. 문제는 더욱 많은 수출을 위해서 수입개방화를 선택할 수밖에 없었다는 것이다. 수입품 가운데는 1차 산업의 생산품이 상당히 늘어났다. 그 가운데서도 특히 콩, 깨, 쌀, 쇠고기, 과자와 같은 1차 상품들까지도 많이 수입하고 있었는데, 이것은 우리 경제를 크게 위태롭게 할 위험성이 있었다.[52] 2009년 당시 수입은 많이 감소했다. 수입 감소 덕분에, 무역 분야에서 마이너스 성장률을 조금씩이라도 줄이고 있었다.

학문과 문화 교류가 많은 나라로서는 일단 미국을 주요 국가로 꼽을 수 있다. 또한 유럽의 나라들에는 영국, 프랑스, 독일, 이탈리아 등이 있다. 한국의 대학이 지식과 학문의 전당인 것은 맞다. 그런데 대부분 수입학문의 전당에 머무르고 있다. 예전에는 거의 대부분이 중국식 학문이었다가, 중간에 일본식을 거쳐, 지금은 거의 전부가 미국식 학문체계로 바뀌었다. 이런 전환의 과정에 한국에서 생산된 지식은 거의 무시됐다.

한국에서 만들어진 지식. 그것은 사실 우리의 자존심이기도 하다. 예를 들자면 금속 활자본 '직지'는 우리나라가 세계 최초로 만든 것이었다. 또한 동학의 지식체계는 조선을 완전히 뒤바꾸자는 계획을 갖고 있었다. 이순신 장군이 군사 지휘자인 것은 물론이고 문장가로 표현해도 좋을 정도로 섬세한 기록을 남겼다. 한국에서 책을 가장 많이 써낸 정약용과 같은 대학자의 글도 좋고, 신채호도 좋은 사례이다. 신채호의 사학은 어려운 환경 속에서 나온 학문이다. 이제는 한국도 지식을 수입하기만 하지 말고, 수출할 수도 있어야 한다. 학문의 수출입은 대단히 중요한 교류 가운데 하나이기 때문이다.

 3   수출이 어렵다

　　1960년대에는 국민들이 대부분 농업에 종사해서 산업 제품이 별로 없었다. 경제 건설을 위한 돈을 마련하기 위해 철광석, 텅스텐 같은 지하자원과 오징어 등 값이 싼 천연자원을 수출했다.

　　1970년대에는 아직 기술이 부족하여 품질이 우수한 제품은 생산하지 못했다. 따라서 노동력을 많이 필요로 하는 섬유나 경공업 제품(신발, 장난감, 가발 등)을 수출했다. 1980년대에는 경제 발전이 본격적으로 이뤄지면서, 기술이 향상돼, 철강, 기계, 선박, 전자 제품 등의 수출이 늘기 시작했다. 또 기존의 경공업 제품들의 수출도 늘었다. 1990년대에는 반도체와 같은 첨단 기술이 바탕이 되는 공업 제품의 수출이 중심 품목으로 자리 잡기 시작했다. 자동차 등의 수출도 많이 늘어나 많은 외화를 벌어들이고 있었다.

　　1997년 환란 때는 수출이 공적자금과 함께 한국의 경제위기를 잠재우는 역할을 했다. 그러나 지금처럼 위기가 글로벌화한 상황에서 수출확대를 기대하기는 힘이 든다. 세계 경제 침체의 골이 깊어지면서, 교역량이 급감하고 있다. 글로벌 교역 규모 감소는 한국 중국 등 수출 의존도가 높은 국가에 적지 않은 타격을 줄 전망이다.

　　환경시장의 중요성을 놓치지 말아야 했다. 위기의 그림자가 짙게 드리우면서 향후 우리수출을 이끌어갈 새로운 성장 동력이 필요했다. 우리나라는 수출 5천억 달러, 무역 1조 달러 시대를 열기 위한 새로운 성장 동력으로 환경, 부품소재, 신흥소비시장개척을 꼽았다. 환경산업의 경우, 현재 확대되고 있는 대체-신재생 에너지, 하이브리드카, 공산품 에너지 효율화 분야에 관심을 가질 것을 강조했다.

　　위기 속에서 새로운 기회를 찾아야 했다. 한편 전통적으로 수입에 의존해 오던 부품소재분야가 경기침체와 글로벌 기업들의 아웃소싱 확대로 새로운 기회가 될 것으로 지목됐다. 다국적 기업들이 비용절감을 위해 자체 생산을 줄이고, 글로벌 아웃소싱을 확대하면서 자동차, 전자 분야에서 높은 기술력을 보유하고 있는 한국제품에 대한 관심이 높아졌다. 거기에 위안화와 엔화 강세가 당분간 이어질 것으로 예상됐다. 그러면서 중국에 진출한 다국적 기업들과 일본 대기업들이 지리적으로 가깝고 가격경쟁력까지 생긴 한국산에 주목했다.

수출시장다변화를 위한 노력도 계속돼야 했다. 이들 지역의 경우 글로벌 침체에도 불구하고 비교적 고성장기조를 유지하고 있었다. 또 그동안 소득이 증가하면서, 신흥소비자층이 확대돼 구매력도 높아졌다. 경제위기로 수요가 급감하고 있는 구미시장으로의 수출부진을 이들 신흥시장에서 찾을 수 있을 것으로 내다봤다.

④ 달러 환율의 상승과 하락

한국의 달러는 수출과 수입에 의해 결정된다. 한국에 투자하기 위해 들어오는 투자자들, 또는 빠져 나가는 투자자들의 판단으로부터도 많은 영향을 받는다. 외환시장에서 달러가 빠져 나가면 달러 가치는 상승된다. 미국 투자자의 입장에서 볼 때 한국주식투자에서 5% 이득을 봐도 달러가치가 10% 상승하면, 5% 손해를 보기 때문에 투자 메리트는 그만큼 줄어든다.

한국의 금융시장에서 달러 이탈은 가속화됐다. 달러 이탈은 증시 급락으로 이어졌다. 경제가 불안한 상황에서 안전자산에 대한 수요가 증가하면서 미국채 등으로 투자가 이동했다. 금과 같은 실물자산으로 자산이 이동하기도 했다. 일반적으로는 달러가치가 상승하면 한국경제 활성화에 도움이 된다. 수출위주의 산업구조 때문이다. 단순하게 물건 팔아서 1달러 남겼을 때 들어오는 돈이 200~300원 더 남는다. 수출시장도 한계가 있다.

외국인 투자자들의 순매도가 이어지며, 환율이 상승 반전했다. 우리나라에서 환율을 시장이 아니라, 정부가 관리해 왔다고 해도 과언이 아니다. 외환시장 전문가들은 환율이 급등한 것은, 당국의 인위적인 개입에 따른 부작용 때문으로 파악했다. 환율 상승세가 좀 더 이어질 가능성이 전망됐다. 2008년 12월 같은 공격적인 외환시장 개입은 다소 무리가 있었다. 2009년 4월경에는 외국인

자본의 매수세가 이어지면서 달러도 안정적으로 멈춰 섰다.

한-중-일 통화스와프(SWAP) 확대 소식은 환율 상승폭을 제한했다. 한국과 미국 사이에는 금융스와프가 이미 결정됐다. 한중일도 금융스와프가 결정됐다. 우리나라가 2008년 12월 12일 중국·일본과 통화 스와프 계약규모를 확대한 것은 금융시장에 안정판을 추가로 만들었다는 점에서 의미가 있다. '아세안+한중일'회의를 통해 400억 달러를 늘림으로써 1200억 달러가 됐다. 국제통화기금(IMF) 지원창구 활용 220억 달러 등을 포함할 경우 더욱 늘어나게 됐다.

외환시장 전문가들은 한·중·일 통화스와프 협정이 서로에게 '윈윈'이 될 것으로 전망했다. 정부가 국민정서 때문에 신청계획이 없다고 거듭 강조한 국제통화기금(IMF) 자금을, 정부가 스와프 총액에 넣는 사례가 잇따라 발생했다. IMF스와프는 2008년 10월 29일 일시적으로 달러 부족을 겪는 신흥시장 국가들을 지원하기 위해 개설된 단기유동성 지원창구(SLF)를 통한 스와프를 말한다. IMF분담금 비율로 그 규모가 정해진 만큼, 우리나라는 220억 달러를 들여다 쓸 수 있었다.

 주식, 채권, 부동산

주식 시세는 늘 변한다. 본래 주식을 구입하는 목적은 배당을 위해서이다. 주식을 사면 이자가 없고, 대신에 회사가 돈을 벌면 주식량에 대해서 일정부분 가져갈 권리가 생긴다. 현재 한국의 주식시장은 배당도 배당이지만, 주식을 사고팔 때의 차액을 이익으로 잡는 경우가 오히려 더 많다. 배당금 대신에 시세 차익으로 이익을 챙긴다는 것이다.

채권을 산 경우에는 이자를 받는다. 중요한 것은 개인은 채권을 잘 안 한다. 회사는 아주 큰 금액으로 돈을 빌리기 때문에, 개인들이 회사에게 빌려줄 수 있는 사례는 거의 없다. 개인들이 채권에 투자하기가 쉽지 않은 이유이다. 개인은 주로 국공채 등에 투자한다. 채권시장 전체 비중에서 보면, 개인의 비중이 거의 없는 것과 마찬가지이다. 돈을 빌려주고 이자를 받는 것과 비슷하다.

부동산도 금융상품일 뿐이다. 부동산에는 엄청난 거품이 끼어 있다. 가격이 계속 떨어지고 있다. 또한 지방에는 분양되지 못한 부동산들이 적지 않다. 이것은 부동산이 금융상품이긴 한데, 현재 가치는 굉장히 떨어져 있는 금융상품이다. 2007년 이후 급격한 가격 하락세를 보여 온 강남권 일대 아파트 단지에 저가 매수세가 몰리면서, 가격이 꿈틀대는 모습을 보이고 있을 뿐이다. 일부 아파트 단지의 경우 전세는 물론 매매가 호가도 2009년 들어서 수천만 원에서 수억 원 이상씩 올랐다. 하지만 이 같은 현상은 일시적이라는 게 다수 전문가들의 의견이다.

6 금리가 왜 중요한가?

이성태 한국은행 총재는 2008년 12월 11일 금리 1% 하락을 선언했다. 한국은행은 정례 금융통화위원회를 열어 기준금리를 현행 4.00%에서 3.00%로 1.00%포인트 인하했다. 기준금리 3.00%는 역대 최저치인 3.25%(2004년 11월11일)보다 0.25%포인트 낮다. 한은은 이에 앞서 지난 2008년 10월과 11월에도 금리를 각각 0.5%, 0.75% 포인트 낮췄다.

가장 심각한 것이 전 세계 자금 시장의 경색인데, 금리인하를 통한 유동성 공급은 한계를 지닌다. 기준금리를 낮추기 며칠 전만 해도 기준금리 동결은 당연시 돼 왔다. 경기 침체가 가속화됐고, 주요국 정부 중앙은행들이 기준금리를 낮추면서, 금리 인하에 대한 기대감이 커졌다. 금리 인하는 쉽지 않았을 것이다. 금리를 내린다면 외국 자본 이탈을 촉진시켜 폭등세를 보이는 환율을 더 자극할 수 있기 때문이다.

청와대 관계자의 말이다.

"금리는 전적으로 한국은행의 결정에 달린 문제다. 하지만 경제위기를 극복하기 위해 파격적인 금리인하를 통해서 중앙은행과 정부의 공조가 제대로 이뤄지고 있다는 사실을 확인할 수 있어 긍정적이다."

종합주가지수

주가는 경제불황의 위기 속에서도 2009년 6월엔 1400선을 넘봤다. 물론 이 숫자는 상당히 유동적인 것이다. 코스피지수 [composite stock price index]는 증권시장에 상장된 상장기업의 주식 변동을 기준시점과 비교시점을 비교하여 작성한 지표이다. 증권거래소에 상장된 주식의 증권시장지표 중에서 주식의 전반적인 동향을 가장 잘 나타내는 대표적인 지수이다. 시장전체의 주가 움직임을 측정하는 지표로 이용되며, 투자성과 측정, 다른 금융상품과의 수익률 비교척도, 경제상황 예측지표로도 이용된다.

증권거래소는 1964년 1월 4일을 기준시점으로 다우존스 식의 주가평균을 지수화한 수정주가 평균지수를 산출하여 발표했다. 그런데 점차 시장규모가 확대돼 감에 따라, 1972년 1월 4일부터는 지수의 채용종목을 늘리고 기준시점을 변경한 한국종합주가지수를 발표했다.

그 뒤 시장 전체의 전반적인 주가 동향을 보다 정확히 나타내기 위한 노력이 이어졌다. 1983년 1월 4일부터 주가지수 산출방식을 다우존스 식에서 주가에 주식수를 가중한 시가 총액 식으로 변경하여 산출했다. 새로운 주가지수의 연속성을 고려해 종합주가지수 및 산업별 주가지수는 1975년까지 산출했다. 또한 부별 주가지수 및 자본금 규모별 주가지수는 1980년까지 소급해 산출·발표했다.

증권시장에 상장된 전 종목을 대상으로 산출되며, 산출방법은 1980년 1월 4일을 기준시점으로 하여 이날의 종합주가지수를 100으로 정한다. 개별종목의 주가에 상장주식수를 가중한 기준시점의 시가총액과 비교시점의 시가총액을 대비해 산출한다. 즉, 종합주가지수=비교시점의 시가총액/기준시점의 시가총액×100으로 나타낸다.

한편 유상증자·신규상장·전환사채의 주식전환 등 일반적인 주가변동 이외의 요인이 발생한다. 시가총액에 증감이 생기는 경우에는 주가지수의 연속성을 유지하기 위해 기준시가총액을 수정한다.

코스닥지수의 계산방법은 지수=비교시점의 시가총액/기준시점 시가총액

×1000이다. 코스닥 시장에 상장된 기업의 주가에 주식수를 가중한 시가총액 지수이다. 파셰식 주가지수이며 1996년 7월 1일을 기준치 1000으로 하고 있으며, 1997년 1월 3일부터 실시간으로 산출 발표되고 있다. 최고치는 2000년 3월 10일 장중에 기록했던 2925.20이 최고치이다. 2009년 6월 28일 현재 코스닥지수는 491.64포인트를 기록하고 있었다. 1996년 최초 개장 시에는 기준 시점과 비교시점의 주가비율에 곱하는 기준단위가 100이었으나, 2004년 1월 26일부터 기준단위를 100에서 1000으로 변경하여 산출하고 있다.

 ## 8 악화되는 경제지표

한국은행이 2009년 1월 22일 발표한 '2008년 4분기 실질 국내총생산'에 따르면, 2008년 4분기 국내총생산(GDP, 실질 기준)은 전기 대비 5.6%, 전년 동기 대비 3.4% 각각 감소했다. GDP 성장률 -5.6%인 것으로 드러나 국민들에게 큰 충격을 줬다. 한국은행의 발표에 의하면, "환란 뒤 첫 마이너스 성장"이라는 것이다.

제조업과 수출 증가율이 역대 최저 수준으로 추락하고 민간소비, 설비투자 등 경제의 핵심지표가 대부분 외환위기 이후 최악을 기록했기 때문이다. 교역조건(수출 1단위로 수입할 수 있는 물량) 악화로 국민의 구매력을 나타내는 소득지표인 실질 국내총소득(GDI) 성장률도 10년 만에 처음으로 뒷걸음질 쳤다.

전기 대비 성장률은 1998년 1분기(1~3월, -7.8%), 전년 동기 대비 성장률은 1998년 4분기(-6.0%) 이후 각각 최저치다. 이는 2008년 12월 한은이 예측한 전기 대비 -1.6%, 전년 동기 대비 0.7%보다 낮은 수치로 국내 경기가 예상보다 훨씬 심각한 속도로 추락하고 있다는 사실을 분명히 보여줬다.

한국은행 관계자는 "국내 주요 제조업체들이 일제히 감산에 들어갔고 수출, 투자, 소비 모두 예상보다 심각하게 악화되면서, 성장률이 전망치보다 훨씬 나쁘게 나왔다"고 말했다.

2008년 연간 GDP성장률도 전년 동기 대비 2.5%를 기록했다. 2007년 (5.0%)에 비해 절반 수준으로 급락했으며, 1998년(-6.9%) 이후 최저 수준을 기록했다. 특히 수출 감소세가 두드러졌다. 지난해 4분기 재화 수출은 반도체·무선통신기기 등이 부진해 3분기(7~9월)보다 11.9% 줄어, 관련 통계가 집계되기 시작한 1970년 이후 가장 낮은 증가율을 기록했다. 민간소비도 내구재 등을 중심으로 대부분 품목에 대한 소비가 위축돼 전기 대비 4.8% 감소했다.

성장률 급락은 카드 사태를 겪었던 2003년(3.1%)보다도 낮은 수준으로 역시 98년(-6.9%) 이후 최악이었다. 성장률 급락의 1차 원인은 글로벌 경기침체의 직격탄을 맞은 수출 급감이다. 2008년 3분기까지 분기별로 -1.8%, 4.3%, -1.9%의 흐름을 보이던 수출 증가율(전기 대비)은 4분기 -11.9%까지 떨어지면서, 통계가 작성된 70년 이후 최저로 떨어졌다. 수출이 줄면서 덩달아 설비투자도 16.1%나 줄었다. 자산 가치 하락과 수입 감소가 겹치면서 경제의 자체 동력인 민간소비 역시 -4.8%로 크게 위축됐다.

 늘어나는 폐업 추세

수출이 감소했다. 수출이 잘 안 되니까, 공장은 계속 폐업했다. 폐업이 늘어나니까, 고용은 축소됐고, 실업률은 엄청나게 늘어났다. 또한 한국의 기업이 현지화 전략을 세웠던 것도 주목할 일이다.

우리나라의 기업들은 2009년의 경영계획을 가능한 한 보수적으로 짰다. 경영환경이 갈수록 악화되는 데다 불확실성마저 가중되고 있었기 때문이다. 차세대 성장 동력으로서 신규 투자 대상을 좀처럼 찾지 못하는 것도 큰 고민 중하나였다. 현장에서 뛰는 기업의 내부 계획서를 보면 모두가 축소경영을 지향하는 것으로 보였다.

 이명박의 '녹색뉴딜정책'

악화되는 실물위기 속에서 내수시장을 살리자는 움직임이 정부에서 먼저 시작됐다. 정부가 내놓은 '녹색 뉴딜'의 세부사업 방안들을 보면, 전국 방방곡곡에 녹색 물결을 일으키기 위한 다양한 아이디어들이 포함돼 있었다.

'녹색 뉴딜'을 저(低)탄소·친환경·자원절약으로 대표되는 '녹색 성장' 정책과 일자리 창출을 위한 대규모 공공투자사업이라고 설명했다. 에너지 절약형 건물로 도심에 녹색 물감 칠하기, 2018년까지 태양열 온수기, 히트 펌프, 재활용 폐자재 등을 활용한 친환경 주택 200만 가구를 공급할 계획이었다. 산림 키우고, 보존하고, 활용하기와 '청계천 복원'의 전국화 계획을 추진한다고 돼 있었다.

비판적 여론도 만만치 않았다. 대대적인 토목공사를 펼친다고 하는데, 그것은 '녹색 뉴딜사업'일 수 없다. 환경 대재앙일 뿐이다. 이명박 정부의 '녹색 뉴딜사업' 구상은 내용적으로 한반도 대운하 사업이 핵심이었다. 4대강 살리기로 포장된 한반도 대운하 사업은 해외자본유치도 현실적으로 불가능한 국내 재벌건설사들에게만 혜택이 돌아가는 재벌건설사들의 공공근로 사업일 뿐이었다. 고용창출도 기대할 수 없었다. 글로벌 금융·경제 위기를 헤쳐 가는 데 전혀 도움이 되지 않았다. 실업의 공포 해소에 전혀 도움이 되지 않았다.

오히려 4대강 살리기로 포장된 한반도 대운하 사업이 대한민국의 자연생태계를 파괴해 후손들에게 엄청난 재앙을 안겨줄 수 있다고 주장하는 사람들이 적지 않았다. 50조 원의 돈을 어떻게 마련할지가 또한 문제였다. 경기부양을 위한 감세와 지출 확대로 올해 재정수지 적자가 25조 원에 이르는 상황에서, 이 투자재원을 어디서 어떻게 마련하겠다는 것인가가 불투명했다. 정부 예상대로 경기가 회복된다면, 그때부터는 오히려 재정지출을 줄여나가야 했다.

미국 등 다른 나라에서는 전략산업, 신성장동력 사업에 집중적으로 투자하고 있다. 물론 자동차는 예외이다. 우리도 문화산업, 지식산업, 관광사업, 체육산업, 환경산업, 리더십 산업 등 보다 선진화된 영역에 투자해야 하지 않을까.

개방은 금융 엘리트에게만 이익이다

당신은 대한민국 1%에 드는 상류층인가?

확률적으로는 아닐 것이다. 그러다 보니 마음 놓고 먼저 상류층의 생활에 대해 허심탄회 하게 말해보겠다. 마음 상해하지 마라.

이들은 경기 불황을 타지 않는다. 고가 상품들이 판매되는 명품 매장은 이들 때문에 불황이 없다. 오늘도 명품 코너에서는 3000만 원짜리 코트가 팔린다. 웬만한 부유층도 경기 침체에 몸을 움츠리고 있으나, 대한민국 1% 최고 상류층은 오늘도 끄떡없다. 20대 80의 사회는 어느덧 1대 99의 사회로 이동했다.

명품매장은 미국 발 경제위기나 한국경제 불황으로부터 전혀 타격을 받지 않는다. 오히려 경제위기 상황 속에서 판매량이 늘어나는 역설을 보이고 있다. 높은 가격에도 불구하고, 가격을 따지는 사람은 거의 없다. 중산층이나 고소득층도 경제위기에 움찔하며 상황을 관망하고 있지만, 정작 대한민국 1% 상류층들은 명품매장에서 전혀 불황을 타지 않는 분위기를 잘 전해 주고 있다. 초호화판 값비싼 옷을 사러 오는 사람들이 몇 푼 깎아달라는 것은 코미디라고 평가한다.[53]

이들은 이미 세금혜택도 적지 않게 받았다. 재정지출에 비해 그 효과가 훨씬 미약한 감세정책은 경기진작 효과도 기대하기 어렵게 만든다. 감세정책은 이미 시행됐다. 1세대 1주택자가 지방소재 1주택이나 등록문화재 주택을 취득해 2주택자가 된 경우도, 종합부동산세법령상의 1세대 1주택자로 계속 인정해 준다는 정책도 발표됐다.

지방 미분양 주택의 분양을 지원하고 문화재 보전 및 관리도 이들을 돕기 위한 조치다. 예컨대, 서울에 1주택이 있는데 지방에 새로 주택을 구입해 2주택자가 되더라도 종부세 과세기준은 6억 원이 아닌 9억 원이 적용되며, 장기보유 공제와 고령자 공제도 받을 수 있는 셈이다. 지방소재 1주택의 범위에는 미분양 주택 외에도 고향주택, 농어촌주택, 상속주택도 포함될 수 있다. 이런 혜택은 지방에 한 채만 매입한 경우만 해당된다.

2

한국의 금리는 많이 낮아졌다. 그래서 돈이 예금될 리는 없어 보인다. 지금 시중에 풀려있는 단기유동성은 800조 원에 해당하는 것으로 알려졌다. 이 돈은 주식시장과 부동한 시장을 달구고 있다. 또한 물가상승을 부채질할 가능성을 안고 있다. 유동성에 대한 정부 내 기본시각은 경기회복 징후가 보여야 본격적인 대책마련에 착수할 수 있다는 것이다. 이에 따라 본격적인 경기회복 시점까지 부동산, 주식시장 등에 대한 모니터링과 대출규제, 은행창구 심사강화 등 미시적인 수단 정도가 거론될 것으로 보인다. 부동산규제에 대한 재검토 역시 수익률을 노린 부동자금의 유입방지를 위해 조심스럽게 거론된다.

단기 유동성 자금이 800조 원을 돌파하며 사상 최고치를 경신했다. 경기 부양을 위한 정부의 확장적 통화정책으로 단기 유동성 자금이 2009년에만 63조 원 증가하면서, 자산시장 '거품'에 대한 우려가 제기됐다. 전문가들은 경기 회복이 가시화되지 않은 시점에서 통화 정책의 방향을 선회할 시기는 아니라고 주장했다. 다만 자산 시장의 규제완화에 대한 속도조절을 통해 투기성 자금을 막아야 한다고 조언했다. 경제 주체들의 투기 성향을 제약하기 위해서 상황에 따라 정부의 정책 기조가 바뀔 수 있다는 신호는 줘야 한다고 전문가들은 충고했다.

자본시장 개방으로 인한 외국인의 높은 주식투자 비중, 단기자본에 편중된 금융기관의 채무구조 등이 금융 불안의 주된 요인이라고 지적했다. 글로벌 금융위기로 국내 금융기관의 외채 만기연장이 곧바로 타격을 받았고, 외국인 주식매도세가 '주가하락 → 환율상승'의 악순환으로 이어졌다는 것이다. 세계경제 체제에서 안정성을 확보하려면, 앞으로 국제공조를 강화하는데 주력해야 한다. 그리고 장기적으로는 아시아통화기금(AMF) 창설 등으로 공고한 협력 체제를 구축할 필요가 있다고 주장했다.

금융 자본가들에게는 주식가격의 상승도 즐겁다. 외국인 파트너들이 있어서 함께 투자하기 때문에 오른다는 것을 그들은 잘 알고 있다. 금융위기 이후 주식을 대량으로 매도(賣渡)하고 본국으로 돌아갔던 외국인 투자자들이 돌아오고 있었다.

왜 돌아왔는가?

그것은 한국의 주식시장을 꾸준히 관리하면, 이익이 많이 생길 수 있다는 판단 때문이다. 세계적인 정책 공조가 효과를 발휘하기 시작한 측면도 있다. 아울러 외국인 헤지펀드의 현금 확보 마무리, 통화스와프 체결에 따른 원/달러 환율 안정 기대감이 투자심리를 회복시켰다. 이들 투자자들은 대규모 매수 우위를 보이고 있었다. 철강금속, 전기전자(IT), 금융업종 순으로 주식을 많이 사고 있었다. 외국인 순매도 강도도 눈에 띄게 완화되고 있었다. 이 같은 귀환에 대해, 금융시장의 애널리스트들은 악재에 대한 내성이 커지는 동시에, 글로벌 정책공조 효과가 누적적으로 나타나고 있기 때문이라고 설명했다.

① 무너지는 중산층

서울대학교 이재열 교수가 한국사회학회 중산층 포럼을 통해서 펴낸 [기로에 선 중산층]에 쓴 글에 따르면, 중산층이라는 용어는 학자들마다 다르게 해석하고 있다. 김호기 교수는 중산층의 쇠퇴가 우리 사회를 '두 국민사회', 모래시계형 사회, 혹은 20대 80의 사회로 전환시킬 위험성을 낳고 있다고 진단한다. 대안은 중산층이 두터운 다이아몬드형 사회로 만들어야 한다는 것이다. 신광영 교수는 중산층 개념에 소극적인 이유가 그것이 학술적인 용어가 아니라 저널리즘적인 용어이기 때문이라고 설명한다. 반면 홍두승과 김병조 두 교수는 중산층이 계급이나 소득계층보다는 지위집단에 가깝다고 본다.[54]

중산층 붕괴는 고속성장의 시대를 졸업한 한국 사회의 미래와 연결돼 있다. 성공의 요인이었던 한국경제의 제도적 특성들이 글로벌 환경과 충돌하면서 빚어진 재난이 외환 위기였다. 그로부터 벗어나기 위해 노력한 일련의 과정에서, 기업과 금융부문의 구조조정을 통한 국가적인 위기탈출은 신속했다. 하지만 사회적으로는 많은 상처를 남겼는데, 그중 가장 큰 상흔은 중산층의 몰락으로 나타났다. 사회학자들이 추정하는 중산층의 규모에는 큰 변화가 없었다는 점에서 몰락이라는 표현은 과장일지 모른다. 스스로를 중산층이라고 믿는 귀속감을 가진 집단이 현격하게 줄어든 것은 사실이다.[55]

예전에는 백화점에서 지갑을 곧잘 열었으나, 이제는 좀체 지갑을 열려고 하지 않는 소비자 집단들과도 일치해 보인다. 경기 침체로 펀드에 투자했다가 '반 토막'나고, 부동산 담보 대출 금리가 오르면서 소비할 엄두가 나지 않기 때문이다. 1997년 IMF 때보다 더 힘들다는 얘기도 나온다. 소비재의 소비에도 양극화 바람이 부는 것으로 평가된다. 비싸고 좋은 옷을 찾는 부류와 값싸고 실용적인 옷을 찾는 부류로 나뉘고 있다. 소비패턴의 변화는 다소 고정적으로 진행될 것 같다.[56]

청계천 상인들의 대이동은 2003년 7월 청계천 복원사업을 앞두고 시작됐다. 2002년 11월 3일부터 이듬해 1월 16일까지 894명의 상인들이 동대문운동장으로 이주했다. 2007년 12월 동대문 디자인공원 조성 사업이 추진되면서, 2008년 4월 11일까지 신설동으로 다시 옮겼다.

동대문운동장으로 옮길 땐, 세계적인 재래시장으로 만들어주겠다고 했다. 신설동으로 옮길 땐, 연간 1200만 명이 찾는 관광명소로 조성해주겠다고 했다는 것이다. 상인들은 동대문운동장도 거짓말로 드러났고, 교통이 불편한 후미진 이곳을 어떻게 관광명소로 만들겠다는 건지 알 수 없다고 이야기한다. 홍보를 잘해준다더니 시청률 낮은 지역 케이블방송에 광고 내보는 게 전부였다. 월 자릿세도 3개월간은 정착 기간이라 면제해준다더니, 2008년 4월 입점한 다음달부터 6개월 치 금액을 다 받아갔다며 분통을 터뜨렸다.

2009년 중소기업의 4년 대졸 신입직 초임 연봉는 평균 1977만 원으로 대기업 신입직 초임 평균 3102만 원 보다 1125만 원이 낮은 것으로 나타났다.

채용정보업체 잡코리아(jobkorea.co.kr)가 최근(2009년) 4년대 졸 신입직 초임 연봉수준을 공개한 536개 중소기업의 초임 평균을 집계한 결과, 평균 1977만 원으로 드러났다. 대기업과 중소기업 대졸 신입직원의 연봉이 1000만 원 이상 차이가 나는 것으로 조사된 것이다. 이는 2008년에 비해 기업규모별 신입직 초임평균의 차이가 다소 확대된 수준이다. 2008년 대기업(3093만 원)과 중소기업(1992만 원)의 신입직 초임 평균이 1101만 원 차이를 보였다.

중소기업 대졸 신입직원 연봉은 업종별로는 '금융업종'의 신입직 초임 수준이 평균 2267만 원으로 가장 높았고, 이어 '전기전자'(2120만 원) '기계철강'(2084만 원) 순으로 높았다. 이외에도 '자동차항공'(2020만 원) '건설'(1981만 원) 업계는 전체평균(1977만 원)보다 평균초임 수준이 높았다. 초임이 가장 낮은 업종은 '식음료업종'으로 평균 1843만 원으로 집계됐다. 이외에는 '유통서비스'(1892만 원) '중장비제조'(1950만 원) 업종의 초임 평균이 상대적으로 낮았다.

중산·서민층 생활 안정을 위해 내놓은 세제 혜택의 핵심은 근로 장려금(EITC) 지급과 비과세 적용 확대다. 일하는 빈곤층에게는 근로 장려금을 지급해 근로 의욕을 부추기고 건설, 농어민, 장애인 등 어려움에 처한 근로자들에게는 비과세를 확대해 숨통을 틔워주자는 것이다. 근로 장려금은 최대 연 80만 원에서 120만 원으로 상향 조정됨에 따라, 수급 대상자들이 받을 수 있는 금액도 덩달아 커졌다. 부부합산 총소득이 연간 800만 원 이하인 극빈층은 총 소득 금액 10만 원 증가 때마다 근로 장려금이 1만 5천 원씩 늘어난다.

예를 들어 연간 총소득이 80만 원 초과~90만 원 이하인 대상자의 근로 장려금은 13만5천 원이지만 소득액이 늘어, 90만 원 초과~100만 원 이하로 올라서면 근로 장려금이 15만 원이 된다. 극빈층의 경우, 열심히 일할수록 정부 지원액을 더 타낼 수 있는 셈이다. 총소득이 800만 원 초과~1천200만 원 이하는 120만 원이 일괄 지급되지만, 1천 200만 원을 초과할 경우 근로 장려금은 오히려 줄어든다. 어느 정도 소득이 있는 계층의 경우 소득 증가에 반비례해 근로 장려금을 지급한다는 말이다.

 실업의 확대

구직 단념자나 취업준비자, 그냥 쉬고 있다는 사람을 합치면 백수가 300만 명 정도인 세상이 됐다. 일을 하고 있지만 36시간 미만 일하는 불완전 취업자까지 포함하면, 350만 명 가까이가 일자리를 구하지 못해 고통 받고 있다. 2008년 전보다 45만 명 넘게 늘어난 수치이다.

실업급여를 신청하는 사람이 급증하고 있다. 하지만 막상 혜택을 보는 사람은 많지 않다. 고용보험에 가입해 실업급여를 받을 수 있는 사람은 정규직이더라도 66%, 비정규직은 40%에 불과하기 때문이다. 학생이나 영세 자영업자들, 비정규직 근로자, 단시간 근로자들은 사회안전망에서 누락돼 있다. 기초생활수급 제도를 확대해, 보다 많은 사람이 혜택을 받게 해야 한다는 지적이 나오고 있다.

정부와 기업이 정규직이 아닌 인턴(실습사원)을 점차 늘려 가는 추세를 보였다. 그러면서 우리나라에서도 20대 초반에서 30대 중반의 '인턴세대(Generation Praktikum)'가 본격적으로 형성되고 있다. 비공식적으로 10만 명을 웃도는 것으로 집계되고 있다. 통계청에서 발표한 2008년 취업준비자가 50만 명 수준이었던 것을 감안할 때, 구직자 5명 중 1명이 인턴으로 잠시 일하는 셈이다. 열심히 일해도 임시직이나 비정규직에 그칠 뿐, 정규직으로 전환하기가 쉽지 않은 게 현실이다. 급증하는 인턴세대를 질 높은 새로운 취업계층으로 적극 활용하려는 정부 차원의 대책이 있어야 한다는 지적이다.

인턴세대들은 자신을 '교육만 받는 세대', '메뚜기 인생' 등으로 규정하고 있다. 어릴 때부터 학원 등에서 사교육을 받고 대학에서도 영어·학점·경력 등 취업에 필요한 '스펙'을 쌓기 위해 온갖 교육을 받았다. 하지만 대학원에 진학하거나 인턴이라는 또 다른 교육을 받아야 한다는 것이다. 국내에 인턴이 본격적으로 등장한 것은 청년실업이 늘어난 1998년 국제통화기금(IMF) 구제금융 이후부터다.

정부부처, 지자체, 공공기관 등은 2만 5000명의 행정인턴을 채용했다. 정부가 임금의 절반을 지원하는 2만 5000명 규모의 중소기업인턴제도도 시행됐다. 시가총액 순으로 10대기업을 놓고 볼 때, 2008년 삼성전자 등 5개 기업이 1986명의 인턴을 채용했다. 인턴제도가 없던 국민은행 등 3개 기업이 올해 2100명을 모집하기로 하는 등, 기업체도 인턴을 적극 활용하는 추세다.

 은행의 가계대출

미국에서 시작된 금융위기가 국내 은행권 자금 사정을 어렵게 하더니, 실물경기를 강타했다. 실물경기 악화가 빠르게 진행되면, 국내에서 제2 금융위기를 맞을 수 있다는 경고가 잇따라 나왔다. 지금까지 위기가 금융회사 부실에서 기인한 실물위기였다면, 실물위기로 인한 금융회사 부실이 나타날 수도 있다는 얘기다.

금융감독원에 따르면 2008년 9월 0.58%였던 가계대출 연체율은 11월 0.66%로 늘었다. 1.86%에 달하는 중소기업 대출 연체에 비하면, 아직까지 염려할 만한 수준은 아니다. 하지만 소득 감소와 자산 가격 하락에 따른 가계대출 부실 염려는 점점 커지고 있다. 가계부채 규모도 이미 2008년 9월 말 기준 676조321억 원을 기록해 처음으로 한 가구당 4000만 원을 넘어섰다. 주택담보대출 급증으로 눈덩이처럼 불어난 가계부채가 부실화하면, 또 한 차례 금융회사 구조조정이 나타날 수도 있다.

가계 부실에서 가장 염려되는 시나리오는 돈이 없어서 빚을 제때 못 갚는 상황이다.

소득 감소세는 이미 가파르다. 2008년 3분기 -2.9%에 이어 4분기에는 실질임금 상승률이 더 떨어질 것으로 보여, 연간 기준으로도 10년 만에 감소세로 돌아설 것으로 보인다. 임금 감소로 지갑을 닫게 되면서 임금근로자의 실질 구매력까지 떨어지자, 일부에서는 우리 경제가 '임금 하락 → 소비 감소 → 기업 채산성 악화 → 경기침체 가속화 → 대량 실업'이라는 악순환 고리에 접어들었다는 얘기까지 나왔다.

가계 부실을 부추기는 또 다른 뇌관인 '자산 가격 하락'은 이미 2008년부터 심화됐다. 예측 기관들은 2009년 부동산 가격이 5~8%가량 더 하락할 것이라고 내다봤다. 주가도 마찬가지로 봤다. 실적 발표, 거시경제 지표와 해외 악재가 하나둘씩 터질 때마다 주가 하락 폭은 커졌다. 가계의 건전성이 이미 위험수위에 와 있다. 이 같은 현상은 중산층을 위기로 몰았다.

사태가 악화되자 정부도 두 팔을 걷고 나섰다. 한국은행은 가계의 금융 부담을 줄여 대출이 부실화하는 것을 막기 위해, 정책금리를 2.5%까지 떨어뜨려 놓았다. 금리 인하 목적 중 하나는 중소기업과 가계의 금융비용 부담을 완화해주기 위한 것이라며, 이를 통해 부실자산 증가를 선제적으로 방어할 수 있을 것이라고 밝혔다. 금융위원회도 은행들의 가계 프리워크아웃(사전 채무재조정)을 독려하는 등 가계 부실 방지에 속도를 냈다. 일시적인 자금 사정으로 연체가 발생할 경우, 여러 가지 방법을 동원해서 대출이 완전 부실화하는 것을 막아주겠다는 것이다.

노사관계의 경우 한국은 가장 취약한 영역으로 평가된다. 노사 간 협력관계가 정착되지 못한 결과라고 할 수 있다. OECD 대부분의 국가들에서 오랜 전통의 사회협약과 신뢰를 통해 협력적인 노사관계가 형성된 상태이다. 노사관계 부문에서 개혁할 것에는 노동시장제도 선진화이며, 이에 주력해야 한다. 외부 중재나 소송에 의존하기보다는 당사자주의 원칙에 따른 해결이 첫 번째의 규범 이 될 수 있도록 제도화해야 하는 것이다.

한국경제는 심각한 기형구조를 갖고 있다. 한마디로 기형아다. 기형이 발생한 이유는 크게 두 가지이다. 빈부격차가 공존의 틀을 위태롭게 만들어서 그렇고, 산업화와 금융화 작업이 서로 연관관계를 맺어야 하는데, 현재로서는 따로 움직여서 그렇다. 마치 임산부가 담배도 피고 과음하고, 심지어 마약까지 한 결과이니라.

우리 경제에서 '위기의 시대'는 바로 이런 두 가지 성격의 기형구조 때문이다. 이런 기형구조를 없애기 위해 '정치'가 있는데, 정치가 제대로 된 역할을 수행하기를 기대해 본다.

정치권은 과연 무엇을 하고 있는가?

정치권은 어려움을 피한다고만 해서 지지자가 몰려들지는 않는다. 희망을 위해서 노력할 때, 분명하게 발언하고 메시지를 던질 때, 그때 지지자들이 모이기 마련이다. 이 점을 한국의 정치권은 분명히 기억해 주기 바란다.

 양극화 추세

양극화 추세를 자세히 살펴보자. 일단 돈이 많은 소수의 금융자본가들과 일부 산업자본가들은 경제불황 속에서도 전혀 위축되지 않고 잘 살고 있다. 이것은 세계화의 추세 속에서도 잘 사는 사람들은 '여전히 잘 산다는 것'을 의미한다.

이들 가운데서도 특히 대한민국 1% 상류층들은 경제불황을 타지 않는다. 이들은 많은 것을 갖고 있는데, 그 가운데서도 특히 주식을 많이 가졌다거나, 부동산을 많이 사둔 사람, 또는 위축되는 산업이 아니라, 오늘도 역시 잘 나가는 산업에 종사하는 사람들을 말한다.

앞에서 말한 것처럼, 이들은 이미 세금혜택도 적지 않게 받았다.

중산층은 붕괴되고 있고, 서민층은 살기가 너무 어렵다. 유년기 때의 풋풋한 추억은 머릿속에 더 이상 떠오르지도 않는다. 중산층은 자영업, 혹은 좋은 직장이 핵심이었는데, 자영업은 위태롭고 직장은 점점 더 축소되고 있다. 더더욱 자꾸 늘어만 가는 비정규직 노동자의 임금은 충분하지가 않다. 게다가 수백만 명의 청년실업자가 한데 어우러져 있다. 우리사회의 지니계수*는 이미 0.32를 넘고 있다. 정확하게 지니계수로 통계가 잡혀 나온다는 사실을 기억할 필요가 있다.

★ 지니계수: 소득 분배의 불균형 수치. 0과 1 사이의 값을 가지며, 0.4가 넘으면 불평등 정도가 심함.

빈부격차는 견딜 수 없을 정도로 괴로운 건가?

그렇다. 마음에도 큰 상처가 남는다. 우리는 개방 이후 가장 힘든 시점을 통과하고 있다. IMF 때는 그래도 언제 IMF를 졸업한다는 희망이라도 있었는데, 지금은 그런 예측도 불분명하다. 다만 한국이 가장 먼저 회복될 것이라는 추측만 무성하다.

 산업화와 금융화의 '이중구조'

금융화, 산업화가 따로 놀고 있는 게 지금의 현실이다. 금융화와 산업화가 함께 가야 한다. 두 영역이 서로 겹쳐야 한다는 것은 물론 아니다. 하나는 산업의 영역에서, 또 하나의 영역은 금융과 주식시장의 영역에서 자신의 고유성을 지켜야 한다. 이처럼 서로 독립성을 유지하면서도 함께 가는 그런 시대가 정상적인 시대이다.

우리의 주식시장에서는 금융투자와 산업화에 열심인 기업들이 서로 만나고 있다. 그런데 여기에 오른 기업들은 상장이라도 된 기업들이다. 상장이 되지 않은 얼마나 많은 자영업들이 있는가?

이들은 조업이 축소되고 있는 아픔을 겪고 있다. 수출을 잘 하던 기업까지도 도산되고 있다. 이제는 제품의 기술경쟁의 시대에 돌입했기 때문에, 가격경쟁력을 가지고는 도저히 살아남을 수 없는 시대로 이미 이동했다.

세계에는 너무나 많은 나라들이 공존하고 있다. 산업화의 영역에서만은 모든 영역에서 앞서 있다고 자부하는 나라들이 세계 전체의 공급을 책임지고 있다. 품질도 좋고, 가격도 저렴하다면 당연히 그 제품을 구입한다.

선진국들은 자기 나름의 생존전략을 세우고 있다. 어떤 나라에서는 문화재 정책으로, 어떤 나라들은 첨단제품의 제작으로, 어떤 나라들은 자국의 예술전략으로. 그런데 가장 앞서 있는 제국이 바로 금융의 능력과 군사력, 지식생산력을 갖고 있는 미국이었다.

금융 강국인 미국이 우리의 금융시장에 진입하면서, 우리의 금융시장은 국내적 연관성만 갖고 있는 것이 아닌, 세계적 연관성을 갖게 됐다. 세계적 연관성에는 이미 형성돼 있던 금융그룹인 로스차일드 가문의 영향력이 가장 세다. 로스차일드 가문은 금융의 이익을 위해서는 전쟁에 투자하는 것도 불사하는 그룹을 말한다.

③ 사회안전망인 '일자리 찾기'

우리는 열악한 환경 속에서 살아가고 있다. 이때 가장 중요한 것은 어떤 경우에라도 조그만 희망을 만들고, 그런 조그만 희망의 끝에는 더 큰 희망을 볼 수 있도록 만들어야 한다. 우리사회의 최대 희망은 아마 취업이 아닐까 생각한다.

경쟁의 힘에 대해서는 잘 안다. 경쟁 속에서도 사회안전망을 의지하면서, 살아갈 수 있어야 한다.

사회안전망은 얼마나 큰 희망인가?

사회안전망 가운데서도 취업을 중요하게 생각해야 한다. 사회적 일자리를 대거 늘려야 한다. 사회적 일자리를 더욱 더 찾아봐야 한다. 취업 자리를 늘리기 위해서는 일단 월급은 다소 적더라도 사회적 일자리를 대거 늘려야 한다. 사회적 일자리를 더욱 더 찾아봐야 한다. 그렇게 될 때라야만 일자리와 사회복지가 조화를 이뤄 희망의 영역을 구성하게 될 것이다.

위대한 오즈의 마법사를 찾아가 내 소원을 말해 볼까? 오즈가 살고 있는 에메랄드 시로 가는 여행을 시작해야겠군.

1

욕망과 탐욕. 비슷한 말인 것 같기도 하고 아닌 것 같기도 하고.

인간의 욕망(Desire)은 끝이 없다고 한다. 우리는 이 문제를 논의하면서, 욕망과 탐욕(Greed)을 정확히 구분해 보자. 그 기준은 공존이 가능한가, 불가능한가에 달려 있다. 인간은 욕망의 범위 안에서 살아야 한다. 만약 욕망이 지나쳐 탐욕이 된다면, 그때부터는 범죄와 처벌, 또는 죄와 벌의 문제에 직면하게 된다. 이것은 사람 사는 사회에서도 그렇겠지만, 자연 속에서는 그 원칙이 더욱 분명해 보인다.

검찰이나 탐정가가 사용하는 '욕망의 추적을 통한 수사 기법'을 생각해 보자.

한 사람의 욕망을 추적해보면, 그 사람의 거의 모든 것을 알 수 있다. 휴대전화 통화내역과 신용카드를 살펴보고, 다음은 이동로를 분석하고, 다음 칫솔에 묻어있는 유전자를 살펴봐라. 그 사람의 대부분을 파악할 수 있을 것이다. 욕망의 존재인 '이기적 유전자'가 과연 어떤 과정을 거쳐서 자기 복제를 원하는지 살펴보면 된다. 암호해독 하듯이 말이다.

그 가운데서도 돈은 보다 구체적이다. 돈이 어디에서 어디로 이동하고, 돈을 어디에서 얼마를 인출해서 어디에다 썼는지, 또는 욕망이 지나쳐 탐욕의 단계까지 진입한 것은 아닌지 분석할 수 있다.

욕망의 단계와는 달리 탐욕의 단계는 범죄의 단계를 말한다. 탐욕의 단계란 남에게 피해를 줘도 괜찮다는 사고방식의 단계를 말하기 때문이다(이 글은 사모펀드인 론스타가 외환은행을 지배하고 나서, 이미 2조원에 가까운 이득을 남긴 것을 보면서 원고를 쓰기 시작했다).

이 글을 읽는 독자들은 모두 자신의 일상생활을 즐기고 있을 것이다. 아니라고? 누구보다도 힘겹게 생활을 영위하고 있다고?

"자신의 일상생활이 투기자본으로부터 받는 영향력이 과연 어느 정도나 될까?"로부터 시작해야 한다. 사람이 살아가는 기본은 무엇보다도 돈을 (많이) 벌어서, 그것으로 의식주와 우수한 교육을 받는 삶일 것이다. 인간은 자신의 유지와 함께, 자신의 확대를 지향하도록 설계돼 있는 존재이다.

인간은 미시적인 인생부터 잘 관리해야 한다. 또한 세상과 화해를 거듭해야 한다. 이제는 누구도 누구에게 설득력 있는 이야기를 할 수 없는 시대가 됐다. 거시적인 측면에서 교훈을 주던 수많은 명사들이 있기는 했지만, 이제는 사라졌다. 누구도 누구를 믿을 수 없는 '신용위기의 시대'가 도래한 것이다.

현대사회는 모든 것을 자신이 결정하고 처리한다. 요즘은 자신이 닮고 싶은 사람들을 조사해서 발표한다. 얼마 전 이화여대에서 조사한 바에 따르면, 국내 인물로 닮고 싶은 사람 1위는 MBC의 김주하 아나운서였고, 또한 해외 인사들 가운데는 힐러리 클린턴 미 국무장관이 뽑혔다. 인생의 모든 책임을 자기 자신이 져야 하는 시대를 살고 있다. 그래서 그런 것인가, 요즘 인생 참고서들이 세기도 어려울 정도로 많이 출판 되지 않았는가.

2

요즘의 위험한 사회를 제대로 진단하기 위해서는, 위험사회론[57] 을 다시 읽어 볼 필요가 있다. 세상은 너무나 불안하다. 보라! 이 세상은 이제 육지도 바다처럼 출렁거린다. 아니 들끓고 있다. 주식 가격이 그것을 전적으로 대변한다. 주식 가격이 오르고 내림에 따라서 기쁨과 우울함이 교차한다. 때로는 기쁜 가운데 기쁨이 더욱 넘치기도 했다. 이제는 지나 간 호황이었을 때의 이야기이다.

그러나 앞으로 3년 후에나 찾아 올 호경기를 기다리는 막막한 심정이 됐다. 깊은 우울 가운데서도 약간의 슬픔과 약간의 기쁨이 교차되는 모습도 볼 수 있다. 불황인 까닭이다. 더욱 이 불황은 금융위기가 만들어낸 불황이다. 금융위기는 금융 쓰나미를 만들어 수많은 사람들의 생계를 휩쓸고 지나갔다. 게다가 [화폐전쟁]을 쓴 쑹훙빙은 아직도 금융의 화산폭발을 예고하고 있다.[58]

산업화가 한창 진행 중이었을 때, 그때는 일손이 너무나 모자랐다. 그러나 이제는 노동이 점차 필요가 없어지는 시대로 이동하고 있다. 그런 과정에서 비정규직 노동이 도입됐다. 이제 한국에는 50%가 넘는 노동자들이 비정규직으로 일하고 있다. IMF 당시에 구조조정 중이던 산업현장도 또한 불황기를 맞이해서 다시 구조조정 중이다. 이렇게 노동자들의 일자리와 함께 노동자들의 생존권도 함께 잘려 나가고 있는 것이 오늘의 현실이다. 문명을 깊이 연구하고 이해하지 않고는, 제대로 된 일자리를 창출할 수가 없다. 그동안의 낡은 시스템은 일자리를 빼앗는 데는 유능했지만, 일자리를 만들어주는 데는 너무나 무능했다.

요즘 가장 번성하는 산업이 바로 도박 산업이다. 도박 산업은 거대한 자금의 규모에 비해서 너무나도 적은 인원만을 필요로 한다. 또한 금산분리법을 완화하기로 하면서, 이제 산업자본도 금융자본을 지향하고 있다. 그 이전에도 산업자본과 금융자본은 주주자본주의[59]로 서로 연계돼 있었다. 이처럼 산업계는 노동을 줄이는 방향으로 움직이고 있다. 아직도 휴대폰, 자동차, 조선 등과 같이 적지 않은 인원을 채용하는 기업들이 있기는 하다. 그러나 이런 대기업의 경우에도 이제 노동력이 모자라는 경우는 예상하지 않는다.

더욱이 일반 기업에서는 외국인 노동자를 쓰거나, 더욱 더 인력을 감축하는 구조조정이 진행 중이다. 기업의 구조조정 문화는 평생직장에 충성하고, 대신 직장도 인력을 챙겨 주던 습관을 잠재우고 있다. 또한 전국에 실업자들이 넘쳐난다. 또한 비정규직 고용자가 엄청나게 늘어나고 있다. 이런 사회현상의 중요한 이유는 모든 산업이 최고 단계에서는 도박 산업화하기 때문이다. 도박 산업은 '고용 없는 성장'이란 말이 나오는 근본적인 이유이다.

이런 상황에서 청년 실업자의 숫자도 늘고 있다. 지금쯤은 아마도 100만명을 돌파했을 것이다. 우석훈 박사가 잘 지적했다시피, 지금의 20대는 상위 5% 정도만이 한전과 삼성전자 그리고 5급 사무관과 같은 '단단한 직장'을 가질 수 있을 뿐이다. 나머지 95%는 중소기업에 직장을 얻고 있거나, 또는 비정규직 노동자로 생활한다.

비정규직은 이제 전체인구 가운데 8백만을 넘어섰다. 비정규직 평균 임금 119만원에 20대 급여의 평균비율 74%를 곱하면 88만 원정도가 된다. 세전 소득이다. 88만원에서 119만원 사이를 평생 받게 될 것이다. 이 '88만원 세대'는 우리나라 여러 세대 중 처음으로 승자독식 게임을 받아들인 세대들이다. '탈출구는 없다'고 우 박사는 지적한다. 이 20대가 조승희처럼 권총을 들 것인지, 아니면 그 직전 세대인 386이 그랬던 것처럼 바리케이드와 짱돌을 들 것인지, 역사의 갈림길에 서 있다.[60]

유신세대와 386세대는 자유, 저항, 낭만의 젊은 시절을 보낸 뒤에도 괜찮은 일자리를 차지할 수 있었다. 워낙 압축 성장으로 일자리가 급격히 늘어났기 때문이다. 그리고 아직 계층의 고착화가 이뤄지지 않았다. 가난한 집안 출신도 교육(자본 형성)을 통해 사회상층 진입이 가능했다. 이 두 가지가 오늘의 20대에겐 적용되지 않는다. 괜찮은 일자리는 급격이 줄어들어 경쟁은 더욱 치열해졌는데 세대내 경쟁으로 끝나지 않고, 앞 세대와도 경쟁해야 한다. 유리한 지점을 선점한 선배 세대와의 경쟁이 공정경쟁이 될 수 없는 것은 불문가지다. 20대는 더욱 '죄수의 딜레마'에서 벗어나기 어렵고, 12년을 아둥바둥 보낸 뒤 대학에서 다시 토익공부, 고시공부, 학점 관리 등으로 각개 약진을 시도하지만, 이미 줄어든 괜찮은 일자리가 늘어나지 않는다. 대다수를 기다리는 것은 '88만 원'이다.

잘 알다시피, 이젠 개천에서 용이 나지 않는다. 슬프다.

가난한 집안 출신 젊은이를 기다리는 것은 오로지 알바와 비정규직 노동이다. 80% 이상이 대학에 갈 만큼 대학이 필수가 된 오늘, 빚지지 않고 생업전선에 뛰어 든다면 그나마 다행이다. 사랑을 나눌 곳을 찾아 헤매는 '제8요일'의 주인공에 견줄 수는 없지만, 뛰는 부동산, 사교육과 대학등록금, 빠르게 확산되는 비정규직, 20대와 10대는 유신세대나 386세대와는 전혀 다른 조건에 내팽개쳐져 있다. 88만원 세대의 저자는 이렇게 우리나라의 모습을 그린다.

"40대와 50대의 남자가 주축이 된 한국경제의 주도세력이 10대를 인질로 잡고, 20대를 착취하는 형국이다. 경제적 활동의 맨 밑바닥에서 생산과 유통의 궂은일을 도맡아 하는 20대. 그가 그에 적합한 대우를 지금 받고 있지 못한 것은 차치하고라도, 뒤늦은 세대 독립과 경험의 부족, 강요된 승자독식 게임으로 인한 획일성으로 앞으로의 미래도 암울하기 짝이 없다."[61]

20대를 88만원 덩어리 속에 집어넣는 사회가 건강한 사회일 수 없다. 저자는 다른 나라의 경우를 짚고, 폭넓은 지식을 바탕으로 '공룡의 비극'에서 벗어

나자고 제안한다. '다양성'과 '안정성'을 합친 '다안성' 1세대의 출현을 절규하듯 부른다.

3

이명박 정부는 청년실업의 심각성을 깨닫고 인턴 제도를 대규모로 확충하는 계획을 세워 놓았다. 그런데 인턴제도에 응모하는 사람들 가운데는 88만원 세대보다 오히려 젊은 세대들이다. 이들은 일단 사기업, 정부, 공기업 등에 10개월간이라도 일하겠다는 의사를 피력한다. 그런데 문제는 정작 그 이후부터이다. 이들 대부분은 지금 인턴으로 배치되면서, 대부분이 현장에서 취업공부를 시작하고 있다. 88만원 세대와 인턴 세대는 이렇게 다르게 반응하고 있다. 즉, 88만원 세대가 다분히 반항적이라면, 인턴세대는 '현실 적응적'이라고 표현해야 할지 모르겠다.

취직이 안 돼서, 또는 비정규직 생활자들이 많아지고 인턴사원이 많아지면서 결혼 문제는 심각하게 흔들린다. 내가 잘 알거니와, 이들은 어느 세대보다도 실력이 충분한 세대이다. 영어실력만 해도 그 핵심인 리스닝 실력이 뛰어난 세대이다. 그런데도 일자리가 나지 않아서 취직을 하지 못하고 흔들리고 있는 세대로 변하고 있다.

이들은 '사회'와 '여론'으로부터 이중적인 취급을 받는다. [62] 이들의 반응은 늘 주목이 된다. 이런 실업의 문제는 비단 세대의 문제만은 아니다. 도박 산업이 바벨탑을 쌓아가는 과정에서 우리나라 국민 전체가 소외되고 있다. 바벨탑의 건설에 누가 과연 제동을 걸 수 있을 것인가.

앞에서도 말한 것처럼, 지금 세상의 원리는 시장경제 원리가 아니라, 승자독식의 원리이다. 현대의 핵심적 경제 영역에서는 가격에 의한 시장경제가 작동하지 않는다. 대신에 승자독식의 원리(밀림경제라고 표현하는 사람들이 있다. 그러나 내가 볼 때는 밀림경제와는 다소 다르다고 생각한다)가 작동한다. 승자독식의 원리라는 것은 도박경제, 카지노 경제에 통용되는 원리이다.

세계경제의 판돈은 주식은 물론이고, 금융투기자본, 80경(京)원 어치의 주식 파생금융상품을 포함한다. 파생금융상품의 거래는 실물경제의 머리 위에서 이뤄진다. 금융투기자본은 '돈 놓고 돈 먹기' 시합처럼, 우리나라의 은행들에 투자해 경영권을 행사하다가 수조원의 이익을 낚아채 버렸다. 주식시장은 우리들의 생활 현장 바로 곁에서 거래가 이뤄진다. 또한 경마, 경륜, 경주 등의 수많은 도박들이 행해지고 있다. 누구나 쉽게 접근할 수 있는 로또 판매망이 있다.

오죽하면 '로또 당첨에도 음모가 깃들어 있다'는 말이 나왔을까?

요즘 로또 판매량도 역시 엄청나게 늘어났다는 지적이 들려온다.

신용이 통하지 않는 도박문화에는 오로지 개인주의만이 존재할 뿐이다. 이 도박 산업의 경영에는 '노예계약'과 '스폰서'라는 쉽게 알아듣기 어려운 용어들이 함께 따라 다닌다. 도박은 '성매매산업'과 결합하면서, 믿을 수 없는 사실들을 유포시킨다. 이런 상황 속에서 판돈이 없으면 당장에 도박장에서 퇴출돼야 한다. 강원랜드에서 돈을 다 잃고, 자살을 선택한 사람들의 울음소리가 들리는 듯하다. 지금은 신용거래가 불가능한 사회로 이동하고 있다. 이제는 법의 범위 안에서 돈만 벌면 그만인 세상이 됐다. 일부에서는 법을 어기면서라도 이런 산업에 종사한다.

여기에서 우리는 2007년 한해에만 해도 자살자가 1만2,000여 명에 달했다는 사실을 기억해야 한다. 우리의 통계에는 제대로 잡히지 않고 있지만, 하루 사이에 36~38명씩 자살하고 있다. 그 이유를 일본의 경우를 통해서 비교해 보도록 하자.

같은 해 일본의 자살자 수는 32,155명에 달했다. 예전에는 자살의 원인이 실연, 병 등이었는데, 요즘은 자살의 원인이 신빈곤 문제로 바뀌었다. 일본에서는 손쉽게 빌릴 수 있는 고리대금업자, 샐러리맨 금융 등의 피해자들이 자살을 선택하고 있다. 고리대금업자 업계는, 정치 단체 '전국자금업 정치연맹'을 결성하고, 법 개정을 향해 해마다 정계공작을 강화하고 있다.

더 큰 도박 산업이 있다. 그것은 인터넷의 속도로 세상을 돌아다니며, 해당 국가의 주식과 환율에 크게 영향을 주고, 그로부터 엄청난 이득을 획득하는 국제적인 금융자본이다. 이 산업의 추진과 작동은 바로 도박 산업과 같은 방식으로 이뤄진다.

이런 가운데 세상의 가장 큰 부자는 빌 게이츠가 아니다. 세계적인 금융자본인 로스차일드 가문이라는 것이다. 이 가문의 재산은 오로지 은행업이라는 방법으로만 돈을 모았다고 한다. 그것도 빌 게이츠의 1천배가 넘는 재산을 갖고 있다고 쑹훙빙은 추산한다. 요즘 정규직 은행원들의 몸값도 역시 많이 뛰었다. 이런 세상에서 우리는 아이들에게 "도박을 하지 말고, 초연하게 살라"고 가르칠 수 있는가.

도박경제는 사람들 사이의 신용거래까지도 모두 다 앗아가 버렸다. 그동안의 신용경제는 그나마 이웃들끼리의 신용거래를 가능하게 만들었다. 대부자도 대출자도 모두 이익을 얻을 수 있는 방식으로 말이다. 그러나 이제는 이웃끼리 정을 나누지 못하는 한이 있더라도, 보다 '과학적인' 은행이나 증권회사를 이용한다. 또한 이런 노력이 지금은 도박경제로 연결되고 있다. 신용위기의 시대가 등장하게 된 것은 바로 현재와 같이 주식시장이 비대화되면서부터이다. 주식시장에서 돈을 과학적으로 늘린다는 데, 누가 신용거래를 하겠는가. 물론 과학적이라고 하는 것은 큰 거래자가 이익을 챙기고 난 후의 문제이다.

대중가수 손담비는 "내가 미쳤어 정말 미쳤어"라고 울부짖듯 노래한다. 이 노래가 나온 후, 이 노래를 패러디해서, 아빠가 미쳤어요, 내 동생이 미쳤어요, 내 친구가 미쳤어요, 컴퓨터가 미쳤어요, 스피커가 미쳤어요 등등 반향이 엄청나게 뜨거워졌다.

또한 드라마에도 '막장 드라마'가 유행이다. 온갖 규칙을 다 어기고 돈만 벌면 된다는 남편과, 그 남편과 함께 사는 부인의 '비일상적'인 생활이 오히려 사람들의 스트레스 해소에 도움을 준다는 것이다.

교육도 이런 상황으로부터 강하게 영향을 받고 있다. 이제 교육과 취직은 이른바 구원받기 위한 최대의 싸움터가 됐다. 예전에 우리나라에는 암기교육이 판을 친 적이 있다. 지금은 암기교육 보다 더 무서운 경쟁교육 체제가 완성됐다. 경쟁교육 속에서 대중교육은 점점 뒤로 몰리고 있다. 또한 경쟁교육은 부모들의 돈의 힘이 뒷받침돼야 한다. 아이들의 실력은 부모들의 지원 하에서 학원에서 길러진다.

아이들에 대한 교육목표는 예전보다 조금 다원화되기는 했다. 공부를 제대로 하기 위한 경쟁교육, 운동선수 경쟁교육, 연예인 경쟁교육 등 종류가 조금 더 늘어난 것은 사실이다. 어떤 분야에서도 챔피언만이 살아남을 수 있는 교육으로 이동하고 있는 것은 사실이다. 교육에도 승자독식의 원칙은 그대로 관철되고 있는 것이다.

지금 이 순간 세상의 모든 경제는 카지노 경제가 됐다. 우리가 살고 있는 이 세상은 욕망(desire)이 판을 친다. 우리는 이 욕망, 즉 돈에 대한 욕망(마르크스), 권력에 대한 욕망(니체), 성적 욕망(프로이드)으로부터 결코 자유롭지 않다. 또한 욕망이 탐욕경제로 이동하고 있는 모습도 볼 수 있다. 이것은 우리가 주목할 만한 표현이다.

탐욕은 욕망과는 질적으로 다르다. 오늘도 다양한 매체, 휴대폰 등으로 전달되는 광고에는 온갖 유혹이 넘실댄다. 'vin7.netXXX 버전 업그레이드 완료'라는 도박광고가 있는가 하면, '고객 최대 맞춤 자금 최대 금액 무방문 무보증 단일 바로 송금'과 '고객님! 시세의 70%+신용대출 2천만 원까지 금리 6~6.9% 특별상품 출시 농협 OO대리'라는 현금 대출 광고, '사진 보냈어요^^ 친구 하실래요? 연락 주세영~♡'하는 엉뚱한 광고까지, 오늘도 광고는 확산되고 있다.

그런 것만이 전부는 아니다. 세계에는 엄청난 탐욕의 바벨탑이 만들어지고

제이컵 로스차일드는 다이애나 왕세자비와 친하게 지냈다. 오늘날 로스차일드 북미법인(North America Inc.)은 금융 강자가 되었고, 새로운 '월 스트리트의 골리앗' 중에서 민첩한 중량급의 플레이어이다. 이 회사는 자신의 자본을 투자해서 수익을 얻는 것이 아니라, 금융가들과 위험을 감수하는 자본가들이 충분히 만족할만한 서비스, 즉 개인자문과 강력한 협상방법을 제공하고 그 대가로 수수료를 받는데 이것이 이 회사의 주 수입원이다. 이 능력은 정크본드로 흔들리는 요새를 오래 지탱하도록 해준다. 로스차일드 인코퍼레이티드의 한 중역인 윌버 L. 로스 주니어는 정크 본드로 피해를 입은 회사의 자본 재조정이 전문이었는데 이 기술로 한 달에 150만 달러나 되는 컨설팅 수수료를 벌어다 주었다.

프레더릭 모턴

있다. 세계화, 보다 정확하게는 금융 산업의 세계화, 아니 다국적 기업의 세계화에는 바로 이런 문제들이 개입돼 있다. 지금도 낮에 텔레비전을 틀어 보면, 다국적 금융회사들이 멋있는 탤런트들을 모델로 해서 시청자들을 공략하고 있다.

여기에서 우리는 욕망과 탐욕을 구분하고 가도록 하자.

⑤

욕망(慾望, desire)은 우리의 일상적인 삶을 유지하게 만들고, 미래에 대한 구상의 일종이라는 측면에서 보았을 때, 당연히 수용해야 한다. 욕망을 선천적인 것으로 이해할 때, 본능이라고 표현한다. 많은 학자들이 식욕, 성욕, 군거(群居), 모방, 호기심, 투쟁, 도피 등을 본능으로 간주했다. 그리고 마르크스는 식욕을, 프로이트는 성욕을, 니체는 권력욕을 인간생활의 근본으로 생각하고 자신의 학설을 만들었다. 다른 한편에서는 지금도 욕망은 지나치게 과대성장(overdeveloped)됐다고 주장하는 생태주의자의 시각도 공존한다.

욕망이 질적 전환을 거치게 되면 탐욕(貪慾, greed)이 된다. 탐욕(the devil of greed, greed for money)은 또한 범죄를 낳을 가능성을 높인다. 탐욕은 사물을 지나치게 탐내어 만족할 줄 모르는 끝없는 욕심이다. 탐욕은 욕망이 전혀 제어되지 않았을 때, 생기는 범죄적 심리이다. 탐욕은 공존을 모르는 지나친 욕심이다. [63] 욕망과 탐욕의 차이가 바로 그것이다. 글로벌 금융자본의 움직임에 대해서, 많은 사람들이 이것을 욕망의 단계를 지나 탐욕의 단계에서 발생한 문제라고 파악했다. 오늘날 공존의 가치를 모르는 사이코패스 환자 일부가 심각한 범죄를 저지르는 것도 비슷하다고 볼 수 있다. 우리는 오늘 "탐욕의 문제를 어떻게 해결해야 할 것인가?"하는 문제 바로 앞에 서 있다.

한국에 '군사독재'의 시대는 끝났다. 이어서 '민주정부'가 이어졌다. 그리고 '자유주의 정부'가 들어서 있다. 이 같은 정부의 교체가 과연 자신의 이름값을 제대로 하느냐 하는 것은 다른 문제이다. 각 정부에 붙여져 있는 이름과 실재 내용은 상당히 달랐다. 민주정부라고 표현한 정부가 실제로는 약한 민주주의 정부였고, 이 정부가 바로 신자유주의와 투기자본을 도입하는데 앞장섰기 때문이다.

욕망과 탐욕의 측면에서 여러 정부의 교체를 어떻게 이해해야 할까?

군사독재의 시절에는 욕망과 탐욕이 일부 지배층에만 존재했었다. 지금은 욕망과 탐욕의 문화가 전 사회적으로 퍼져 요동치고 있다. 아니 살아남기도 힘든 시절이 됐다. 문화산업과 생명산업, 민주주의 산업과 리더십 산업 등의 발전과 함께 탐욕의 문화는 제어되곤 했었다. 현재 제어되지 않은 탐욕의 문화가 번성하여 우리를 애먹이고 있다. 그동안 경제범죄 사례를 살펴본다면, 탐욕문화의 실상을 어느 정도 이해할 수 있다.

사이코패스에 의한 범죄와 경제생활에서의 탐욕의 문화를 제어하기 위한 방법은, 아무리 어렵더라도 민주주의 정부의 수립을 필요로 한다. 그 가운데서도 강한 민주주의가 필요하다. 강한 민주주의란 백화제방(百花齊放)이라는 말처럼, 서로 다른 향기를 풍기며 다양하게 살아가는 다원주의, 1인 1표제에 의한 민주주의, 공존이 가능한 민주주의라야 한다. 또한 공동체가 가장 소중하게 생각하는 가치가 무엇인가를 정하는 것을 말한다. 결국 정신적인 가치도 인정하는 그런 사회를 말한다.

한 사회가 돈에 모이는 것과 함께, 살아 갈만한 다른 정신적인 가치를 인정하는 사회를 말한다. 지금처럼 약한 민주주의에다 자유주의, 투기자본, 승자독식주의 하의 시장경제 제도만 갖고 대응한다면, 탐욕의 문화는 결코 제어할 수 없다. 물론 건전한 경제활동은 적극 장려해야 한다. 탐욕의 문화가 확산될 때, 그것을 잠재우는 가장 확실한 방법은 다름 아닌 강한 민주주의 정부 수립 이외에 다른 방법은 없기 때문이다.

현재 상황에서 보았을 때, 진정한 민주주의 정부의 수립은 과연 가능할까?

정책공동체가 아니라, 인연공동체에 기반을 두면서도 강력한 권력욕을 중심으로 뭉쳐있는 정당정치만을 갖고는 한국에 강한 민주주의는 불가능하다. 한국에 강한 민주주의를 구축하기 위해서는 정당정치는 물론이고, 담론(인터넷) 민주주의 세력, (미래) 생태민주주의 세력과 살림 공동체 등 모두가 힘을 모을 때에만 가능하다. 이렇게 모든 힘을 다한 민주주의 체제가 수립될 때라야만, 탐욕에 토대를 둔 경제활동을 제어하고, 건전화할 수 있다.

오늘날 사람들은 대체로 정부의 개입은 필요가 없다고 생각한다. 대신에 자신의 생활을 창의성과 독자성을 갖고 철저하게 자유롭게 수행하기를 원한다. 이것은 일상생활에서의 자유의 문제이다. 일상생활에서의 자유는 철저하게 보장돼야 한다. 그러나 아무리 자유를 확대 심화시킨다고 할지라도, 그것이 마치 마약을 자유화할 수 없는 것처럼, 범죄, 탐욕의 문제에 대해서는 민주주의적으로 관리할 수 있어야 한다. 일상생활에서의 자유와 자유주 문제는 이처럼 그 성격이 엄청나게 다르다.

지금은 우리 모두가 결단해야 할 때이다. 우리가 가야 할 길은 탐욕 문화의 확산인가? 아니면 탐욕을 욕망의 수준으로 제어하면서, 공존의 문화를 거쳐 생태정치로 발전시킬 수 있을 것인가? 이런 선택에 우리는 직면해 있다.

이런 길들 가운데 어느 쪽을 선택해야 할까?

민주주의 정치는 근본적으로 모든 사람들의 공존을 가능하게 만들 수 있어야 한다. 공존을 가능하게 만드는 것이 바로 민주주의이다. 그리고 사이비 민주주의 문화도 있다. 사이비 민주주의에는 정당, 정당에서는 당파, 당파 가운데서도 개인의 이익만을 위해서 대결하는 '정쟁 민주주의'라고 할 수 있다. 이런 사당 정치는 그 존엄성을 인정받을 수 없기 때문에, 금융세력에게 무조건 패배해 왔다. 지금도 일부 정치인들은 경제인들의 돈을 받으려고 '정상배(政商輩, 정권을 이용해 사사로운 이익을 꾀하는 무리)'의 길을 선택하고 있다.

풀뿌리로부터 올라가는 정치, 남을 섬기는 정치야 말로 정치 가운데 으뜸의 정치가 아니겠는가.

왜 동학에서 인내천(人乃天)이라는 표현을 썼겠는가?

사람이 곧 하늘이라는 생각, 그것만이 정치에 새로운 힘을 부여하는 새로운 정통성의 근원이 돼야 한다. 이런 것은 이제 신화가 아니다. 현실의 문제이다. '민심이 곧 천심'이라고 하는 입장에서의 정치가 바른 정치이다. 바른 정치는 사람들 사이의 공존의 문제와 경제의 문제를 해결하는 원칙이라고 생각한다.

경제의 문제는 늘 소득격차를 낳기 마련이다. 이 때문에, 소득격차와 공존의 가능성 문제를 둘러싸고 깊이 있는 분석을 통해서 정책을 결정해야 한다. 창의성을 갖고 부지런히 노력하는 사람에게 그 창의적 노력을 무시해서는 결코 안 된다. 이것은 일정한 소득격차를 인정해야 한다는 말이다. 그러나 탐욕을 가진 사람과 자살하는 사람이 공존하는 그런 심각한 소득격차는 결코 인정해서는 안 된다.

얼마 전 TV 뉴스를 보았다. 초등학생과 중학생들의 경우, 일상생활에서 너무나 많은 욕을 사용하고 있다는 사실이 확인됐다. 혹시 일상생활의 욕이 공존을 불가능하게 할 정도의 욕은 아니었을까? 다시 생각해 보게 된다. 언어는 우리의 구체적인 생활을 반영한다. 만약 공존이 불가능한 방향으로 달려간다면, 우리는 어떻게 해야 할까? 먼저 생활상에서 진정한 공존을 추구해야 하겠고, 다음은 언어에서도 공존이 가능하도록 만들어 가는 노력을 기울여야 한다.

금융자본의 논리는 강력한 서열문화이다. 고정된 서열문화는 물론 아니다. 이 서열문화는 '유지되고, 바뀌고'를 반복한다. 이 서열문화는 승자독식의 원리를 철저하게 반영한다. 승자독식의 논리는 밀림에서도 통하지 않는 논리이다. 밀림에는 온갖 동식물이 모두 함께 살아간다. 호랑이가 있는 반면, 토끼도 산다. 또한 꿀벌도 살고 개미와 달팽이도 살아간다. 바로 이런 여러 존재들이 공격하고, 혹은 수비를 하면서 살아가는 것이 바로 밀림의 생활이다. 그렇다면 금융자본의 논리는 '소셜 다원이즘(Social Darwinism)'의 논리에도 미치지 못하는 논리라는 사실을 우리는 기억해야 한다.

아직도 희망의 출구는 아주 좁게 남아 있다. 그것은 강한 민주주의(파시즘은 절대 안 된다)를 통해서 1인 1표제의 가치를 다시 회복하는 것을 말한다. 지금까지 구호로만 남아 있는 1인 1표제의 가치를 다시 회복함으로 해서, 공존의 체계를 수립해 나가는 것이다. 사람들 모두가 서로에게 소중한 존재라는 사실을 깨닫는 순간, 그때 해결책이 조금씩 보이기 시작한다. 그 때 탐욕의 문화가 아니라, 공존과 욕망의 시대가 다시 도래 한다. 진정한 일자리의 나눔도 가능해질 것이다. 그때는 도박이 아니라, 경제활동이 새롭게 시작된다.

우울증과 사이코패스 문제도 해결될 수 있는 사회적 기반이 조성된다. 사람과 사람 사이에 진정한 사랑도 가능해진다. 사람과 사람 사이에 신용도 회복되기 시작할 것이다. 이런 강한 민주주의는 힘이 들어 보이기는 하지만, 결코 불가능한 목표는 아니다. 강한 민주주의가 가능할 때라야만, 달리는 경제에 희망의 목표를 설정할 수 있음도 분명해진다. 어렵지만 대안은 바로 강한 민주주의이다. 강한 민주주의는 더 작은 민주주의가 뒷받침할 때 가능하다.

그렇기 때문에 "작은 민주주의인 동시에 더 깊고 더 넓은 민주주의를 상상해"[64] 볼 수 있을 것이다.

돈이 있으면 걱정되고
돈이 없으면 슬퍼진다.

조지 허버트

당신도 이렇게 생각하는가?

돈을 벌기 위해서는 탐욕스럽고 파렴치한

냉혈한이 되어야 한다. 돈을 벌기 위해서는

영혼과 양심과 원칙을 팔아야 한다.

부자가 되려면 심장병과 같은

스트레스성 질환을 각오해야 한다.

돈을 벌기 위해서는 가족과 도덕과 행복과

그 외 모든 것을 희생해야 한다.

글쎄 그럴 수도 있다.

하지만 반드시 그래야 하는 것은 아니다.

한 여자 아이가 "돈으로는 따뜻한 미소를

살 수 없어요" 당신은? 나 같으면

돈을 조금 잃는 한이 있더라도

따뜻한 미소를 간직한 쪽이 좋다.

리처드 템플러

미국이 경제 위기에 놓여 있다. 자칫 잘못하다가는 밀림의 왕자 자리에서 물러날 판이다. 날카로운 이빨과 발톱 빠진 사자처럼 말이다. 미국의 경제 위기 주범으로 필 그램 상원 금융위원장이 1순위로 손꼽혔다. 이 낯선 이름을 당신은 들어 본적은 있었겠지, 한번쯤은.

이렇게 미국이 흔들이는 이유는 뭘까?

세계도 이 여파로 불황에 허덕이게 될까?

산 속에서 길을 잃었지만, 살려고 발버둥은 쳐봐야 하지 않을까?

한번 하나하나 알아보자.

①　서브 프라임 모기지 사태와 미국 투자은행들의 도산

미국의 투자은행들은 신용도가 다소 낮은 서브 프라임에 돈을 빌려주고, 거기에서 약간의 이자를 받았다. 이자를 받고 그것을 당장 현금화는 되지 않는다. 하지만 담보로 채권을 발행해서 현금흐름의 개선 효과가 있는 '(자산)유동화 증권'으로 전환하여 다수의 고객들에게 다시 빌려 줬다. 그런데 더 많은 보너스를 받기 위해서, 유동화 증권을 수없이 많은 사람들에게 빌려 주다보니, 리스크 관리를 전혀 할 수 없었다. 말 그대로 길을 잃어버리게 된 것이다.

거기에는 모럴 헤저드가 있었다. 또 월스트리트의 탐욕이 개입돼 있었다. 그러니 탐욕과 모럴 헤저드가 먼지를 일으키는 그 상황을 통화당국은 감시할 수 없었다는 데 있다.

투자은행은 상업은행과 대치되는 말이다. 미국의 투자은행들은 불량주택 채권이라는 이름으로 많은 돈을 주택 소유자들에게 대부해 줬다. 1996~2006년 인플레이션을 감안해 볼 때, 주택 가격이 185%로 급격히 상승하면서 거품을 형성했다. 2003~2005년 미국 부동산 시장에 몰린 돈의 규모는 약 12조 달러(1

경 2000조 원)에 이르렀다. 2006년 말 기준 미국 전체 모기지 시장 규모는 10조 3000억 달러에 이르렀고, 이 가운데 서브프라임 모기지에는 1조 3000억 달러가 투여됐다. 가계부채가 갑자기 증가했다. 1986년 가처분소득의 80%에 달했던 가계부채는 2007년 가처분소득의 140%에 달하게 됐다. 부동산에 끼었던 거품이 붕괴되기 시작한 것이다.

주택가격이 더 하락하면서, 미 금융기관의 손실은 더 크게 확대됐다. 대출채권(주택담보대출) 등을 모아 유동화한 신용 파생상품인 모기지담보증권(MBS), 채권담보부증권(CBO), 부채담보부증권(CDO) 등 가치하락, 파산 위험을 보증한 크레디트디폴트스와프(CDS)사업에 엄청난 손실이 발생했다. 크레디트디폴트스와프(CDS) 시장 규모 2000년 9000억 달러에서 2007년 45조 5000억 달러로 급팽창하여, 미국 증시 시가총액의 2배 규모로 팽창했다.

2008년 3월 사실상 파산한 베어스턴스가 제이피모건체이스에 인수된 데 이어, 리먼브러더스가 파산 신청했다. 뱅크오브아메리카(BOA)의 메릴린치 인수에 이어 나온 투자은행의 은행지주회사로의 전환은 월가의 상징이었던 순수(독립) 투자은행의 사망선고를 의미했다. 1980년대 이후 세계를 풍미했던 미국식 첨단 금융자본주의 상징의 균열이라고 표현할 만했다. [뉴욕 타임스]는 현대 월가 대들보 모델 가운데 하나의 근본적 변화라고 보도했다.

미국 5대 투자은행 가운데 월가 금융위기에서 살아남은 골드만삭스와 모건스탠리가 은행지주회사로 전환해 상업은행 업무를 취급한다는 발표가 나왔다. 두 순수 투자은행이 문을 닫게 된 것은 세계 금융시장에 두 가지 커다란 메시지를 보내고 있다.

정부 규제 확대와 금융시장의 안정성 강화 흐름이다. 일반은행들과 달리 투자은행인 골드만삭스와 모건스탠리는 엄격한 미 연방준비제도이사회(FRB·연준)의 감독과 규제 대신, 상대적으로 덜한 증권거래위원회(SEC)의 감독을 받아왔다. 이제 두 은행은 은행지주회사가 되면서 연방준비제도이사회의 감독 아래 놓였다. 보도에 의하면 두 은행의 지점들은 앞으로 상업은행들이 충족해야 하는 훨씬 엄격한 규제에 직면할 것이라고 전했다. 일반 예·적금 등을 함께 취급하는 탓에 고객보호가 더욱 강화됐다.

투자은행들은 '레버리지'(지렛대) 효과 극대화를 통해 몸집을 불렸다. 파산신청을 한 리먼브러더스는 부채 대 자산 비율이 30 대 1이었다.

[워싱턴 포스트]는 "금융 산업은 최근 몇 년 동안 점증하는 비밀투자에 더 큰 위험을 감수해 왔다"고 전했다. 상업은행인 뱅크오브아메리카의 부채 대 자산 비율이 11 대 1인 점에 비춰 보면, 투자은행들이 빚으로 덩치를 키우는 데 열중해 왔다는 게 쉽게 입증됐다. 이 사태로 차입에 의존한 금융사의 몸집 불리기가 이제는 통용되기 어렵다는 상식적인 교훈이 남겨졌다. 이제 월가는 상업은행 중심으로 재편될 전망이다. 두 은행은 상업은행을 토대로 투자은행 업무까지 겸하고 있는 씨티그룹·제이피모건체이스와, 메릴린치를 인수한 뱅크오브아메리카 등과 경쟁해야 했다.

 금융위기를 낳은 25명의 미국인들

미국의 금융시장이 성장하는 데에는 유럽에서 이주해 온 유대인들의 역할이 컸다. 그리고 이데올로기적으로는 자유주의의 역할이 돋보였다. 자유주의는 현대 금융경제에서 보듯이 욕망의 경쟁에 크게 이바지했다. 자유주의는 오로지 경쟁을 핵심으로 생각하는 용어이기 때문이다. 금융 산업의 비대화는 카지노 자본주의라는 말처럼 욕망으로 벌겋게 달아오른 경제체제를 부르는 말이 됐다. 물론 지금은 그 수장이 버냉키 [65] 로 바뀌었지만, 그 이전에 아주 오랫동안 FRB(연방준비제도이사회)의 의장이었던 앨런 그린스펀 [66] 은 이자율을 잔뜩 낮춰 놓았다.

시사주간지 [타임]은 2009년 2월 11일자에 금융위기 주범 25인(25 People to Blame for the Financial Crisis)을 선정해 발표했다. 2009년 2월 11일자에 경제위기에 책임이 있다고 자체 평가한 25명을 선정해 온라인으로 투표를 해서 그 결과를 발표한 것이다. 가장 많은 득표를 한 인물은 부시 전 대통령이었다. 2위는 미국의 소비자들이었다. 그러나 [타임]이 발표한 순위는 여러 가지 가중치를 매겨서 새롭게 순위를 정하여 발표했다.

1위	필 그램 미국 상원 금융위원장
2위	크리스토퍼 콕스 미국 증권거래위원회(SEC) 전 위원장
3위	안젤로 모질로 모기지 업체인 컨트리와이드 파이낸셜 전 최고경영자(CEO)
4위	조 카사노 AIG 금융부문 책임자
5위	프랭클린 레인스 빌 클린턴 행정부 예산위원장

6위	캐슬린 코르벳
7위	이안 메카시
8위	딕 풀드 리먼브러더스 전 최고경영자(CEO)
9위	버나드 매도프
10위	허브 & 매리온 샌들러 미국 민주당계의 큰 부자

11위	스탠 오닐 메릴 린치 전 CEO
12위	존 드바니
13위	샌디 웨일 시티그룹 CEO
14위	지미 케인 베어스턴스의 전 CEO
15위	부시 전 미국 대통령

16위	미국의 소비자
17위	그린스펀 연방준비제도이사회 전 의장
18위	행크 폴슨 골드만삭스 CEO 출신
19위	데이비드 레레
20위	루 라니어리

21위	데이비드 오드손
22위	프레드 굿윈
23위	클린턴 전 미국 대통령
24위	원자바오 중국 총리
25위	버튼 자블린

● 미국 금융위기의 주역들

조지 W 부시, 빌 클린턴 등 전 대통령 2명, 앨런 그린스펀 전 연방준비제도 이사회 의장, 헨리 폴슨 전 재무장관을 비롯한 전직 고위관료와 부실은행 경영자 등, 모기지 부실을 직간접으로 야기한 사람들이 포함돼 있다. 투표는 이들의 금융·정책상 과오에 대해 1점부터 10점까지 죄과가 클수록 높은 점수를 주는 방식으로 이뤄졌다.

클린턴 전 대통령은 자신이 '금융위기 주범' 가운데 한 명에 포함되자, "자신은 어떤 책임도 없다"고 발끈했다고 보도됐다.

금융위기 주범 1위로는 필 그램이 뽑혔다. 1995~2000년 상원 금융위원장을 지낸 그는 미국 금융계 규제 철폐를 주도해온 인물이다. 특히 필 그램은 빌 클린턴 행정부 시절인 1999년 '그램 리치 빌라법'(금융 현대화법)을 통과시켜 과거 60여 년간 지속된 상업은행과 투자은행을 엄격히 분리한 '글래스 스티걸법'을 폐기 처분했다.

[타임]은 또 금융위기 주범 가운데 2위는 크리스토퍼 콕스 전 SEC 위원장, 3위는 안젤로 모질로 전 컨트리와이드 CEO를 꼽았다. 모질로는 회사와 투자자, 차입자를 파산시키고 거액의 돈을 챙겨 회사를 떠난 탐욕스러운 경영자 중 한 사람이라고 밝혔다. 조 카사노 AIG 금융부문 책임자, 프랭클린 레인스 빌 클린턴 행정부 예산위원장 등도 각각 4, 5위를 차지한 것으로 전해졌다.

[타임]은 원자바오를 금융위기 책임자로 선정한 데 대해서는, 지난 8년 동안 중국이 미국에 사상 유례없는 싼값으로 신용을 부여해 미국 금융위기를 부른 거래자 노릇을 했음을 지적했다. 클린턴은 재임기간 은행 규제완화 법안에 서명한 점이 명단에 오른 이유라고 설명했다.

훨씬 전에 파이낸셜타임스(FT)는 2008년 12월 22일 올해 금융위기로 인해 월가에서 퇴출당한 금융계 최악 지도자 9명을 선정해 보도했다. 몰락한 금융인에는 ○ 리먼브러더스의 리처드 풀드 ○ 베어스턴스의 지미 케인 ○ 메릴린치의 스탠 오닐 ○ AIG의 마틴 설리번 ○ 와코비아의 켄 톰슨 ○ 워싱턴 뮤추얼의 케리 킬링어 ○ 페니메이의 대니얼 머드 ○ 프레디맥의 리처드 사이런 ○ 컨트리와이드의 안젤로 모질로가 꼽혔다.

리처드 풀드는 23세에 리먼브러더스에 입사해 1994년 CEO 자리에 올랐다. 월가 투자은행 역대 CEO 중 최장 근속을 자랑했지만, 결국 회사를 파산 지경에까지 이르게 한 책임을 지고 물러났다. 오닐은 2007년 10월 메릴린치 CEO직에서 물러났기 때문에, 서브프라임 모기지로 인해 최초로 퇴출당한 CEO로 기록됐다. 톰슨은 서브프라임 모기지 사태로 가장 큰 피해를 본 CEO다. 그는 2008년 6월 와코비아에서 물러났다. 와코비아는 웰스파고에 인수됐다.

버락 오바마 대통령의 경기부양은 은행에 추가 자본 투입, 소비자와 기업에 대한 대출확대, 금융권의 부실자산 해소, 주택압류 방지대책 등을 모색하는 것이다. 기업 살리기의 경우 중요한 것이, 자동차산업을 실물경기 회복 차원에서 살려야 하느냐 하는 것이다.

미국 3대 자동차업체에 140억 달러를 지원하는 내용의 구제법안이 2008년 12월 12일 상원 통과에 실패했다. 상원 의원들은 그 전날부터 자동차업체 구제 법안을 놓고 자동차업체, 전미자동차노조(UAW) 등과 함께 마라톤협상을 벌였다. 하지만 자동차업체 노동자들의 임금을 일본 업체 수준으로 삭감하라는 공화당의 요구를 노조 측이 거부하면서, 합의에 이르지 못했다.

제너럴모터스(GM)와 도요타자동차 미국공장의 시간당 임금은 각각 29.78달러와 30달러로 큰 차이를 보이지 않았다. 하지만 연금과 의료비 부담분을 포함한 1인당 총 노동비용을 계산하면, GM은 69달러인데 비해 도요타는 48달러다. GM과 크라이슬러는 정부 지원이 이뤄지지 않으면 당장 몇 주 뒤에 현금이 바닥날 것이라고 호소했다.

자동차업체 구제 법안이 지난번 7천억 달러 구제금융법안처럼, 의회에서 재논의 된 후 극적으로 통과될 수 있을지는 매우 불투명한 상황이었다.

오바마 대통령은 이번 위기를 한국과 일본 자동차와 효과적으로 경쟁할 수 있는 계기로 활용하지 못하면, 계속 추락하는 모습에 직면하게 될 것이라고 밝혔다. 오바마 대통령의 발언은 당선 후 첫 기자회견에서, 미국 제조업의 근간인 자동차업계 살리기를 정국운영에 최우선 역점을 두겠다고 밝힌 것과 같은 맥락에서 나온 것이다. 이 발언이 경기부양책 통과와 대국민 통합을 호소하는 과정에서 나왔다는 점에서, 한미 FTA 처리를 둘러싼 한미 자동차 협상 등에도 상당한 영향이 있을 것으로 예측됐다.

생사기로에 선 미국 자동차 회사 제너럴모터스(GM)와 크라이슬러가 2009년 들어 자구계획을 전제로 216억 달러(약 30조2400억 원)의 구제 금융을 추가로 요구했다. 이에 따라 총 지원 요구 규모는 기존 지원 자금 174억 달러에서 390억 달러로 늘어났다. 미 정부가 자구계획이 미흡하다며 냉랭한 반응을 보이고 있는데다가, 경기침체 심화로 자동차 시장 전망이 어두워 이들 업체의 회생 가능 여부가 관심사로 또다시 떠올랐다. 결국 GM은 굿GM, 배드 GM으로 나뉘어, 배드 GM은 파산시키기로 결정했다.

잭 웰치는 1981년 4월 GE제국의 최고경영자(CEO)가 됐다. 그 뒤 2001년까지 20년간 CEO로 재직하면서 과감한 경영혁신과 공격적인 인수합병, 금융부문 확장으로 GE를 세계 초우량기업으로 키웠다. 1, 2등이 아닌 사업은 철수하고, 유망사업은 전광석화처럼 인수하는 경영방식은 80~90년대 세계 경영계의 교과서로 각광 받았다. 후계자로 선택된 제프리 이멜트도 에코매지네이션(ecomagination, 환경적 상상력), 사회적 책임경영으로 웰치 못지않은 각광을 받으며 GE제국의 영토를 넓혔다.

하지만 영원히 해가 지지 않을 것 같던 GE마저, 월가 금융위기의 희생양으로 전락해 충격을 줬다. GE주가는 수익의 절반을 차지해온 금융자회사 GE캐피털의 파산 가능성이 높아지면서 2009년 3월 6.66달러로 추락했다. 최고치 대비 88%나 빠졌다. 웰치와 이멜트가 땀 흘려 공장 짓는 것보다 손쉽게 돈을 버는 소비자 금융을 과도하게 키운 것이 위기를 초래했다는 비판도 나왔다. GE의 굴욕은 제조업체가 본업을 소홀히 한 채 금융에 한 눈을 팔면, 언제든지 파멸할 수 있다는 것을 일깨워 줬다. 이 대목은 현재 우리나라 제조업체들이 눈 여겨봐야 할 대목이기도 하다.

오바마 대통령은 2009년 2월 17일 콜로라도 주 덴버에서 7870억 달러 규모의 경기부양법안에 서명했다. 경기부양법은 사회간접자본 건설 프로젝트와 의료보험, 재생에너지 개발 등에 자금을 투입하고, 일반 가정에 세금 감면혜택을 부여하는 것을 골자로 한다. 오바마 대통령은 중소기업과 소비자들에게 최대 1조 달러까지 대출을 해줄 수 있는 신규대출 창구를 개설해 운영할 계획도 세워놓고 있었다.

이 문제는 심각한 관심의 대상이 됐다. [화폐전쟁]의 입장에서 이 문제를 바라봐야 한다.

쑹홍빙에 의하면, 중세 이후의 역사는 상업은행의 권모와 술수의 역사라는 것이다. 1997년 아시아 외환위기는 물론 2009년 금융위기 역시 보이지 않는 손에 의한 작품이라는 것이다.

귀국하기 전 4년 동안 쑹홍빙은 미 국책 모기지(주택담보대출) 회사인 패니메이와 프레디맥에서 일했다. 금융위기가 처음 터진 곳들이다. 당시 금융상품의 문제를 심각하게 생각하게 됐고, 파생상품이 아무런 제재 없이 팔리는 것은 거대한 힘이 작용하고 있어서라는 걸 알게 됐다.

[화폐전쟁]에서 쑹홍빙은 유대계인 로스차일드 가문이 빌 게이츠보다 1000배 이상의 자산을 갖고 있다고 주장했다. 세계 금융자본은 너무나 강한 힘을 갖고 있다. 그리고 그들은 지속적이다. 미국의 금리를 올리고 내리는 것은 연방준비제도이사회(FRB) 의장이 아니라, 사실상 국제금융자본이다. 미국 정부가 리먼브러더스를 파산시킨 반면, AIG는 돈을 부으며 살리는 것도 마찬가지다. AIG의 뒤에는 JP모건이 있고 JP모건은 연방준비은행의 대주주다. 반면, 리먼브러더스는 투자자의 대부분이 외국인일 뿐 미국에 미치는 영향은 크지 않다.

미 금리는 그동안 계속 하락했고 버블이 만들어졌다. 국제금융자본들은 이게 큰 문제를 불러올 것이란 걸 알았다. 그들은 2007년까지 거품을 즐기다가 2008년부터 슬그머니 빠져나오기 시작했다. 국제금융자본이 아시아 금융위기 때, 버블을 일으킨 뒤 한꺼번에 유동성을 회수해 자산 가치를 폭락시키고 큰 이익을 챙긴 것과 비교해볼 만하다.

금융위기는 2008년 말 쯤에 시작단계를 겪었다. 앞으로 더 큰 위기가 올 것이다. 주택저당채권(MBS)에 이어 기업채권 분야가 문제다. MBS의 시장 규모는 12조 5000억 달러지만 기업채권 시장은 22조 달러다. 실물경제의 위기로 파산기업이 늘어나면, 부도에 대비하는 파생상품인 크레디트디폴트스와프

(CDS)가 더 큰 문제를 일으킬 것이다. 앞으로 미 중대형 기업들이 파산위기에 처하면서, 이들이 발행한 회사채의 부도 현상이 나타날 것이다. 이미 GM 등 일부 기업들의 파산 징조가 보이고 있는데, 본격적인 파산은 후에 나타날 것이다. 비주류의 대형 상업은행들은 무너질 위험에 처할 가능성이 크다. 이런 과정은 다시 금융체계를 뒤흔들고 말 것이다.

전 세계적인 금융위기의 망령은 2009년 3월과 4월에도 여전히 꿈틀댔다. 자금압박에 시달리고 있는 씨티그룹에 대한 추가 구조조정 전망과 함께, 도이치방크를 비롯한 유럽 주요 금융회사들의 실적악화가 금융위기 재발에 대한 우려를 제공하고 있었다. 2008년 9월 이후 미국의 대표적인 투자은행(IB)들의 몰락 과정에서도 큰 충격을 받지 않은 것처럼 보였던 유럽 금융기관들의 부실 후폭풍을 주의해야 한다는 지적도 나왔다.

세계의 금융위기는 JP모건의 순익 급감 소식과 뱅크오브아메리카에 대한 미국 정부의 지원 소식이 알려지면서 가속화 됐다. 뉴욕증시의 급락 → 금융위기 재발에 대한 우려 → 불안심리 자극 → 경기침체 우려 → 실적부담과 주가하락 → 환율 상승 → 한국의 신용부도 위험 상승 → 외화유동성에 대한 불안감 상승 → 달러 매수심리가 상승하는 결과를 낳았다.

2009년 1월 15일 금융시장은 글로벌 경기침체 우려 속에 금융위기 재발에 대한 불안감이 증폭되면서, 주가와 원화, 채권 값이 동반 하락하는 트리플 급락장을 연출했다. 주식시장에선 올 들어 처음으로 사이드카가 발동됐고, 원화 값은 50원 가까이 떨어지며 환율은 1400원대에 바짝 다가섰다. 이후에도 환율은 계속 상승하고 있었다. 연초 짧은 랠리를 만끽하면서 1200선 고지를 밟은 후 숨고르기에 들어갔던 주식시장은 뉴욕증시가 휘청대자 급하게 아래쪽으로 물꼬를 틀었다. 주가가 급락하자 금융시장에 대한 불안심리가 커지면서 원화와 채권 값 급락으로 이어졌다.

원자재 값 하락세는 이어졌다. 국제유가는 1.8달러 5% 가량 하락한 35.4달러로 마감했다. 금값도 전날보다 1달러 하락한 807달러에 거래를 마쳤고, 구리는 0.8%, 니켈도 1.8% 하락했다. 밀은 0.9% 하락했지만, 대두는 2.3% 반등했다. 유럽증시는 유럽중앙은행의 0.5% 포인트 금리 인하 결정에도 경기침체를 막기에 불충분하다는 전망에 계속 하락했다. 영국 증시는 전날보다 1.7% 급락했고, 독일 증시도 1.9% 하락했다.

이런 가운데 한국에는 불황 속에서 주식 가격이 소폭 오르기도 했다. 그런데 이 오른 것이 과연 계속 올라갈 것인지, 아니면 재조정을 받을 것인지 우리는 주목하지 않을 수 없다.

오늘도 화폐전쟁(기축통화 달러의 흔들림)은 계속되고 있는 것이다. 러시아(외환보유액 3위)는 중국(1위)에 무역 결제통화로 달러화 대신 루블화와 위안화를 사용하자고 제안(2008년 양국 교역 규모 약 500억 달러 내외로 추정)했다. 중국과 대만은 결제통화를 달러 대신 위안화와 대만달러로 바꾸는 방안을 추진하고 있었다. 중국은 유로화, 엔화, 파운드화 등 3대 준(準) 기축통화 체제에 위안화를 포함시키기 위해 애썼다. 남미 12개국 메르코수르(남미공동시장) 긴급 확대회의가 개최됐는데, 이 자리에서는 무역거래에서 달러화 사용을 줄이고 자국 통화 사용을 확대하기로 합의했다. 향후 남미 전 지역을 대상으로 하는 단일통화권 창설을 주장할 것이라는 전망도 나왔다.

아시아 다자간 통화스와프 체제 구축이 추진됐다. 한국, 중국, 일본, 아세안(동남아국가연합) 공동으로 금융위기에 대비한 800억 달러 규모의 공동기금(펀드)이 추진됐다. 사우디아라비아 등 6개 중동 국가로 이뤄진 걸프협력기구(GCC)는 2010년까지 단일통화 출범에 합의했다. 기축통화인 달러의 위력이 약화됐고, 미국과 여러 나라의 통화스와프 체결이 2009년 들어 급속히 확대되는 것은 그만큼 글로벌 금융위기의 심각성을 의미했다.

2009년 2월 23일에 [화폐전쟁]의 저자인 쑹훙빙은 "미국 금융해일의 끝이 아직 멀었고, 62조 달러 기업부채를 대표로 하는 새로운 '금융해일'이 곧 올 것"이라고 재차 설명했다. 2008년 하반기부터 미국 서브프라임 모기지 사태를 미리 예측한 그는 금융위기가 4단계로 전개된다고 봤다.

그는 금융위기가 대지진, 금융해일, 화산폭발, 빙하기라는 이론으로부터 시작된다고 설명한다. 그 중에서 미국 서브프라임 모기지 사태의 폭발은 '대지진'과 다르지 않다. 이는 2007년 2월에서 5월까지 '양미' 국유화를 상징으로 시작됐고, 그 후로 2008년 6월부터 2009년 상반기까지 62조 달러 신용스와프 시장의 '금융해일' 단계로 들어갔다. 만약 2008년 하반기를 금융해일의 '제1파'라고 생각하면, 2009년은 당연히 금융해일의 '제2파'로 볼 수 있다. 제3단계인 '화산폭발' 기간은 신용 대출이 전면적으로 긴축돼서, 장기적인 대출이율의 대폭 상승을 일으켜 약 600조 달러의 이율스와프 시장에서의 위기 발생을 예측해야 한다.

마지막 단계는 달러위기가 철저히 폭로돼 '빙하기'가 나타난다. 전 세계적으로 달러 자산에 자신감의 위기가 발생할 것이며, 일인자인 미국의 자리가 한층 더 흔들리게 될 것이라고 보는 것이다. 그때 세계의 기축통화는 달러, 유로, 엔, 위안화 등이 힘을 모아, 기축통화 바스킷을 형성하게 될 것이라고 쑹훙빙은 내다보고 있다.

달러의 위기?

달러를 통제하는 세력이 있다? 미국 정부가 아니다? 한마디로 따로 있다. 그들은 달러와 함께 수많은 이익을 향유하고 있다.

그렇다면 그 자들이 도대체 누구인가?

이들에 대해서 엘렌 브라운(Brown)의 저서 [달러]는 설명한다. 민간 기구인 연방준비은행은 1913년 12월 22일 미국 의회를 통과하고, 당시 윌슨 대통령이 서명한 '연방준비법'을 통해 막강한 권력을 보유하게 됐다.

브라운은 이 법안이야말로 국민의 진정한 주권을 모건과 록펠러로 상징되는 몇몇 재벌들에게 넘긴 희대의 사기극이라고 주장한다. 그로부터 1세기 가까운 세월이 흐르는 동안 미국의 연방준비은행(FRB)을 장악한 극소수의 지배자들은 월스트리트와 미국 정부를 내세워 전 세계 경제를 장악했다. 달러는 그 첨병이었다….

달러를 '사악한 화폐'로 규정한 것은 미국이란 나라의 금융시스템이 이해할 수 없을 정도로 복잡하고 기이하기 때문이다. 세계적인 경제위기를 가져온 미국의 거대한 거품붕괴는 월스트리트 금융기관들의 탐욕이 가져온 필연적 결과였다. 그렇다면 금융기관들은 어떻게 전 지구적 차원의 거품을 만들어낼 수 있었을까.

바로 이들에게 미국의 돈이자 세계의 돈인 달러를 마음대로 찍어낼 수 있는 힘이 있었기 때문이다.

월스트리트의 은행들이 출자해서 만든 민간 기구에 불과한 미국의 연방준비은행은, 고작 40센트의 인쇄비를 들여 100달러짜리 지폐를 인쇄한다. 여기에 10달러의 이자를 붙여 연방정부에 대출을 해준다. 간단히 말하면, 미국 정부는 돈이 필요하면 연방준비은행에 이자를 지불하고 대출을 받는 허수아비에 불

과하다는 것이 브라운의 지적이다. 아니 이런 주장은 쑹홍빙의 [화폐전쟁]에서
도 그렇게 나타난다.

수백 년 동안 미국의 대통령과 금융인·저널리스트가 남긴 달러와 금융시
스템에 대한 육성고백을 책 곳곳에 실어 자신의 주장을 뒷받침하는 증거로 삼
았다.

미국의 제32대 대통령인 프랭클린 루스벨트는 "우리가 알다시피, 앤드루
잭슨 시절 이래 거대한 금융이 정부를 소유하고 있다"며 당시 사태 진상을 파악
했다. 그는 "잭슨이 연방은행과 싸운 일을 되풀이하고 있다"고 말했다.

저자는 미국 초기의 헌법이 명시한 대로 화폐발행권을 정부와 국민에게
되돌리는 작업이 문제의 근본적인 해결책이라고 주장한다. 금융위기에 대해 달
러제도의 공신력 획득이 필요하다는 주장이다. 이런 신뢰회복이야 말로 세계경
제가 걸어가야 할 방향이라는 것이다. 그렇지 않고 사악한 화폐인 '달러'를 쓰
게 되는 한, 미국발(發) 금융위기는 글로벌화로 치달아 온 현대 자본주의 자체
의 위기로 인식되고 그렇게 갈 수 밖에 없다. 달러의 위기는 세계체제의 위기를
뜻하는 것이다.

자유무역과 금융 자유화를 양대 축으로 전 세계를 하나의 시장으로 통합
하면서, 번영을 거듭해온 글로벌 자본주의의 선순환 시스템이 무너지고 있다.
그리고 '위기의 세계화'를 초래하는 자기 파괴적 역기능을 보이고 있다.

달러에 대한 공신력을 회복하는 일과 아울러 다음 단계에서 해야 할 일은
무엇인가?

오늘날의 글로벌 자본주의는 어떻게 수정돼 어떤 모습으로 재탄생할 것
인가?

글로벌 자본주의는 '글로벌 불균형'의 딜레마에 빠져있다. 미국은 늘 거대
한 경상수지 적자를 내고 온 세계가 이를 메워주는 불균형 구조는 세계 경제의
고속성장을 이뤄냈지만, 금융위기를 잉태한 미국과 전 세계 부동산 버블의 원
인이 되기도 했다. 금융위기의 이면엔 미국의 만성적인 적자라는 국제 무역의
결함이 자리 잡고 있었다.

2000년대 들어 세계 경제의 불균형 현상은 점점 심화되는 양상을 보여 왔

다. 중국, 일본, 독일 등 제조업 강국과 사우디아라비아, 러시아 등 자원부국은 계속 흑자를 내왔다. 미국과 영국은 막대한 적자를 내는 일이 이어졌다. 미국의 적자규모가 엄청났다. 2007년 한 해 미국의 적자액은 7390억 달러로, 전 세계 경상수지 적자의 약 49%를 차지했다. 터무니없는 경제의 불균형 상황은 적자국의 경제 파탄과 흑자국의 물가 급등(인플레이션)으로 이어져야 한다는 것이 경제학의 상식이었다.

세계 금융과 시장을 통합한 글로벌 자본주의의 힘은 불균형의 상황을 도리어 경제 성장의 기적으로 뒤바꿔놓았다. 미국 월스트리트를 중심으로 전 세계에 뻗어있는 글로벌 금융시스템은 흑자국의 돈을 적자국(특히 미국)으로 퍼나르고, 첨단금융기법은 1달러의 자산을 3~5달러로 만드는 '유동화의 마술'을 부렸다.

경제는 막대한 적자에 시달렸지만, 해외에서 쏟아지는 자본 덕분에 미국과 유럽의 금융기관에는 돈이 넘쳐났다. 미국인들은 신용과 부동산을 담보로 초저금리의 돈을 빌려 마음껏 소비했다. 선진국의 주머니에서 부풀어 오른 자본은 다시 신흥경제국에 투자되고, 전 세계의 부동산과 주식 가격을 띄워놓았다. 치솟는 소비와 투자에 힘입어 2000년대 이후 세계 경제는 연평균 5%에 육박하는 고성장을 했다.

이런 과정이 지속됐다면, 세계는 행복했을 것이다. 항상 불균형을 깨고 균형점을 향해 달려가는 것이 경제의 속성이다. 터무니없이 부풀어 오른 미국 부동산 가격의 버블이 터지는 순간, 글로벌 금융의 마술은 끝나고 말았다. 세계 경제는 쓰라린 불균형의 현실로 돌아왔다. 글로벌 불균형이 다시 균형을 찾는 과정에서 적지 않은 고통이 따를 것이란 관측이 많다.

박영철 교수는 앞으로 5~6년간은 세계 곳곳에서 소규모 경제 위기가 발생하는 등 혼란의 시기가 계속될 것이라고 예측했다. 글로벌 불균형을 성장의 선순환 구조로 뒤바꿔놓은 것은 신자유주의였다. 1970년대 말까지의 글로벌 자본주의는 자유 무역을 강조했지, 금융의 자유화는 강조하지 않았다. 국가 간 자본의 흐름이 쉬워지면 국가의 정책 자율성이 약화되고, 여러 부작용이 발생할 것으로 믿었기 때문이다. 하지만 1980년대부터 글로벌 자본주의는 자유 무역과 함께 새로운 금융자본에 의한 '발전'의 길로 들어섰다. 금융위기의 토양은 이때부터 뿌려진 것이다.

스티글리츠 교수는 이 위기를 대공황보다는 덜 심각하게 본다. 그 이유에 대해, "우리는 (이 사태를 조정할) 수단과 통화·재정 정책을 갖고 있으며, 제2의 대공황을 방지할 방법을 알고 있다"고 설명했다. 대공황 당시에는 미국 정부가 불황에도 불구하고 달러 가치 유지를 위해 금리 인하를 주저하여, 정부 지출을 축소하는 등 초동 진압에 실패했다. 승부의 관건은 결국 '위기의 확대'와 '정부의 대응' 중 어느 쪽이 주도권을 쥐는가에 달려있었다.

한두 국가만의 힘으로는 금융위기의 확산을 막을 수 없었다. 세계 각국은 유래 없이 신속한 정책 공조를 선보였다. 글로벌 실물 경제의 위기에 대처하려면, 더 높은 수준의 국가 간 정책 협력이 필요하다. 선진국 중심의 G7(서방선진7개국)이나 OECD(경제협력개발기구)만으로는 부족하다. 중국·인도·한국·브라질 등 더 많은 나라들이 모여 글로벌 경제의 문제를 공동으로 논의할 수 있는 장이 요구된다. 바로 이것이 글로벌 금융자본주의 체제가 될 것이다. 한국은 바로 여기에 현명하게 대처해야 한다.

쑹훙빙도 말했다시피, 미래는 달러, 유로, 엔, 위안화 등이 모여 기축통화를 구축하게 될 것이라고 예측하지 않았는가.

너무나 많은 로스차일드 가문의 재산에 눈을 돌려 보기도 한다. 금융위기와 함께 위기에 대한 대응능력을 키워가는 과정에서, 탐욕과 욕망 이외의 다른 감정들에도 눈 돌릴 수 있을까? 공존의 가치도 살아날까? 가치관의 이동은 쉽지 않아 보인다. 인간관의 변화까지 생각하기에는 너무나 어려워 보인다.

이런 조짐을 우리는 다보스에서 열린 세계 경제포럼(World Economic Forum)과 브라질에서 열린 세계사회경제포럼에서 찾아볼 수 있다. 몇 년 전 빌 게이츠 회장은 다보스에서 가난한 사람들도 만족할 수 있는 '창조적 자본주의'를 내걸어 흥미를 끈 적이 있다.

2008년에도 다보스에서는 '새로운 금융 거버넌스'라는 발언이 눈길을 끌었다. 민주주의 문제는 여전히 '국가권력의 복귀'라는 이름으로 불린다. '국민에게 권력을'이라는 주제로 펼쳐지는 인터넷 시대의 정치도 눈길을 끈다. 디지털 통합은 가속화될 것이다. 디지털 세계가 소비자 행태, 사회 네트워크, 비즈니스 모델들을 어떻게 변화시키는 지에 관해 토의를 했다.

"우리는 글로벌 금융위기로부터 어떤 교훈들을 배워야 하는가?"와 고용 문제들에 대한 대처하는 방법도 중요한 것으로 평가를 했다. 소비자 신뢰회복의 문제도 필요하다. 다보스 포럼에서 욕망과 탐욕에 관한 포럼은 없었다.

세계사회포럼은 다보스에서 열린 세계 경제포럼과 거의 같은 시기에 열렸다. 2008년 세계 사회포럼은 브라질의 파라주 수도 벨렘에서 열렸다. 세계 사회포럼을 대표하는 월든 벨로 교수는 "민주주의를 내세우면서 신자유주의만이 유일한 대안이라고 강권하는 세계는 그 이중성 때문에 실패를 내재하고 있다"고 이야기했다.

그는 (유엔의 책임 있는 기구에 반인륜 전범을 처벌하는 것처럼) 금융위기를 초래해 가난한 사람들에게 치명적인 상처를 입히고, 죽음으로 내몬 국제자본 투기꾼들을 처벌할 수 있는 법정을 세울 것을 제안했다.

다보스 포럼은 신자유주의만이 유일한(?) 대안이라고 강요했다. 정치 지도자들, 전문가 그룹이 시장 운용과 그것을 지키기 위한 공조체제의 문제들을 다룬다. 세계 사회포럼은 인간 중심의 사회를 설계하는데, 세계 경제포럼은 시장을 가치의 중심에 두고 있다는 말이다. 그 동안 인간 중심의 가치와 시장 규제의 외침에 귀를 닫고 있었던 국가들. 이 몇몇 국가들은 국가에 의한 시장규제나 보호무역으로 선회하려는 움직임을 드러내려 하고 있다. 그 역시 자국의 기득권과 패권 유지라는 목표에 한정돼 있을 뿐이다.

경쟁력으로 일컫는 공격성과 효율성도 중요하지만, 그 경쟁력도 공존의 가능성 안에서 추구돼야 한다. 어떻게 하면 공존의 가치와 경쟁력의 가치를 병행할 것인가?

이 문제에 대한 진지한 답변 모색이 필요하다. 경쟁력은 인간사회에서 문명을 발전시켜 왔지만, 엄청난 살육을 낳을 가능성을 동시에 안고 있다. 개인과 개인주의가 결합된 가정만이 살아남으려 애쓴다.

이 시대에 사회적 다윈이즘은 이런 것을 의미하는 것일까?

공존의 가치를 강조한다면, 공존의 가치를 가능하게 만드는 사회 시스템은 어떤 사회일까? 사회에 휘발성이 너무 높아지는 것은 아닐까?

비정규 취업자들을 그냥 두고 떠나는 것은 아닐까?

지금과 같은 사회 시스템에서 이동이 가능한 대안을 낼 수 있을까?

 금융위기에 대한 처방의 과정에서

I. 여전히 신자유주의적 해법으로 해결한다

미국은 합리적 경제학이 아닌, 탐욕의 경제학을 금융 산업에 그대로 적용하다가 실패하고 말았다.

미국의 연방정부는 연방준비제도이사회를 완전히 통솔할 수가 없었다. 시중 은행의 대표들이 모여 있는 아주 특수한 기관이었기 때문이다. 경제가 혼란에 빠지자 사태를 수습하기 위해서는 정부가 시장 개입을 확대해야 한다는 목소리가 컸다. 규제 완화와 작은 정부가 금융위기의 원인으로 지적됐다. 큰 정부의 도래를 환영하고 있는 듯했다.

첫째는 1995년 지역재투자법(CRA)을 대폭 개정해 은행들에게 저소득층에 대한 담보 대출을 늘리도록 했다. "누구나 내 집 갖기"라는 주택 보급 정책을 위해서였다. 의회와 정부는 연방주택청(FHA)이나 주택도시개발부(HUD) 등 정부기관을 동원했다. 이렇게 해서 은행들에는 대출심사 기준을 대폭 낮추도록 했다. 패니메이(Fannie Mae)와 프레디맥(Freddie Mac)에는 비우량 주택 담보와 이에 근거한 유동화 증권을 구매하도록 압력을 가했다. 여기에 은행들은 위험을 고려하지 않았고, 무책임하게 위험한 담보 대출을 더 늘리고 이를 유동화 하는 데 적극적이었다.

둘째는 서민들의 주택보유를 확장하기 위해 정부가 지원하는 모기지 전문 회사의 도덕적 해이다. 정부와 의회는 패니메이와 프레디맥의 손실에 대한 보증을 약속했다. 그들은 손실은 생각하지 않고, 무책임하게 비우량 담보 구입과 이에 기반을 둔 유동화 증권의 규모를 늘려갔다. 그 결과는 서민층 주택구입의 활성화와 주택가격의 버블이었다.

셋째는 연방준비제도이사회의 방만한 통화정책이었다. 심지어 1%라는 초저금리정책을 통해서 유동성을 확대시켰다. 은행들은 늘어난 유동성을 소화하기 위해 저마다 대출처를 찾아 나섰다. 이것이 주택시장의 과열로 연결됐다.

신자유주의자들은 이 세 가지 요인이 자유와 책임, 작은 정부를 국정 원리로 하는 신자유주의를 저버리게 한 정책이라고 비판한다. 신자유주의자들은 미국의 금융위기는 시장실패가 아니라, 정부정책의 잘못이라는 점을 인식해야 한다고 강조한다. 시장규제와 손실의 보증이 없었더라면, 유동성을 과잉 공급하지 않았을 것이고, 지금과 같은 위기는 없었다는 것이다.

일각에서는 이번 위기가 월가의 탐욕 때문에 생겨났다고 한다. 이런 접근방법은 옳지 않다. 탐욕은 자기 이익추구로서 특수한 사람이나 상황에서 관찰되는 것이 아니다. 늘 어디에서나 목격되는 인간의 불변적인 심성이다. 이것으로 평시와는 전적으로 상이한 금융충격의 발생을 설명할 수 없다. 우리는 탐욕을 위기로까지 몰고 간 이유에 적극적으로 주목해야 한다. 시장에 거침없이 풀린 돈과 정부의 시장 개입이 그 이유다.

금융위기가 규제 완화의 탓이라는 주장도 터무니없다. 80년대 말 이래 지속적으로 규제가 증가해왔는데 규제가 가장 많이 늘어난 부문은 주택 부문이고, 그 다음이 금융 부문이다. 1999년 '그램-리치-브릴리 법'으로 상업은행과 투자은행의 겸업이 허용됐다. 이런 규제 완화가 금융위기의 원인이라고도 한다. 겸업이 금지됐더라면, 이번 금융위기로 상업은행들이 신용위기에 몰려 있던 투자은행을 흡수 합병하지 못해 위기의 여파가 더욱 극심했을 것이다.

감독부실이 위기의 원인이라고도 한다. 정부의 시장에 대한 감독은 어렵다고 한다. 감독하기 위해서는 무엇을, 어떻게, 언제, 왜 감독해야 하는지에 관한 지식이 필요하다. 정부는 그런 지식을 전부 가질 수 없다. 정부의 감독은 늘 부실하게 마련이다. 감독에 필요한 지식과 관련해 시장이 정부보다 현명하다. 시장은 그 같은 지식을 발견하는 절차이기 때문이다. 시장이 교란되면 '발견의 절차'가 작동할 수 없다. 우리가 물어야 할 것은 시장을 교란시킨 요인이다. 그것은 방만한 통화 공급과 정부의 시장 개입이다.

금융위기의 원인은 정부의 개입 때문이다. 그럼에도 적극적인 시장 개입을 문제의 해법이라고 주장하는 것은, 위기의 본질을 제대로 보지 못한 것이 아닐까. 시장 개입은 경제를 더욱 불안정하게 만든다. 지금의 고통을 미뤄 나중에 더 큰 고통을 겪을 위험이 있다. 위기 상황에서 정부가 손 놓고 뒷짐 지고 있으라는 말이 아니다. 정부가 해야 하는 일은 시장경제의 원리를 확립하는 일이다.

개인의 책임과 경제활동을 방해하는 제도와 규제들을 걷어 내고, 노동시장을 유연하게 하고 세금을 낮춰야 한다. 이럴 때 우리는 현재 경제 위기를 슬기롭게 극복하고, 안정적으로 성장해 나갈 수 있다. 신자유주의가 정도(正道)다.

한국을 대표하는 국제금융 분야의 인사 가운데 한 사람인 박영철 고려대 석좌교수. 그가 금융위기의 진앙인 미국 동부를 다녀왔다. 그는 지금까지 줄곧 자유주의 정책을 지지해 온 인사이다. 2009년 1월 1일부터 4일까지 워싱턴, 뉴욕, 보스턴을 방문하면서 미 재무부와 브루킹스연구소, 뉴욕 월가의 금융기관 고위 임원들, 하버드대 석학들을 잇달아 만났다. 그의 미국 여행기를 조선일보에 이렇게 실었다.

만일 그가 팩스로 이 글을 보냈다면, 한 동안 팩스의 깜박이는 불빛을 넋 놓고 응시했으리라. 자신의 생각을 쓸쓸히 되뇌느라.

세계 금융을 쥐고 흔들던 그 위세는 어디로 갔는지 요즘 월가는 지탄의 표적이 되고 있다. 월가 사람이 잘못 돌아다니다가는 폭행을 당할 정도로 일반 국민의 분노는 극으로 치닫고 있다.

월가의 금융기관들은 중개 기능은 접어두고 상호간의 불신, 미래에 대한 불안, 언제 문을 닫을지 모르는 공포에 휩싸여 있다. 이런 와중에서도 강자는 약자를 노리고 약자는 숨을 곳을 찾아 헤매는 살벌한 거리로 변하고 있다. 금융의 쓰레기가 쌓이면서 경제의 동맥이 막히게 되자 경제는 서서히 침체의 수렁으로 빠져들고 있다.

경제의 이런 마비 상태를 정부가 방치할 수는 없으므로 불원간 금융의 국유화가 시작되어 월가는 정부의 거친 군홧발에 깔리게 될 것이다. 월가가 언제 다시 활력을 찾을 수 있을지 또 앞으로 어떤 모습으로 변화할 것인지 상상할 수 없을 만큼 미국의 금융 시장은 장기간에 걸친 격변의 소용돌이 속에서 벗어나지 못할 것이다. 우여곡절 끝에 미국 의회는 7000억 달러의 구제금융 자금을 승인했다. 천문학적인 금액의 자금을 풀겠다고 하는데도 시장의 반응은 냉담하기 이를 데 없다.

현재 2조 달러가 넘는 부실 자산이 매일 불어나고 있는데 7000억 달러로는 턱없이 부족하다는 것이다. 어떠한 독성(毒性) 자산을 얼마만큼 어떻게 매입할지도 분명치 않고, 매입을 하여 돈이 풀려 나가 자금 경색이 풀리려면 오랜 시간이 걸릴 터인데 그러다 보면 위기는 더 심화되어 더 많은 구제금융 자금이 필요하게 되는 악순환이 계속 될 수 있다는 것이다. 현재 미국 지방은행 300여 개 중에서 100개나 파산에 직면해 있다고 한다. 앞으로 수많은 금융기관의 국유화가 불가피해지고 있는데 그 많은 돈을 어떻게 조달할 것인지 아무도 적절한 방안을 제시하지 못하고 있다. [67]

Ⅱ. 마르크스의 해법

"우파의 이념적 승리는 완료됐고, 모두가 만족한 가운데 자본주의는 사회 구조의 결정적 형식으로 굳어졌다."

우리를 거의 설득시킨 이 담론은 2008년의 금융 대지진으로 무너졌다. 런던 [데일리 텔레그래프]는 "2008년 10월 13일은 영국 자본주의 시스템이 실패한 날로 기록될 것"이라고 평가했다. 뉴욕 월가의 시위대는 "마르크스가 옳았다!"라는 팻말을 치켜들었다.

마르크스주의는 자본주의 체제가 언젠가는 반드시 멸망하도록 돼 있다고 주장한다, 다만 그 시기가 계속 늦춰질 뿐이라는 것이다. 그 시기를 늦추는 것은 시장에 대한 정부의 개입, 광고 커뮤니케이션의 발달, 또한 인간의 광기라고 생각한다. 계속 늦춰지던 이런 것이 폭발처럼 일어난 것이라고 생각한다.

자유주의 사상에서 '인간'은 사회로부터 유래되지 않은 자생체이고, 오직 자신의 이익에 충만한 동물(호모 에코노미쿠스)이다. 인간 사회는 자유롭고 공정한 경쟁이 지배하는 사유 재산의 사회만 가능하다고 한다. 경쟁적 인간 이데올로기는 '살인자가 되자'는 비인간적 교육을 권장한다. 일확천금의 광풍 속에 전

방위적 탈문명화를 진행한다. 금융독재가 역사적으로 침몰함으로 해서, 그 맨 밑바닥에는 자유주의적 인간 담론이 깔려버렸다.

　마르크스는 자유주의 담론에 대항할 혁명의 초안을 제시한다. 그는 포이에르바흐에 관한 자신의 여섯 번째 테제에 "인간의 본성은 개별적으로 분리된 개인의 고유한 어떤 추상물이 아니다. 그것은 현실 속에서 전체 사회적 관계의 총체이다"라고 썼다. 자유주의 담론과 반대로 '인간'은 '인간의 세상'에서 유래한다. 인간과 사회는 서로 상대방을 발달시킨다. 우리는 인간의 삶을 바꿀 수 있다. 이는 사회를 바람직하게 바꾸는 조건하에서 가능한 것이다.

　자유주의가 거의 붕괴 직전인 상황에서, 그 대안으로 어떤 것을 제시해야 할 것인가? 생산과 소비 사이의 불균형 때문에, 자본주의 사회에는 경기순환이 일어난다. 회복과 공황, 그 기로에 있는 상태가 위기이다. 자본주의 경제에서 경기 침체(recession)는 한마디로 물건이 팔리지 않는 것이다. 이때 기업이 도산하고 은행도 망한다. 줄도산이 시작되면서 경기가 확 꺾이면 공황이다. 마르크스가 살았던 19세기에는 중앙은행이 금을 보유한 만큼 화폐를 찍어내는 금본위제였기 때문에, 위기와 공황이 한꺼번에 닥쳤다. 하지만 20세기 들어 정부가 화폐를 무한정 찍어낼 수 있게 되면서, 기업이 망할 지경이 되면 정부가 돈을 풀어 어느 정도 선에서 경기 회복이 가능해졌다.

　자본주의 경제에서 공황은 왜 발생하는 것일까? 자본가들은 이윤을 높이기 위해 기술을 도입해 생산량을 늘리거나, 또 노동자들의 임금을 삭감하고 비정규직을 늘리는 방식을 취한다. 생산은 늘지만 정작 물건을 살 사람이 없어서 수요는 줄어든다. 이는 다시 기업과 은행의 도산으로 이어지는 모순이 발생한다. 자본주의 체제에서 과잉생산, 과잉 축적으로 발생하는 공황은 필연이라고 보는 것이다. 19세기에는 10년마다 공황이 발생했지만, 20세기 들어 정부가 금융과 재정 정책을 취하면서 공황은 드물게 나타났다. 이 같은 정책을 모르핀 정책이라고 부를 수도 있다.

　모르핀 정책이 중요한 것은 언제까지일까? 이 문제가 중요하다. 위기가 닥칠 때마다 돈을 찍어 푸는 이 방법을 통해 위기를 계속 연기시키는 것이, 바로 자본주의의 핵심적인 정책 가운데 하나이다.

Ⅲ. 케인즈와 토빈의 해법

케인즈는 마르크스가 죽던 해인 1883년에 태어났다. 사람들은 이를 통해 케인즈와 마르크스를 상징적으로 연결시키곤 한다. 하지만 그는 마르크스주의에 결코 우호적이지 않았다. 1930년대 케임브리지는 히틀러의 집권이 준 충격으로 마르크스주의자들로 들끓고 있었다. 마르크스주의는 가장 총명하고 뛰어난 사람들에 의해 전쟁, 파시즘, 실업의 치유책으로 환영받았다.

모든 도그마를 거부했던 블룸즈버리 구성원들과 마찬가지로, 케인즈 역시 마르크스주의를 거부했다. 그것이 자기 세대가 파멸시킨 기독교가 떠난 빈 공간에 침입해 들어온 영혼의 질병이라고 생각했다. 그는 마르크스주의에 감염된 젊은 세대에게 이렇게 반문하곤 했다.

"모든 것 중에 최악이며, 늙은 리카도가 저지른, 그리고 내게 시간이 주어진다면 바로잡았을, 어리석은 오류 위에 세워진 것이지. 결국 더 이상 경제적 시련이 없을 것이라고? 그러면 그 다음에는?"이라고 이야기하곤 했다는 것이다.

기본적으로 그는 자본주의 자체를 파괴하기보다는 수정하는 길을 택했다. 그는 타당성이 입증되지 못한 사회주의에 의존하지 않고도 자본주의의 병리현상을 치료할 수 있다고 생각했다. 이 때문에 러시아 혁명에 대해서도 부정적이었다. 그는 자유방임주의자들이나 사회주의자들 모두 자본주의와 자유 시장 체제를 동일시하고, 자본주의의 변화 가능성을 외면하고 있다고 비판했다. 그는 소련 경제학자들 앞에서 집단주의적 기조를 따라 개조된 자유주의만이 무정부주의적 자본주의와 마르크스주의적 공산주의 모두에 대한 진정한 대안이라는 내용의 연설문을 낭독하기도 했다. 그는 좌파와 우파를 넘어선 중도의 입장에서 노동당과 보수당 모두에게 말을 건넬 수 있는 능력을 지니고 있었다. 이는 케인즈 혁명을 일궈 내는 데 결정적인 요인이 됐다.

케인즈는 오랫동안 낡은 경제학자의 대명사처럼 불려 왔다. 즉, 그의 경제학적 방법론에는 수량보다는 철학의 요소가 더 많이 깔려 있었다. 케인즈는 다음과 같은 이유 때문에 다시 세상에 불려나왔다.

케인즈를 평생 연구했다고 할 만한 스키델스키의 저서를 통해 케인즈를 어떻게 설명하고 있는지 보도록 하자.[68]

케인즈는 경제학자일 뿐만 아니라, 철학자, 정치가이기도 했다. 가장 먼저 우리가 케인즈를 읽을 때 염두에 둬야 할 것은, 그가 생각하는 기본적인 교훈이 무엇인가 하는 것이다. 케인즈 평전에는 2장의 아주 중요한 논문이 실려 있다. 영국의 경제적 불안정과 화폐론[69], 대공황과 일반이론[70] 이 바로 그것이다.

첫째, 불확실성을 기억하라. 케인즈 경제학은 "화폐와 시간이 개입되는 한, 경제 주체로서 인간 행위는 무지와 불확실성을 피할 수 없다는 인식에서 출발한다." 이런 불확실성을 염두에 두지 않는 경제학이 올바른 진단과 처방을 내릴 수 없는 것은 당연하다.

이런 인식 때문에 케인즈는 경제학에 과도한 수학 기법을 차용하는 데 적대적이었다. 그는 이 불확실한 세상에서 명확하고 계산 가능한 미래를 찾는 수학 모델은 절대로 받아들일 수 없었다. 계량경제학은 마치 사과가 땅 위에 떨어지는 것이 사과 쪽의 계산 실수에서 비롯됐다고 말하는 것과 같다.

같은 맥락에서 케인즈는 정부 경제 정책 역시 늘 불확실성이 있음을 부인하지 않았다. 이런 불확실성을 염두에 두면 어느 시대, 어떤 국가에서도 적용할 수 있는 만병통치약 경제 정책은 있을 수 없다. 1960~70년대 케인즈를 추종했던 경제학자들이 실패했던 이유도 이런 불확실성을 외면한 오만과 무관하지 않다. 인간의 오만, 그 결과는 바로 신의 복수로 나타난다고 보았다.

둘째, 선한 삶을 위한 신중한 대비가 필요하다. 케인즈는 평생 '선한 삶'을 이루려는 목표를 포기하지 않았다. 케인즈는 수단보다 목적이 높이 평가되고, 유용성보다는 선이 선호되는 선한 삶이야말로 경제학의 궁극적인 목적이라고 여겼다. 스키델스키는 오늘날, 문화와 정신적 가치가 돈에 대한 사랑에 제물로 바쳐지는 무분별한 상업주의는, 그를 말할 수 없이 불편하게 만들었을 것이라고 설명한다.[71]

캘리포니아주립대 석좌교수로 있는 손성원 박사도 현재 월가의 문제는 탐욕(greed)의 문제였다고 말한다. 3000만 달러, 5000만 달러나 벌고도 그 다음 해엔 더 벌겠다는 월가 CEO들의 욕심이 자본주의의 종말이란 말이 나올 정도의 위기를 불러왔다는 것이다.

셋째, 지금 여기서 행동하라. 케인즈는 이 선한 삶을 향한 도전을 주저하지 않았다. 그 도전은 늘 지금 여기에서 시작됐다. 그의 일차적 관심사는 자신이 발 딛고 선 땅의 삶을 개선하는 데 있었다. 스키델스키가 지적한 대로, (케인즈는 위기를 극복할 수 있는) 실현 가능하다고 생각하는 것을 위해, 자신이 진리라고 생각하는 것을 언제라도 기꺼이 희생할 준비가 돼 있었다.

스키델스키는 책의 말미에서 케인즈의 삶을 호머의 영웅 오디세우스에 빗 댄다.

"그는 사이렌의 아름다운 노래 소리를 들었지만 난파의 가능성을 경계했 고, 그의 재능과 세계의 상황이 운명 지워 준 경로를 충실히 따라갔다. 능숙하게 도 그는 삶과 일에서 가능한 최상의 세계를 위해 분투했으며, 기적적으로 거기 에 가깝게 다가갔다."

호머의 [오디세우스]가 단순한 영웅담이 아니듯이, 20세기 오디세우스의 삶을 기록한 이 책 역시 단순한 찬양을 위한 영웅담이 아니다. 지금, 많은 케인 즈주의자들은 말한다.

"우리가 할 일은 케인즈주의자가 되는 일이 아니다. 케인즈를 넘어서는 일 이다"라고 말이다.

흔히들 케인즈가 정부의 재정 정책의 역할을 강조해서, 그가 정부의 역할을 전지전능한 것으로 보았다고 간주한다. 케인즈가 시장 체제를 포함한 시민사회의 자율적 메커니즘 대신 권력과 명령의 경제학을 들여놓았다는 비난은 크게 과장된 것이다. 케인즈 경제학에서 중요한 것은 국가 개입이 있어야 하느냐 아니냐의 문제가 아니다. 어떤 국가 개입이냐의 문제였다.

제임스 토빈 교수는 1918년 3월 5일 일리노이 주에서 출생했다. 자산선택이론의 창시자 가운데 한 사람이다. 1947년 하버드대학교에서 박사학위를 받고, 1950년 예일대학교 교수로 재직했다. 소비함수에 대한 유동자산가설(流動資産價說), 신고전파 성장이론의 정식화, 특히 금융론에서 '예일 어프로치' 등 많은 업적이 있다. 1971년 외환투기를 막고 외환시장을 안정시키기 위해 국제 외환거래에 대해 1%의 세금을 부과하는 토빈세 방안을 제시하기도 했다. 그러나 토빈세는 세계 여러 나라가 동시에 시행해야 하는 것이다.

저서에 [국가 경제정책 National Economic Policy](1966), [경제학 논문집 Essays in Economics](3권: 1971~1982), [10년 뒤의 새로운 경제학 The New Economics One Decade Older](1974) 등이 있다. 케네디 대통령 때 행정부의 경제자문위원회 위원(1961 1962)을 지냈으며, 맥거번 후보(민주당)의 선거참모(1972)로도 활약하기도 했다. 금융시장의 분석 및 지출 결정, 고용·생산 및 재(財)가격과 금융시장과의 관련분석에 공헌한 업적으로 1981년 노벨경제학상을 수상했다. 토빈 교수의 정책론적 해법은 아주 구체적이다. 이런 문제에는 이런 해법을 쓰라고 아주 구체적으로 지적돼 있다. 오늘날 케인즈주의는 바로 토빈 교수가 대표하고 있다.

세계 경제에 치명상을 남기다

 치명상을 입은 '유럽, 아시아, 중동'

유럽이 직격탄을 맞았다. 피를 흘리며 쓰러지기 직전이었다. 국가·은행 간 거래보증 합의, 예금보장 확대, 미국과 동유럽 국가들의 금융위기 등이 주요 이유로 손꼽혔다. 아시아도 마찬가지였다.

2007년 엔고 현상으로 공적자금을 10조 엔으로 늘리고 27조 엔대의 경기 부양책을 감행한 일본. 당시 일본을 제외하고는 아시아 국가들이 국내총생산 (GDP)에서 수출이 차지하는 비중이 47%(1998년 36%)에 달할 정도로 끄떡없었다. 하지만 2009년에 들어서 수출이 감소했고, 경제성장률은 많이 둔화됐으며, 금융위기는 심화됐다. 한국은 마이너스 성장을 기록했다. '돈의 악마'가 저주를 내리듯이 말이다.

중동은 상승했던 유가가 하락했다. 금융위기의 영향을 심각하게 받고 있었던 것이다. 쿠웨이트 중앙은행 지역 은행들의 예금 지급보증, 아랍에미리트 (UAE) 재무부 은행 유동성 확대를 뒷받침하기 위해 250억 디르함(68억 달러)을 투입했다. 사우디아라비아 저소득층 무이자 대출 지원을 위해 정부 소유의 사우디크레디트뱅크에 100억 리얄(27억 7000만 달러)을 예치했다.

브릭스(BRICs, 브라질·러시아·인도·중국 등 신흥경제 4국)지역의 증시도 폭락했다. 브라질은 2008년 10월 40.5% 하락했고, 러시아 지역은 2008년 10월 54.6% 하락했다. 인도는 2008년 1월 4일 20,567.95 → 2008년 10월 28일 8,509.56으로 (통계가) 잡혔으며, 중국은 2008년 1월 2일 5,272.81 → 10월 29일 1,719.81로 감소했다.

2008년 10월 말 현재 구제 금융을 요청한 나라들은 다음과 같다.

파키스탄, 벨로루시, 우크라이나, 헝가리, 아이슬란드, 세르비아 등 6개국이다. 구제금융 요청이 확실시된 나라로는 아르헨티나, 폴란드, 에스토니아, 라트비아, 카자흐스탄 5개국. 이외에 10여 개국도 IMF 구제금융이 필요했던 것으로 알려졌다. 2008년 10월 말 IMF의 가용자금 약 2000억 달러, 긴급 조달 가능 자금 약 500억 달러인 것으로 나타났다. 상황이 이렇다보니, 이들 국가들이 구제 금융을 다 받기가 대단히 어려웠다.

 ## 2 중국과의 화폐대전

세계는 '화폐전쟁의 시대'로 이동하고 있다. 화폐전쟁 가운데서도 최대의 '전쟁'은 미국과 중국의 싸움이다. 유럽연합과 각 민족국가 단위도 전쟁의 보조적인 역할을 담당할 수 있다. 지난 1990년대 미국은 일본과 동아시아를 공격했다.

일본에 대해서는 이른바 핵무기에 해당하는 전략적 공습을 감행했다. 동아시아 여러 나라에 대해서는 핫머니 등이 공격을 하고 IMF의 힘을 빌려, 그들 국내시장을 장악하는데 성공했다. 당시 우리는 개방경제의 의미를 다시금 곱씹지 않을 수 없었다. 동아시아에 핫머니가 출몰하다가 핫머니를 일거에 빼니까, 동아시아 시장은 일거에 무너졌던 것이다.

미국과 중국은 전략적 공격은 아닐지라도, 전략적 포석으로 맞섰다. 이때 전쟁은 한국을 무대로 해서 벌어질 위험성도 완전히 배제할 수는 없었다. 동북아시아에는 한국 중국 일본이 참여하는 AMFr(아시아통화기금)가 논의됐다. 이는 국제 금융자본이 한국 금융자본에 대한 교란을 감행한 이유였다. 한국의 금융건전성은 나날이 훼손되고 있었다. 내분비샘이 교란 받고 있었다. 금융의 건전성을 유지해야 할 필요성이 절실했다.

산업화 시대까지는 미국이 밀림의 사자로서 세계를 앞장서서 걸어 왔다. 산업화 시대 말기부터 미국은 대량생산 체제를, 일본과 한국을 거쳐 이제는 중국에 내줬다. 아니 중국이 그 모델을 가져갔다. 미국은 선진적인 기술과 함께 자본에서의 우위만을 점했다. 이것이 화폐전쟁으로 이동하는 배경이다.

월스트리트발 금융위기에서, 중국 금융권들이 서구의 은행들의 지분을 매입하느라 열을 냈다. 중국은 금융위기 때 선진 금융권의 지분 매입 등을 통해 선진금융 기법을 배운다는 계획을 세웠다.

2008년 9월 18일(현지시간) 블룸버그통신과 로이터통신에 따르면, 중국의 3대 은행인 중국은행이 2억3600만유로(3억4200만 달러)에 로스차일드 은행의 지분 20%를 인수했다. 인수한 부문은 자산운용과 프라이빗 뱅킹(PB)을 주로 담당했고, 중국에서 자산운용과 PB업무를 중점적으로 할 계획이었다.

지분 인수로 중국은행은 로스차일드 은행의 지분 75%를 가진 벤저민 로스차일드에 이어 제2대 주주가 됐다. 주민 중국은행 부행장은 "이번 지분 인수는 유럽과 다른 신흥시장으로 진출하기 위한 기회였다. 이번 지분인수를 통해 자산관리와 PB서비스 상품 설계 능력을 강화할 것"이라고 설명했다.

아울러 중국의 국부펀드인 중국투자공사(CIC)도 월스트리트 2위 투자은행인 모건스탠리 인수전에 뛰어들었다. 모건스탠리에 대한 지분 9.9%를 갖고 있는 CIC는 지분을 49%까지 늘린다는 계획을 갖고 협상을 벌였다.

중국의 씨틱그룹도 모건스탠리 인수에 나섰던 것으로 알려졌다. 시장에서는 중국 정부가 금융위기가 심각해지자 해외 금융회사 인수에 제동을 걸어왔다고 밝히며, 중국 금융기관의 서구 은행 지분 매입이 수월하지는 않을 것으로 봤다.[72]

그런데 2009년 4월 1일 중국 4대 국책 은행 가운데 하나이자, 세계 5위인 중국은행(Bank of China: BOA). 이 은행이 국제 금융계에 막강한 영향력을 행사하는 LCF 로스차일드 은행(La Compagnie Financiere Edmond de Rothschild)의 지분 20 퍼센트를 약 2억 3천만 6백만 유로 (3억3천만6백만 달러)로 사들이려던 계획을 철회한다고 발표한 것이다.

그 이유를 중국은행 측은 중국 정부 당국이 거래 허가를 내주지 않았기 때문에, 계획이 무산됐다고 밝혔다. 중국은행은 이 거래의 마감 시한인 3월 31일 이후 더 이상 마감 시한을 연장하지 않을 것이며, 애초 2008년 9월에 합의된 이 거래 계획도 아울러 폐기한다고 밝혔다. 원래 마감시한은 2008년 12월 31일이었다. 하지만 중국 정부 당국의 허가가 나오지 않아 4월 1일로 연장했던 것이다.

로스차일드가는 중국은행과의 지분참여를 결정하기 이전에 상하이 펀드와 지분협상 중이었다. 중국 당국의 규정에 따라 해외 투자자는 지배 주주가 될 수 없는 탓에, LCF 로스차일드는 중하이 펀드의 이사회 이사를 선임하거나 고위 경영진을 선임할 수 없는 순전히 재정 투자자에만 머물러야했다. LCF 로스차일드가 상하이에서 대표 사무소를 개설했다. 하지만 중국 당국이 발부한 외국 기관 투자 허가증(Qualified Foreign Institutional Investor licence)이 제한하는 바에 따라, 투자 금액도 1억 달러 이상을 넘을 수 없었다.

2008년 9월 양측 간의 합의 당시 [파이낸셜 타임즈]지는 "이번 거래로 로스차일드는 빠른 속도로 성장하는 부유한 중국인들에 접근했다. 이와 동시에 중국은행 측에는 점차 고급화되는 중국 투자자들에게 판매할 금융서비스 상품을 제공할 수 있게 됐다"고 전했다.

중국은 개인 금융업 분야에서 로스차일드와 협력해 중국은행의 국내사업도 강화했다. 고수익을 추구하는 개인 자산 운용 부문과 전문적인 투자 전략 등에서 로스차일드의 경험을 이용하려 했다. 이미 중국은행 측은 은행 능력과 국제적 지위를 강화하기 위해 "국외 산업 지도자들과 장기적인 전략적 파트너십을 형성할 기회를 선택적으로 추구해 왔다"고 말한 바 있다.

이 때문에 중국은행은 2008년에 제네바에 기반을 둔 자산관리업체인 헤리티지 펀드 매니지먼트(Heritage Fund Management, HFM)에 투자했다. 2009년 초 중국 쪽에 전략적 지분을 매각한 스코틀랜드 로열 은행(Royal Bank of Scotland)과도 프라이빗 뱅킹 분야에서 협력해 왔다.

중국은행과의 합의가 발표되고 나서 한 달 뒤인 2008년 10월에는 LCF 로스차일드가 중국에서 네 번째로 큰 생명보험사인 중국생명보험(China Life Insurance Co., Ltd.)측과의 협력을 위해 접촉하기도 했다. 로스차일드 은행은 중국생명보험 측이 해외 확장을 하는데 도움을 주겠다고 제의했다. 중국생명보험 쪽도 해외 확장과 국제 경험을 진작시키기 위해 이러한 로스차일드 측의 제안이 필요했다.

그렇다면 왜 이 거래가 무산된 것일까? 가장 큰 원인은 금융위기 때문이라고 볼 수 있다. 중국 당국은 핑 안 보험(Ping An Insurance)이나 2000억 달러를 운용하는 중국 국부펀드인 중국투자공사(China Investment Corp: CIC)의 해외투자가 막대한 손실을 낳았다. 그러자 중국 국내 금융회사의 해외투자에 대해 엄격히 대하기 시작했다. 핑 안은 벨기에-네덜란드 금융서비스업체인 포르티스(Fortis NV)에 투자했다가 실패했다. CIC는 블랙스톤(Blackstone)과 모건 스탠리에 투자했다가 엄청난 손실을 봤다. 실제로 CIC 의장인 루 지웨이(Lou Jiwei)는 2008년 12월, 선진국 금융기관에 "어떤 위험이 도사리고 있는지 모르기 때문에, 투자할 용기가 나질 않는다"고 말한 적이 있다.

그럼에도 약간 석연치 않은 점이 존재했다. 무엇보다 이 거래가 무산되는 과정이 그렇다.

중국은행 대변인인 왕 자오웬은 로스차일드가의 해당 은행 지분 20%를 사들이려던 계획을 폐기한다면서도 "그러나 우리는 로스차일드가와 다른 형식의 사업 협력을 계속 추구할 것이다"라고 덧붙였다. 그는 [차이나데일리(China Daily)]와의 통화 인터뷰 당시엔 "우리는 마감 시한 전까지 정부로부터 승인을 받지 못했다. 결과적으로 이번 거래는 자동으로 무효가 돼버린 것이다"라고 말했다.

왕 대변인에 따르면, 중국은행 측은 이번 거래 취소 여부에 대한 딱 부러진 설명을 정부로부터 듣지 못했다는 것이다. 왕 대변인은 "이번 거래를 재협상하는 것도 배제하지 않지만, 가능성에 대해서는 분명치 않다"고 말했다. 이처럼 중국은행 대변인의 말을 자세히 고려해보면, 중국은행 측이 로스차일드가와 차후 협력을 전적으로 배제하고 있다고 단정지을 수는 없었다.

내가 보기에 이 거래는 전통의 강호인 LCF 로스차일드가와 중국은행 사이의 먹고 먹히는 싸움의 결과로 해석된다. 로스차일드가 중국은행에 먹히고, 다음 중국 대륙에 들어와서 부활할 것인지, 또는 중국은행이 로스차일드와의 만남을 계기로 유럽에 진출할 것인지가 불분명했던 것이다.

중요한 것은 중국 정부 당국이 달가워하지 않은 것을 보면, 은행을 은행으로만 보지 않은 것이다. 이런 것이 국제정치경제적인 거래에서는 얼마나 중요한가 하는 것을 다시 한 번 깨달을 수 있게 만들어 줬다. 이제 화폐전쟁은 시작됐다고 보는 것이다. 아무리 전략적 목표를 위한 단합이라고 할지라도, 평생의 숙적과 단결할 수는 없었기 때문이라고 생각해 본다.

경제불황은 어디에서 멈출까?

경제불황 한 가운데서 미래를 예측하는 일은 쉽지 않다. 다들 이 문제에 대해 침묵 하고 싶어 한다. 한마디 말도 하지 않으면, 욕은 안 먹기 때문일까? 그래도 누군가 침묵을 깨뜨려야 하겠지. 내가 총대를 메 볼까?

먼저 속 시원한 답을 하기 위해서는 일단 2009년 하반기에 저점을 찍음에 따라, 다음과 같은 네 가지 중에 한 가지 경우가 될 가능성이 많다고 하겠다.

첫째, L자형으로 아주 완만하게 회복해 나간다는 것이다.

둘째, -자형으로 회복이 될지 안 될지, 오랜 장기불황을 거치게 될 것이라는 것이다.

셋째, V자형으로 빨리 저점을 찍고 빠른 회복과정을 보이리라는 것이다.

넷째, 경제불황이 스태그플레이션으로 이어질 전망도 완전히 배제할 수는 없다.

이런 문제에 답하는 사람들 가운데, 금융개혁을 어느 정도 수행해 갈 것이냐에 따라 경제동향과 미래전망도 달라진다. 그런 전망 가운데서도 크루그먼, 루비니, 스티글리츠 교수 이 세 사람의 견해는 대단히 중요하다. 오바마 대통령도 이 세 사람의 의견을 자주 듣기 때문이다. 2009년 6월 뉴욕시장의 주가가 일제히 폭락한 것은, 바로 이 세 사람 교수의 미국 경제에 대한 진단 때문이었다. 이 세 사람은 그런 공통성이 있다. 더 자세히 들여다보면, 이 세 학자는 각자의 개성만큼이나 관점이 다름을 알 수 있다.

폴 크루그먼(Paul Robin Krugman) 프린스턴대학 교수는 1977년 메사추세츠공과대학(MIT)에서 노벨경제학상 수상자인 로버트 솔로(Robert Solow) 교수의 지도로 경제학 박사학위를 받았다. 예일대학교와 스탠퍼드대학교, 메사추세츠공과대학 교수를 거쳐 2000년부터 프린스턴대학 교수가 됐다. 1982년부터 이듬해까지 레이건 행정부에서 백악관 경제자문위원회 위원으로 일했으며, 1991년 가장 뛰어난 40세 미만의 경제학자에게 2년마다 수여하는 '존 베이츠 클라크(John Bates Clark) 상'을 받았다. 2008년에는 심지어 '무역이론과 경제지리학을 통합'한 공로로 노벨경제학상도 받았다.

케인즈 이후 가장 글을 잘 쓰는 경제학자로 꼽히며, 2000년부터 [뉴욕타임즈]의 고정 칼럼니스트로 활동해왔다. 부시 행정부에 대해 소수의 부자를 위한 정책을 편다며, 신랄하게 비판해 '부시 저격수'라는 별칭을 얻기도 했다. [경제학의 향연 Peddling Prosperity](1995), [불황 경제학 The Return of Depression Economics](1999), [대폭로 The Great Unraveling : Losing Our Way in the New Century](2003), [미래를 말하다 The Conscience of a Liberal](2007) 등 20여 권의 저서와 200편 이상의 논문을 발표했다.

폴 크루그먼 교수는 "유럽 등 각국의 대응 덕분에 금융위기 공포감이 조금 가셨다"고 말했다. 크루그먼은 "많은 면에서 지금의 위기는 대공황과 비슷한 점이 있다"면서 위기 해소를 위한 국제 공조에 낙관적인 태도를 보였다. 폴 크루그먼 교수는 당시 2009년 9월까지 미국의 리세션이 종료될 수 있다고 언급했었다. 물론, 이들 비관론자들이 완전히 비관론을 접은 것은 아니었다. 아직 신중론을 펴고는 있지만, 비관의 강도는 현저히 약해졌다. 이들의 변심(?)은 대세를 인정하고 퇴로를 만들어 놓는 듯한 느낌도 들게 했다.

이제 최악의 국면은 지났고, 위기는 당분간 다시 오지 않을 것이라고 주장한다. 실업자가 늘면서 불황의 여파는 5년 동안 계속될 수 있다고 경고했다. 막대한 재정 지출에 따른 세금 증가와 가계 빚에 눌린 소비 감소로 세계 경제 규모 자체가 예전 수준으로 회복되기 어렵다는 것이다.

세계 금융위기를 예언해 명성을 얻은 누리엘 루비니 미국 뉴욕대 교수. 그가 중국 등 신흥시장의 영향력이 계속 확대돼, 달러가 기축통화의 지위를 잃게 될 것이라는 예측을 내놓았다. [로이터통신]에 따르면 루비니는 지난 2009년 6월 16일 미국 뉴욕에서 열린 로이터 투자전망회의에서 "신흥시장의 성장은 근본적인 변화이고 중국 경제가 결국 미국보다 커질 것"이라며 이같이 밝혔다. 루비니는 미국의 막대한 국채와 달러화 자산이 신흥시장의 외면을 받으면서, 달러화의 위상이 흔들리게 될 것이라고 내다봤다. 미국이 재정적자를 메우기 위해 발행하는 국채 등을 중국 등 신흥시장 국가들이 사들임으로써 미국의 자금 조달이 가능했지만, 앞으로는 이런 추세가 유지되기 힘들 것이라는 분석이다.

중국 등 신흥시장의 지속적인 성장이 결국 세계 기축통화로 달러가 군림하는 시대를 끝낼 것이라는 예측을 내놓았다. 그러나 이 같은 예측에도 불구하고, 2009년 하반기(7~12월) 중국경제에 대해 "저점은 찍었지만, 여전히 갈 길은 멀다"는 분석이 주류를 이뤄 중국의 경제 회복으로 글로벌 경제 불황의 끝을 보고 싶어 하는 투자자들의 가슴을 애태웠다.

루비니 교수는 6월 16일 뉴욕에서 열린 로이터의 투자전망 회의에서 "신흥시장의 부상은 근본적인 변화이고 중국 경제가 결국 미국보다 커질 것"이라며 이같이 밝혔다.

그는 중국과 러시아, 브라질 같은 거대 신흥시장 국가들이 미국에 대한 최상위 채권국들이라는 것이다. 이들 국가의 경제가 더욱 강해지면서, 늘어나는 미국의 재정이나 경상수지 적자에 자금을 대는 것에 흥미를 잃을 것이라고 예상했다. 하지만 루비니 교수는 20세기에 주요 기축통화의 지위가 영국에서 미국 달러화로 점진적으로 옮겨간 점을 들어, "주요 기축통화의 쇠퇴는 하룻밤 사이가 아닌 수 십 년이 걸리는 느린 과정"이라며 "이번 세기는 아시아나 중국의 세기가 될 수 있지만, 이렇게 되기까지는 한참이 걸릴 것"이라고 내다봤다.

2001년 노벨경제학상 수상자 조지프 스티글리츠 컬럼비아대 교수가 오바마 행정부의 금융개혁이 월스트리트의 협박에 의해 좌초됐다고 단언했다. 앞서 2008년 노벨경제학상 수상자 폴 크루그먼 프린스턴대 교수가 오바마 행정부의 금융개혁이 실종되고 있다고 우려한 것보다 더욱 비관적이어서 충격적이었다.

스티글리츠 교수는 2009년 6월 9일 '부자를 위한 미국식 사회주의: 기업복지국가주의(America's socialism for the rich: Corporate welfarism)'라는 칼럼을 통해 이렇게 생생하게 절망감을 토로했다.

"오바마 행정부는 정치적 압력과 대형은행들의 협박에 굴복했다."

"그 결과 오바마 정부는 은행을 구제하는 것이 아니라, 경영진과 주주 등 은행 관계자들을 구제하는 방식을 택했다."

스티글리츠의 대안은 대안적 세계화이다. 인간의 얼굴을 한 세계화가 진행되기를 바라고 있다. 세계화를 바라보는 스티글리츠의 시각을 한마디로 요약하

스티글리츠 교수, '오바마 부자를 위한 미국식 사회주의'

"경기회복 기미가 보인다고 떠들고 있을 때, 미국의 은행들은 자신들을 규제하려는 노력을 좌초시키려 하고 있다. 정치인들이 다시는 이런 위기가 재발되지 않도록 규제개혁을 하겠다고 떠들고 있었지만, 은행들은 예전 방식대로 할 수 있는 여건을 확보하기 위해 힘을 모았다.

현재 월스트리트를 구제하려는 노력은 위기 이후의 금융체제 구축과는 별 관계가 없다. 우리는 오히려 경쟁이 약화된 은행시스템과 가뜩이나 '대마불사'의 지위를 누린 기존의 대형은행들을 더욱 거대화시키는 결과를 보게 될 것이다.

대마불사급의 미국 은행들은 그 큰 규모로 인해 경영하기도 어렵다는 사실은 알려진 지 오래다. 일부 은행이 참담한 실적을 기록한 이유이기도 하다. 정부 관료들은 순자산 가치가 거의 없는 좀비은행들을 존속 가능한 기관으로 취급해 계속 지원하면, 이런 은행들이 '부활'을 위한 도박에 나서리라는 것을 알고 있다.

큰 판이 걸린 이 도박에서 그들이 이기면 털고 일어서면 그만이지만, 실패하면 정부가 뒷감당을 해야 한다. 이런 결과는 그저 이론이 아니라, 1980년대 '저축대부조합'사태 당시 큰 대가를 치르고 얻은 교훈이다."

"구조조정 하기에는 너무 크다"는 새로운 개념

금융업체들에 대해 재무적 구조조정을 할 경우, 대마불사급의 은행들이라고 해도 주주들과 채권자들에게 책임을 물으면서 구조조정을 하며 회생시키는 것이 정상이다. 하지만 오바마 행정부는 새로운 개념을 도입했다.

"재무적 구조조정을 하기에는 너무 크다"는 것이다. 오바마 정부는 이런 은행들을 일반적인 규칙에 따라 다루면, 시장이 공황상태에 빠진다고 주장했다. 이에 따라 부실 은행의 채권자들에게 책임을 묻는 것은 고사하고, 정부의 구제 금융을 기대하는 요소가 없다면 휴지조각이 될 주식을 들고 있는 주주들조차 건드릴 수 없는 상황이었다.

이런 판단은 잘못됐다. 오바마 행정부는 정치적 압력과 대형은행들의 협박에 굴복했다. 그 결과 오바마 정부는 은행을 구제하는 것이 아니라 경영진과 주주 등 은행 관계자들을 구제하는 방식을 택했다.

분명한 것은 오바마의 정책이 초래할 현재와 미래의 비용은 매우 크다는 것이며,

여태까지 은행의 대출 재개라는 목표조차 성취하지 못했다는 점이다.

고통을 초래한 자에게 혜택주는 '이상한' 규칙

반면 납세자들은 막대한 공적자금을 지불하게 됐다. 더 나쁜 것은 전 세계 경제에
엄청난 고통을 초래한 자들에게 혜택을 주는 방식으로 시장 경제의 규칙을 다시 쓰고
있다는 점이다.

이처럼 손실은 사회화되고, 이익은 사유화되는 새로운 형태의 '짝퉁 자본주의'는
실패할 수밖에 없다. '구조조정 하기에는 너무 큰 은행'들은 책임도 지지 않고 도박을
할 수 있고, FRB가 제로 금리로 제공하는 자금 등 판돈도 풍부하다는 것을 알고 있다.
일각에서는 이러한 새로운 경제체제를 '미국식 사회주의'라고 일컬었다. 하지만
사회주의는 서민들이 주인공인 제도다. 반면 미국은 상업은행에서부터 투자은행,
보험, 자동차산업에 이르기까지 유례없는 기업복지망을 확대해 왔다.

'정치적 힘이 너무 강력한 은행들'

이런 것은 사회주의가 아니라 '기업 복지국가주의'다. 어려운 서민들은 사회적 보호를
거의 받지 못하는 반면, 부자와 권력자들은 할 수만 있다면, 언제든지 정부에게
도움을 요청하는 체제다.

우리는 대마불사급 은행들을 해체해야 한다. 하지만 대마불사급 은행,
구조조정하기에는 너무 큰 은행들은 정치적으로 너무 강력하다. 그들의 로비 능력은
규제 완화, 그리고 납세자가 부실 정리를 위한 돈을 내도록 위력을 발휘했다.
그들은 또다시 이런 짓을 할 수 있는 체제를 만들려고 하고 있다. 우리는 이런 사태를
감당할 여력이 없다. [74]

어떤 사람들은 이러한 새로운 경제 체제를 '미국적 사회주의(socialism with
American characteristics)'라고 부른다. 사회주의는 보통 사람들을 위한 것인데,
미국적 사회주의는 집을 잃어가고 있는 수백만 명의 미국인들에게는 거의 아무런
도움도 주지 않았다. 직장을 잃은 이들은 단지 39주 동안 제한된 실업 급여를 받는다.
그리고 스스로 헤쳐 나가도록 방치된다. 건강보험은 그들이 직장을 잃는 순간
사라진다.

미국은 '기업 안전망'을 전례 없이 확대해 왔다. 상업은행에서 투자은행으로,
보험사로, 그리고 자동차 회사로, 끝이 보이지 않을 정도다. 실은 이것은 사회주의가
아니라, 미국의 오랜 기업 복지주의 전통의 확장에 불과하다. 돈과 권력이 있는
사람들은 필요할 때마다 정부에 달려가 도와달라고 손을 내민다. 반면 도움이 절실한
개인들은 사회적인 보호를 거의 받지 못한다.

자면, 세계화 자체가 문제라기보다 현재 진행되는 방식의 세계화는 잘못이라는 것이다.

오늘날과 같이 진행되는 세계화는 개발도상국의 빈곤을 더욱 심화시켰다. 물질적 가치 이외의 가치(환경보호 등)를 도외시하며 개발도상국 국민들의 의사결정권을 박탈하고, 많은 패자(심지어 선진국에서조차)를 양산하고 있다. 무엇보다도 그는 세계화가 미국화와 동일시되는 경향을 경계한다.

이러한 문제점을 해결하기 위해서는, IMF와 같은 국제기구들은 인플레이션보다는 실업을 줄이고 빈곤을 퇴치하는 데 더 많은 관심을 기울여야 한다. 또한 개발도상국에 자금을 지원할 때 요구조건을 대폭 완화시켜서, 과중한 외채 부담으로 개발이 불가능해지는 상황을 막아야 한다. 그리고 선진국의 농민들에 지급되는 보조금을 철폐해, 명실 공히 공정무역의 조건을 마련해야 한다. 개발도상국 경제의 불안만 가중시키는 자본시장 자유화의 한계를 인정하고, 지속가능성에 관심을 둬야 한다. 당연히 환경파괴도 줄여야 하고, 에너지 고갈을 막으며 지구온난화를 늦춰야 한다.

끝으로 국제경제기구의 지배구조를 민주적으로 변화시켜야 한다고 말한다면, 혁명적인 발언일까? 이 기구의 주요한 결정이 서구의 채권국, 특히 이들 나라의 금융기관의 이해만 충실하게 복무하는 것은 막아야 할 것이다. 어둑어둑한 세상은 이제 싫다.

마치 돈에 번식 능력이
있는 것처럼 돈으로
돈을 낳으려는 것은 가장
부자연스러운 행위다.

아리스토텔레스

만족할 줄 아는 사람은
진정한 부자이고,
탐욕스러운 사람은
진실로 가난한 사람이다.

솔론

돈은 악이 아니며,
저주도 아니다.
돈은 사람을 축복하는 것이다.

탈무드

희망의 정치 - 경제 시스템으로 가는 여정

기존 이념들을
다시 생각해 보기

자유주의와
'경제 민주화론'의   '1인 1표의 대중
대결과 협력   민주주의'와
                        '성적 지상주의의
                         엘리트 자유주의'

                        '경제 민주화'인가?
                        '주주의
                         성장론'인가?

기존 이념들을 다시 생각해 보기

 보수주의는 어떻게 살아남았을까?

한국에서 보수주의는 박근혜, 이회창 의원 등을 손꼽는다. 이들이 과연 보수주의를 갖고 얼마나 많은 정책을 만들 수 있을까? 이는 다른 문제이겠지만 말이다. 보수주의는 적응을 통해 살아남는다.

강원택 교수의 영국 보수당의 역사를 읽어 보더라도 이 점만은 분명하다. 보수주의는 전통과 전통의 적응을 통해 살아남는다. 전통이라는 것은 많은 문제점이 있기는 하다. 거기에는 영광의 시대도 있게 마련이고, 한 시대 동안은 거기에 의존해서 살아남았던 기억을 갖고 있다. 불편한 기억도 동시에 떠오른다.

영광과 살아남았던 기억은 유지하고, 보수주의는 불편한 건 개혁하는 것으로 생존의 길을 찾는다. 개혁이라는 말은 늘 보수주의를 따라다니는 용어가 됐다. 따라서 보수주의에는 수식어로 조금 뉘앙스가 다른 말을 추가한다. 개혁적 보수, 따뜻한 보수와 같은 것이 바로 그런 것들이다. 우리나라에는 연세대학교 사회학과의 유석춘 교수가 이런 입장을 취했다. 박정희 시대의 경제성장은 유지하고, 거기에 함께 묻어있던 관료적 권위주의는 털어내는 것이 보수주의의 갈 길이라는 것이다.

영국의 보수주의가 살아남는 것을 보면서, 한국의 보수주의도 살아남을 것이라고 예측한다. 보수주의로서 박정희 정권은 살아남았다. 보수주의 시민단체들의 등장으로 그 근거가 마련됐다. 박근혜는 거기에 리더십을 제공했다. 박정희 정권이 계승된 것은 경제성장의 노선이다.

국가주의는 국가의 과도하게 팽창된 국가를 전제로 한다. 과도성장국가(overdeveloped)론이 국가주의의 배경이 됐다. 국가가 과도 성장되지 않았다고 할지라도, 그런 길로 가려는 것이 국가주의 사상이다. 국가주의에는 여러 종류의 것이 있다. 이를테면 공산주의 정부가 있는가 하면, 파시즘 정부도 국가주의의 한 종류라고 할 수 있다. 흔히 개발독재라고 불리는 정부도 국가주의 사상을 갖게 마련이다.

경제개발을 원하는 개발도상국 정부의 정책은 기업을 압도한다. 우리나라는 현재 빈곤국가에서 경제가 발전된 국가로 가는 과정에서, 보수주의의 처리 문제와 부딪히고 있다. 중요한 것은 이들이 여러 사회적 그룹과 함께 정책을 내놓고 일하는 보수의 성격을 띠었으면 한다. 또한 개발독재를 완전히 청산하는 문제는 쉽지 않은 과제라는 사실도 다시 확인할 수 있다.

② 자유주의의 필요성은?

영국에서 자유주의 정당은 일찍 해체됐다. 한국에도 초기 자유주의자들 가운데는 김진현 이사장이 있었다. 요즘 자유주의 사상으로 무장한 일군의 학자들이 모습을 드러내기 전까지 말이다. 김진현은 루트비히 폰 미제스, 마이클 노박, 조지프 슘페터 같은 자유주의 지식인의 저작물을 한국에 소개하기 위해 노력했다.

김 이사장은 자유를 열망한 우리 세대는 자유주의자일 수밖에 없다고, 스스로가 자유주의를 선택한 배경을 설명한다.

"총체적 반(反)자유 생활환경에서 자유가 얼마나 귀중한 것인지를 체험하며 자랐지요. 일제 때 이름과 말을 빼앗기고 아침마다 일본 천황에게 절을 해야 했고 어린이 노동수용소와 다름없던 초등학교에서 어린 시절을 보냈습니다. 북한이 6·25전쟁으로 남한을 점령했을 때에는 김일성 찬양과 공산당 선전으로 가득 찬 세상에서 생활했습니다. 그러면서 '인간의 삶이 이런 것은 아닐 텐데…'싶었어요. 그렇게 쭉 이어진 집단적 억압을 체험했기 때문인지 자유에 대한 본능적 욕구가 매우 강했습니다. 그러던 차에 접한 서적이며 영화가 모두 서양의 것이었습니다. 이들이 품고 있는 내용이 온통 자유, 민주주의, 개방, 개성에 관한 것이었기에 제 맘속에 있던 자유주의 성향은 더 짙어졌지요.

자유주의를 학문으로 연마한 것은 1972년 니만 펠로십(언론인 해외연수 프로그램)으로 하버드대에서 공부하면서부터입니다. 거센크론(A. Gerschenkron), 파슨스(T. Parsons), 도이처(K. Deutcher), 쿠즈네츠(S. Kuznet), 퍼킨스(D. Perkins) 등과 접촉하면서 시민사회, 정치민주화, 시장과 근대 경제성장, 사회적 다원성을 관철하는 자유주의 이념과 체제를 정립했습니다. 지금의 관점에서 보면 그들의 사고가 그렇게 자유주의적인 건 아니지만, 당시 한국의 지적 전통에서 자란 제가 자유주의에 눈을 뜨는 데는 충분한 계기가 됐지요. 그 후 한국경제연구원을 맡으면서 본격적인 자유주의자의 길을 걸었습니다.

당시 금융조세 연구와 더불어 민간기업주의 전파가 필요하다고 생각했습니다. 그러나 민간기업주의, 즉 시장경제원리 전파 사업은 많은 반대에 부딪혔습니다. 교과서에 '기업은 국민에게 이윤을 환원하기 위해 존재하는 것'이라고 씌어 있을 때니까요. 관치경제에 익숙하다 보니 기업인들도 정부와 친하게 지내는 것이 올바른 사업방식이라고 생각하는 경향이 있었어요. 하지만 저는 그런 상황을 바꿔야 한다고 생각했습니다.

여기저기 알아보니, 민간기업주의를 가장 앞서서 얘기한 사람이 미국 기업연구소(AEI: American Enterprise Institute)의 마이클 노박이더군요. 가톨릭 신자이면서 종교철학자인데, 민간기업주의와 자유주의가 경제적으로 뿐만 아니라, 도덕적으로도 옳다고 주장했습니다. 얼굴 한번 안 본 사이인데도 한국에 초청하니 흔쾌히 응하더군요. 그렇게 해서 '민주자본주의와 한국의 발전'이라는 책이 나오게 됐죠. 마이클 노박에게 한국은 아시아 첫 방문 국이었습니다.

제가 민간기업주의와 자유주의를 소개한다고 하자, 전경련에서는 반대했습니다. 제가 계획하고 있던 '민간기업주의 시리즈'에 대해서도 예산을 배정해주지 않았어요. 그런 사정을 당시 대통령 비서실에 있던 김재익 수석에게 얘기했더니, 한국은행을 통해 민간기업주의 시리즈를 낼 수 있게 도와줬어요. 김재익 수석은 부가가치세 도입을 주장할 정도로 경제개혁에 대한 신념이 강했어요. 시장의 힘을 믿는 진정한 시장주의자였습니다. 이념의 외연과 내연이 확실히 정리되고,

실천하는 자유주의자였죠. 시장과 자유주의에 대한 신념에 있어 김재익 박사만한 신봉자를 본 적이 없습니다. 박정희 대통령 사망 후 제2차 오일쇼크까지 겹친 격동기에도 그는 양보 없이 재정 억제, 금리 인상, 환율 현실화를 실행하고자 한 시장주의자였습니다. 정치적 고려 없이 오직 시장의 힘을 믿는 사람이었습니다. 전두환 정권 시절의 수입자유화, 해외여행 자유화는 전적으로 김재익이라는 인물이 있었기에 가능했다고 봅니다."[75]

자유주의에 관해서는 우리사회에 여러 책들이 출판됐다. 그 가운데서도 자유주의의 특성을 가장 잘 설명한 책은 안재욱 교수가 칠곡문화재단에서 펴낸 [자유주의의 진실과 오해]이다. 이 책은 미제스가 쓴 [자유주의]를 새롭게 편성한 책이다. 이 책의 장점은 자유주의를 가장 확실하고 강하게 주장하고 있다는 사실이다.

미제스는 자유주의가 인류를 가난에서 구하고, 풍요와 번영을 가져다주는 유일한 길임을 역설한다. 사회주의와 국가간섭주의를 끝까지 거부했다. 사회주의는 결코 실현될 수 없는 제도이고, 사회주의 국가는 망할 수밖에 없다는 사실을 논리적으로 설파했다. 그의 주장대로 사회주의 국가는 멸망했으며, 국가간섭주의 역시 수많은 문제점으로 점점 자유시장 경제체제로 전환되고 있는 추세이다. 많은 사람들이 오해하는 것과는 달리 자유주의는 특정한 그룹을 위한 사상이 아니라, 일반 사람들과 사회전체의 이익을 위한 사상이기 때문이라고 미제스는 주장한다.

자유주의 사상에 의하면, 정부의 역할은 정부의 고유기능과 시장을 보조하는 기능을 수행하는 것이다. 정부의 고유기능에 해당하는 것은 사유재산권과 자유경쟁을 보호하는 것이다. 사유재산권을 보호하는 것은 국방, 외교, 치안이며, 자유경쟁을 보호하는 것은 담합억제이다. 시장을 보조하는 기능이란 시장이 제공하기 어려운 재화와 서비스를 제공하는 것이다. 이에 해당하는 기능은 사회 인프라를 구축하는 것, 생활능력이 없는 장애자나 노인, 돌봐줄 사람이 없는 미성년자를 위한 복지제도 고등교육을 제외한 초중등교육에 대한 보조다.

자유주의에 의한 시장기능에는 어떤 것이 포함될까?

사유재산권, 평화, 법 앞에 평등, 작은 정부가 있는데, 이 네 가지가 자유주의 시장경제의 핵심적인 부분이다. 사유재산권은 소유자가 생산요소의 배타적인 사용과 처분에 대해 갖는 권리를 말한다. 사유재산권은 개인에게 열심히 일하고 새로운 기술을 개발할 인센티브를 부여한다. 자기가 개발한 새로운 기술에 대해 사적인 권리를 가질 수 없다면, 개발에 대한 인센티브는 매우 낮거나 존재하지 않는다. 아무리 노력해도 자신에게 돌아오는 소득이나 이득이 없다면 열심히 일할 사람은 없다.

사유재산권이 잘 보장된 사회의 경제가 발전하지만, 그렇지 않은 사회는 쇠퇴한다. 자본주의 사회에서 경제가 발전하고, 구소련, 과거 동유럽 북한과 같은 사회주의 국가는 몰락한다. 그리고 사유재산권을 제한해 정부가 일부 자원을 소유 배분하는 복지국가의 경제발전이 둔화된 사실에서 확인된다.[76]

사유재산권이 경제의 발전에 있어, 어떤 중요한 역할을 하는지 더 살펴보기로 하자.

소련은 국가가 거의 모든 토지를 소유했지만, 개인에게 사유지로 1인당 1.2 에이커 정도를 허용했다. 이 사유지는 소련 전체 토지의 3%에 불과했다. 이 3%의 사유지에서 생산된 우유는 소련 전체 우유 생산량의 3분의 1을 차지했고, 육류는 전체 생산량의 5분의 1을 차지했다. 사람들이 아침에 집단농장에 나가서 일을 하는 둥 마는 둥 하고 집에 돌아와서는, 자신이 소유한 토지에 혼신의 힘을 다해 일을 한 결과이다.

자유주의·자본주의와 사회주의·공산주의를 비교해 보자.

전자는 생산요소의 사유에 기초하고 있는 사회이다. 후자는 생산요소의 공동소유에 바탕을 두고 있는 사회이다. 분업에 바탕을 둔 사회에서 인간협동이 제대로 작동할 수 있는 것은 생산요소의 사적 소유이다. 모든 생산요소를 공동으로 소유하고 있는 사회주의는 작동이 불가능하다. 생산요소의 일부에 대해서만 사회주의 원리를 적용시키는 것은 가능하다. 하지만 그 경우 노동의 생산성을 감소시켜, 결코 더 큰 부를 창출하지 못할 뿐 아니라 오히려 부를 감소시키는 결과를 가져온다.

사유재산권을 제한하는 사회일수록 자선행위는 감소한다. 복지국가는 사유재산권을 악화시키며 개인의 자선행위를 쇠퇴시킨다. 복지국가에서는 가난한 사람들을 돕는다는 명분하에 정치인들은 소위 복지의 권리를 종교의 교리처럼 내세운다. 정치인들은 세금으로 거둬들인 돈을 이용해, 마치 선행을 베푸는 은인처럼 행동한다. 정치인들은 자기 돈은 하나도 쓰지 않으면서, 남의 돈으로 생색내는 도덕적 허울을 쓰고 있을 뿐이다.

정부의 선행이라는 것은 '벌거벗은 임금님처럼' 실제로는 아무 것도 없다. 사유재산을 억제하여 마련한 돈으로 국가가 도움이 필요한 사람에게 도움을 주는 것은 자선이 아니다. 그것은 강요된 자선일 뿐이며, 법적인 약탈이다. 그것은 선이 아니라, 악이다. 결론적으로 자유는 도덕적 책임의 필요조건이고 사유재산권은 자유의 필요조건이다. 일을 하지 않고 논다고 자본가를 비판한다. 자본가도 적절하게 투자하지 못한다면, 금방 그 자리에서 밀려난다는 사실을 모르고 하는 비판이다.

우리나라처럼 국가주도의 개발시대를 거쳐 자본을 모은 자본가들을 어떻게 봐야 할 것인가?

이 같은 문제가 아직도 남아 있다는 것은, 말 그대로 '큰 문제'이다. 시장경제는 평화를 사랑한다고 강조한다. 자발적 교환활동은 자유시장경제의 본질이다. 자발적 교환활동은 계약형태로 이루어지는데, 계약이 이행되지 않으면 경제적 활동이 이뤄질 수 없다. 경제에 참여하는 사람들에게는 평화와 안전성을 도모하려는 동기가 있다.

19세기 자유주의 및 자본주의로 인해 국제관계의 복잡한 연결고리가 형성됐다. 개인의 자유와 경제적 번영에 대한 자유주의자들의 가르침에 따라, 봉건적이며 중상주의적인 많은 법률이 철폐됐다. 다른 사람의 권리를 침해하지 않는 한, 사람들은 자유롭게 자신의 목표를 추구할 수 있게 됐다. 자유롭게 실험하고 혁신하고 발명하고 저축하고 투자했다. 이러한 개인들의 행위로 인해 산업혁명이 일어났고, 생산성이 증가했고, 생산과 무역이 확대됐,

국가 간 무역은 세계 도처의 사람들을 보다 가깝게 만들었다. 상호존중과 우정의 분위기가 고조됐다. 사람들은 자발적 거래가 쌍방 모두에게 이익을 주고 국가의 부를 증가시킨다는 사실을 깨달았다. 부를 증가시키는 방법이 정복

과 전쟁이 아닌 무역에 있음을 깨달았다. 이 사실을 깨달은 많은 국가들이 경제적 국수주의를 버리고 전쟁을 하지 않았다. 자유주의 전성기였던 기간, 즉 나폴레옹 전쟁(1815)과 제1차 세계대전(1914) 발발 전 1세기 동안이 전쟁의 참혹함이 거의 없었던 시기다. 이 시기가 가장 평화로운 시기로 기록됐다.

19세기 말엽부터 자유주의 사상이 새로운 사상으로 대체됐다. 이 새로운 사상의 핵심은 이 사회에는 피할 수 없는 투쟁이 존재한다는 것이었다. 자유주의자들은 모든 사람들이 자발적인 교환으로부터 이익을 보기 때문에 자유무역이 갈등을 제거한다고 역설한 반면, 새로운 사상은 사회적 관계에서 투쟁은 본질적인 것이라고 주장했다. 이 사상은 국가와 국가, 부자와 빈자, 지배자와 피지배자, 인종과 인종, 계급과 계급, 고용자와 피고용자, 구매자와 판매자, 수출업자와 수입업자, 토착민과 외국인간의 투쟁을 부추겼다.

이런 새로운 사상이라는 것은 전혀 새로운 것이 아니었다. 단지 옛날 이론을 새롭게 포장한 것에 불과했다. 이 주창자들은 자유주의자들이 예전에 제기했던 "한 사람의 이익은 다른 사람의 손해이며, 다른 사람의 희생 없이는 누구도 이익을 얻지 못한다"는 아이디어를 따르고 있을 뿐이다. 그들은 '개인은 능력에 따라 일하고 필요에 따라 보수를 받는다'는 마르크스의 이론을 채택했다.

그들은 수입하는 것보다, 수출해 금을 확보하는 것이 더 나았다. 정부는 무역수지 흑자를 유지해야 하며, 국가는 자급자족을 위해 노력한다는 16세기와 17세기 중상주의자들의 이론을 빌렸다. 이 투쟁이론은 사회주의, 민족주의, 보호주의, 제국주의, 국가주의 및 군국주의 등으로 발전했다. 이 주창자들은 끊임없이 전쟁을 찬양했다. 그들은 마침내 성공했고, 그 결과는 제1차 세계대전이었다.

전체주의 국가의 세계에서 많은 시민들은 자신의 복지를 개선시키는 방법이, 자원이 풍부한 국가를 복속시키는 방법이라고 굳게 믿는다. 히틀러나 무솔리니가 커피를 얻기 위해 채택하는 방법은 자유무역이 아니라, 커피를 생산하는 국가를 합병하는 것이다. 제1차 세계 대전 후 독일에서 초(超)인플레이션으로 인해 모든 저축이 무용지물이 됐으며, 중산층이 완전히 파괴됐다. 그때 히틀러가 등장해 굶주린 사람들을 선동했다. 그는 민족적 자부심을 부추겼고, 시기와 증오를 불러 일으켰으며, 경제문제를 유대인 탓으로 돌렸다. 여기에 설득당한 독일인들은 경제문제를 해결하는데, 자유주의가 아니고 나치즘 평화도 아닌 전쟁을 선택했다.

'법 앞에 평등'이라고 하는 개념은 만인이 자기 소유권(self-ownership)이 있다는 것을 말한다. 자기 소유권이란 인간은 자신이 아닌 다른 누구에게도 소유되지 않을 권리를 갖고 있음을 말한다. 어떤 사람도 다른 사람을 소유할 수 없다. 이 권리는 정부로부터 부여된 것이 아니다. 그것은 천부권이고 인간 본연에 내재돼 있는 불가침의 기본권이다. 따라서 정부가 먼저 존재한 것이 아니라, 사람들은 자신들이 이미 보유한 그 권리를 보호하기 위해서 정부를 만든 것이다.

이 점이 바로 자유주의자와 플라톤과 아리스토텔레스의 주장이 다른 점이다. 그들은 인간에게는 다른 종류의 사람, 즉 다른 사람들보다 더 능력이 뛰어나서 남을 지배할 권리와 책임을 부여받은 사람이 존재한다고 주장한다. 사회주의와 집단주의의 형태는 대부분의 사람들이 자신의 인생에 대해 결정할 능력이 없기 때문에, 보다 능력 있는 사람이 사람들을 위해 결정해 줘야 한다는 개념에 기초한다. 그것은 보편적인 인권이 없다는 것을 의미한다. 어떤 사람은 권리를 갖지만, 다른 어떤 사람들에게는 권리가 없어 기본적인 인권이 부정되는 것이다.[77]

국가는 차갑지도 따뜻하지도 않은 존재다. 그것은 그 구성원과 국가의 기관인 정부가 그 이름아래 활동하고 있는 하나의 추상적인 개념에 불과하다. 국가의 행동이라는 것은 정부에서 일하는 관리들에 의해서 이뤄진다. 국가의 행동은 사실상 다 인간의 행동이다. 국가의 권력이 비대해지면, 그로 인해 발생하는 것은 사람이 사람에게 입히는 해악이다. 사회의 보전이라는 목표가 국가기관의 활동을 정당화시켜 준다고 해서 그것을 남용하면, 그로 인해 많은 사람들이 고통 받을 수가 있다.

정부 관리가 자신만이 옳다고 생각하는 독선이나 자만심과 오만은 아주 치명적인 해악을 초래한다. 법을 어긴 자의 반사회적 행위를 옹호하고 정부 관리와 국가를 부정해서는 안 된다. 어디까지나 국가가 지닌 강제력이나 범법자에 대한 합법적인 처벌이 한 사회가 갖춰야 할 기능이다. 하지만 처벌의 목적은 전적으로 사회에 대한 해로운 행동을 가능한 한 배제하는데 있어야 한다.[78]

파시즘체제에서부터 이탈한 독일의 경우에는 자유주의자들과 사회민주주의자들만이 남아 있었다. 두 세력은 서로 타협했다. 정부의 생산과 소비 메커니즘은 자본주의적으로 그대로 유지하면, 대신에 복지혜택을 많이 늘리는 그런 선택을 했다. 독일의 특정한 계층은 세금을 많이 내는 동시에, 그 복지혜택도 상당히 많아졌다.

자유주의 나라라고 불리는 미국의 경우, 비즈니스모델은 다음과 같은 네 가지로 특징 지워진다. [79]

1. **이기주의 규칙(self interest rules):** 이기적 물질주의는 우리들의 경제생활을 지배한다.

2. **시장근본주의(market fundamentalism):** 시장은 자유로이 작동돼야 하고, 사회적이나 정치적으로 규제하려는 것은 그다지 바람직하지 않다.

3. **최소국가(minimal state):** 정부의 경제적 역할은 계약과 사적 소유권의 강제를 넘어서 더욱 많이 확장돼서는 안 된다.

4. **낮은 세금부과(low taxation):** 세금부과는 최소국가의 기본적인 기능을 재정적으로 지원하기 위해 필요하지만, 세금률은 가능한 한 낮아야 한다. 세금체계는 소득이나 부의 재분배를 추구하지 않아야 한다. ABM에 우호적인 사람들 중에서 시장근본주의가 최소 정부와 일치되는 방법에 관해서는 두 가지 견해가 존재한다. 일부는 독점 금지 정책이 경쟁적 시장을 보존하기 위해 필요하다고 믿는다. 다른 사람들은 그 정도의 정부개입도 부적절하다고 생각한다.

신자유주의의 최대의 적은 결코 마르크시즘이 아니다. 신자유주의의 최대의 적은 사회민주주의, 그리고 케인즈주의이다. 신자유주의는 복지정책을 강제로 보기 때문이다. 대신에 자선을 강조한다. 자선으로 모인 복지예산이 과연 얼마나 될 것인가를 생각해 봐야 한다. 미국은 아주 낮은 복지제도를 운영하고 있다. 현실에서 바로 정책화할 수 있는 이념이 최대의 적이라는 사실을 잘 보여준다.

신자유주의는 세계화와 자유화라는 담론을 통해서, 자본과 계급을 추방했다고 주장한다. 시장의 힘이라는 표지는 즉각적으로 적대적이거나 우호적인 반응을 불러 일으켰다. 워싱턴 여론이라는 용어는 경제생활의 피할 수 없는 현실을 이르는 진술문으로 사용된다. 대다수의 가난한 주에서는 워싱턴 여론을 민주주의와 생활수준에 대한 공격으로 이해하고 있다.

금융자본은 인간의 욕망에 기초해서 작동해 왔다. 그런 욕망을 기초로 해서 금융자본의 CEO들은 탐욕에 기초해서 파생금융상품을 발행했다. 더욱 더 자신만의 이득을 위해 노력해 왔다. 이런 것이 절체절명의 위기 상황 속에서도, 자신의 제트기를 타고 워싱턴에 나타나는 오류를 범하게 했다. 민주주의와 자유주의는 여러 가지 쟁점을 이유로 격돌하고 있다.

이런 격돌의 현장에서 우리는 어느 편을 들어야 할까?

③ 수정자본주의적 해법은 무엇인가?

케인즈가 등장한 20세기 초반의 시기는 대공황의 전야였다. 케인즈는 1929년 대공황을 미리 예측하지는 못했다. 당시 경제학은 고전학파가 주류를 이룬 시기였다. 가격의 신축성을 가정하고, 시장기능의 역할을 중요시했던 시기이다. 말 그대로 수요와 공급의 불균형은 가만히 놔두면 저절로 해결된다고 본 것이다. 공급은 수요를 창출한다는 '세이의 법칙'이 통하고 있었다. 당시는 물건이 귀한 시기였다. 공급만 충분히 해주면 자연히 수요가 발생한다고 봤다. 공급만 충분하다면, 보이지 않는 손에 의해서 시장은 잘 돌아간다고 봤다.

당시에 정부의 시장개입을 주장한 케인즈학파는 강력한 도전을 받게 된다. 세계 대공황을 목격한 케인즈는 공급이 수요를 창조한다는 고전학파의 '세이의 법칙'을 부정하고, 실제로는 초과공급이 가능하며, 이를 해결하기 위해 정책당국이 적극적으로 유효수요를 창출해야 한다는 이론을 전개했다. 공급측면을 강조한 고전학파와는 달리 수요중심의 이론을 펼쳤다.

그는 주식투자로 해서 돈도 엄청나게 벌었다. 그는 꽤 훌륭한 투자자였다.

그는 1920년대 런던에서 금융인, 관리, 경제학자, 금융담당기자 등과 함께 '화요일 클럽'이라는 만찬토론모임에 참여하면서, 이 모임을 주관하던 주식 브로커 오스왈드 포크를 만난다. 케인즈는 그 뒤 포크를 주요 파트너로 삼아 투자에 나선다. 1차 대전 직후 환투기로 시작한 그의 투자 궤적, 혹은 자취는 상품투자를 거쳐 주식투자로까지 이어졌다.

개인적으로만 성공을 거둔 게 아니다. 케인즈는 대공황의 여파가 가라앉지 않던 1930년대 캠브리지대학교 킹스칼리지에서 재무담당 보직교수를 맡고 있었는데, 학교 돈으로 투자에 나서 그의 재직기간 동안 자산을 거의 열배로 불려놓았다. 그는 동성애와 이성애를 동시에 갖춘 사람이기도 했다. 양성애자였던 것이다. 그는 수많은 남성들에게 반했으면서도 42살 때 러시아 출신 발레리나 리디아 로포코바를 만나 결혼에 성공한다. 케인즈는 정치와 예술을 함께 관심 가진 드문 사람이기도 했다. 처칠의 경제정책을 맹렬하게 비판해 화제에 오르고, 대공황 뒤 미국의 뉴딜정책에 상당한 영향을 끼치는 등 정치적 영향력을 보였다.

영국 출신의 존 메이너드 케인즈(1883~1946).

그는 전 세계가 인정하는 위대한 경제학자였던 것이다. 그는 1999년 미국 시사주간지 [타임]이 선정한 '20세기 20대 인물'가운데 한명으로 꼽혔다. 사회학자 슘페터는 그를 '10대 경제학자' 대열에 올려놓기도 했다. 경제학계에는 여전히 그의 이름을 딴 '케인즈학파'가 큰 줄기를 이어가고 있다.

케인즈가 생각한 이상적인 국가의 모습은 정부가 경제에 개입해, 유효수요를 창출할 수 있는 국가를 말한다. 이때 1인 1표제에 의해서 선출된 정부는 경제기구보다 높은 위치에 있었던 것이다. 이런 정책은 국가재정정책 발전에 이바지했다.

 사회민주주의의 생존 가능성과 미래

사회민주주의는 세계적으로는 베른슈타인의 수정주의 논쟁으로부터 시작됐다. 베른슈타인(Eduard Bernstein)은 지금부터 110년 전인 1896년에 민주사회주의 이론의 골격을 제시한 인물이다. 그는 원래 독일사회민주당(SPD)과 제2인터내셔널의 마르크스주의 이론가로서 명성을 날렸던 인물이다.

그는 1896년에 마르크스주의가 실제 상황에 맞지 않는 부분이 많다고 주장했다. 그러면서 마르크스주의의 대대적 수정을 요구해, 사회주의 진영을 크게 흔들어 놓았다. 베른스타인은 민주사회주의 이론에서 마르크스가 자본주의의 취약점은 지나치게 과대평가하고, 자본주의의 강점은 지나치게 과소평가했다고 지적했다. 그는 또 마르크스는 자본주의의 위기가 임박했다는 잘못된 결론을 이끌어냈다고 주장했다. 그는 자본주의 위기론에 토대를 둔 프롤레타리아 혁명론을 비판하고 민주적 점진주의적인 방식으로도 사회주의 건설이 가능하다고 주장했다.

그는 자유주의의 계승자로서 자유주의가 이룩한 역사적 성과를 계승 발전시켜야 한다고 말했다. 또 사회주의자들이 정권을 장악한 이후에도 복수정당제에 입각해, 다른 정당들과 공존해야 하고, 민주적 원칙도 준수해야 한다고 주장했다.

그는 사회주의 사회는 필연적인 법칙에 의해서가 아니라, 자본주의 사회보다 더 윤리적이고 도덕적이기 때문에 필요한 것이라고 주장했다. 그는 자본주의 사회의 필망론(반드시 망한다)을 주장하지도 않았다.

정통마르크스주의자들은 베른슈타인의 주장에 동조하지 않았다. 곧바로 베른슈타인과 그의 주장에 대한 공격에 나섰다. 그 결과 독일사민당과 제2차 인터내셔널에서는 베른슈타인의 주장에 공감하는 자들과 정통 마르크스주의자들 사이에 격렬한 소위 수정주의(Revisionismus) 논쟁이 벌어졌다. 수정주의라는 용어는 이 논쟁 때, 정통 마르크스주의자들이 베른슈타인의 민주적 사회주의 이론을 비하해 붙인 명칭이다.

베른슈타인은 이 논쟁에서 패배했다. 독일사민당은 1899년과 1903년에 개최된 두 차례의 당 대회에서 수정주의를 거부했다. 마르크스주의를 토대로 둔 기존의 혁명적 사회주의 노선을 당의 공식노선으로 재확인했다. 하지만 당 대회에서 수정주의 노선이 비판받고 표결에서 패배했다고 해서, 베른슈타인과 수정주의가 곧바로 당내에서 영향력을 상실한 것은 아니었다. 베른슈타인은 수정주의 논쟁 후, 사민당 소속 제국의회 의원으로 당선됐다. 당은 강령 상으로 혁명적 사회주의 노선을 내걸었다. 실제로는 오히려 제국의회 선거와 의회라는 활동무대를 중시하는 등, 베른슈타인이 주장한 민주적 사회주의 정당의 성격을 더욱 굳혀가고 있었다.[80]

오늘의 유럽에서 채택한 사회민주주의 체제도 그 기원을 지적한다는 차원에서 사회주의라고 불린다. 그러나 사회민주주의론은 공산주의 제도를 반대한다. 공산주의가 필연적으로 찾아오지 않을 것이라면, 사회민주주의의 도래를 도덕적으로 설명할 수 있어야 한다는 것이다.

한국에도 사회민주주의 요소는 여러 곳에서 발견된다. 한국에도 사회민주주의 세력은 존재했다. 정태영은 그 기초를 여운형과 조봉암에서 찾고 있다.[81] 이후에 유럽에 유학했거나, 또는 유럽에 일 때문에 다녀 온 사람들은 21세기의 대안은 사회민주주의라고 주장한다.[82]

최영태 교수는 베른슈타인 노선이 패배하고서도, 서서히 혁명적 사회주의 노선에서 출발해 민주적 사회주의 정당으로 발전하기 시작했다고 기술한다. 유럽의 사회민주주의 제도는 의회 선거를 통해서 정권을 주고받을 수 있는 체제이다. 이때 사회민주주의란 자본주의 사회의 경제적 약자들을 토대로 해서 경제적 자원의 배분에 영향을 끼치려는 운동이라고 할 수 있다. 유럽은 보수주의 정당과 사회민주주의 정당으로 양당제가 구축됐다. 서유럽의 공산주의는 극히 위축돼 있다. 토니 클리프는 붕괴한 소련의 '사회주의'를 사회주의가 아닌 '국가자본주의'로 명명했다.[83]

진정한 공산주의의 건설이 가능함을 이야기한다. 하루끼 교수는 공산주의를 국가사회주의[84]라고 명명했다. 이제 공산주의 사회는 끝났다고 이야기한다. 동시에 사회주의는 새로운 유토피아니즘을 꿈꾸는 활동을 하는 등, 아직도 건재하다고 말한다. 마치 소원을 들어주는 꿈의 여신을 만난 것처럼 말이다.

사회안전망, 복지의 혜택이라고 하는 것들은 자유주의 정부에서도 일부 인정한다. 즉, 미제스는 자선기금을 권장하는 반면, 프리드먼은 사회안전망을 일부 주장했다. 또한 사회민주주의, 공산주의 정부에서도 공히 인정하는 그런 제도를 말한다. 국가의 상층 시스템이 어떠하든지 간에, 모두의 지향은 사회복지이다. 자유주의자 가운데서도 프리드먼은 경쟁력이 약한 장애자, 어린이, 노인들에게 복지를 늘려주는 것을 목표로 한다. 자유주의 정당들도 사회안전망을 늘리는 문제를 자주 이야기한다. 자유주의 정부 하에서는 감세를 주장하기 때문에, 사실은 복지예산이 불충분하다. 자유주의 정부는 정부기구를 최소화하는 것을 목표로 한다. 그런 측면에서는 복지예산을 늘릴 수 있을지도 모른다. 이런 측면에서 자유주의 정부의 예산, 특히 복지예산에 대해서 늘 꼼꼼하게 검토해야 한다.

공산주의 정부는 복지를 많이 늘리는 것을 목표로 한다. 북한의 김일성은 '이밥에 고깃국을 먹도록 하겠다'[85] 는 것을 정부의 목표로 제시한 적도 있다. 공산주의는 내부 시스템에 근로의욕을 강화시키지 못하는 시스템이 있다는 것을 고려하지 못했다. 복지예산을 늘리기가 어려운 점이 많다.

실제로 복지가 가장 많이 확대됐던 건, 영국의 보수주의 정부에서였다. 영국에서의 [비버리지 보고서]는 당시 상황을 우리들에게 생생하게 증언한다.

[베버리지 보고서]는 그 당시 영국민의 대대적인 환영을 받았다. 그 이유는 제2차 세계대전에 지친 영국국민들의 감정에 딱 들어맞는 내용이었기 때문이다. [보고서]는 전쟁에 참전한 사람 모두가 소망한 전후의 사회질서의 청사진을 제공했고, 사람 모두의 공동의식을 고무하는 내용을 표현한 것이었다.

독일의 경우를 살펴보자.

1854년의 프로이센 광업종업원 공제조합법으로, 모든 광산종업원의 보험 강제와 광산소유자의 갹출분담 의무(醵出分擔義務)를 정하고 있었다. 하지만 1860년대에 시작된 생산의 집약적 방법의 전환으로 생산력의 급속한 발전과 함께, 노동재해나 노동자의 질병이 증가했다. 또 다른 한쪽에서는 노동운동도 활발해 1875년에는 독일 사회주의노동당의 결성(90년 독일 사회민주당으로 개칭)을 보게 됨으로써, 노사의 대립이 격화됐다. 1881년 사회보험에 대한 황제의 교서가 발표돼, 1883년 질병보험법, 1884년 공업재해보험법, 1889년 폐질·노령보험법의 사회보험입법이 계속해 성립됐다. 이것이 '비스마르크의 사회보험'으로 노동력의 보전과 '사랑과 채찍'의 논리에 의해 성립된 것이었다.

복지제도의 유지는 사회민주주의 정부, 혹은 사회민주주의 정당이 있을 때라야만 확실하게 보장된다는 사실을 생각해 볼 필요가 있다. 너무나 많은 복지 예산 때문에 투자를 하지 못해서 세계경쟁에서 밀리는 이런 일까지 벌어졌다.

대표적인 나라가 바로 영국이다. 영국은 이때 '대처주의'로 맞섰다. 어쨌든 지금의 시점은 자유주의의 경쟁이 사회민주주의 제도까지 훼손하고 있다. 이런 시점에서 사회민주주의는 계속될 것인지의 문제제기가 보다 더 확실하게 이뤄져야 하지 않을까.

[비버리지 보고서]란?

제2차 세계대전 후 유럽과 미국의 각 사회보장정책에 커다란 영향을 끼친 보고서이다. 1941년 6월 영국 전시 내각이 창설한 '사회보험 및 관련 서비스에 관한 위원회'가 작성해 1942년에 제출한 보고서로, 정식 명칭은 [사회보험과 관련사업(Social Insurance and Allied Services)]이다.

복지국가는 '요람에서 무덤까지' 국민의 건강과 복지에 대하여 책임지는 국가를 말한다. 이 말은 1942년 영국의 윈스턴 처칠이 영국의 유명한 경제학자 비버리지로 하여금 발표하게 한 보고서에서 유래한다. 이 보고서 내용은 영국뿐 아니라, 전 세계의 사회보장정책에 많은 영향을 줬다. 이 보고서의 특징이란 전 국민에게 최저한도의 생활을 보장한다는 평등주의에 있고, 최저한의 보장만이 전 국민의 행복을 가져오는 복지사회 건설을 신념으로 여기는 것이었다.

사회보장에 담긴 내용에는 '세계전쟁은 곧 끝난다. 영국은 이때까지 전 세계에 군대를 파병시켜 부(富)를 획득했고 귀족과 일부 계층만이 잘 살아왔다. 이제는 개개인 국민 모두가 '요람에서 무덤까지' 국가 책임 하에 골고루 복지가 보장되는 사회를 이룩해야 한다'는 내용이다.

공산주의 내부에 경쟁적인 요소가 사라지고 말았다. 결국 경쟁적인 자본주의 경제체제를 당하지 못하고 쓰러졌다. 이것은 나사못 5톤 어치를 만든다고 하면, 큼직한 나사못으로 5톤 분량을 달성하는 비효율을 낳았던 것이다. 자본주의와 사회주의의 생산경쟁, 시장경쟁에서 다품종-소량생산체제를 만드는 시대에 돌입하자, 공산주의는 쓰러지지 않을 수 없었다.

공산주의의 유일한 경쟁 마인드는 정치시스템에만 도입됐다. 경쟁체제를 완벽하게 인정한 것이 아니었기 때문에 권력투쟁은 대단히 치열했지만, 늘 궁전 안에서 발생했다. 이제 공산주의의 영향력은 최소화됐다. 공산주의의 모국이라고 불리던 소련이 해체됐기 때문이다.

마르크스주의의 영향력은 아직도 적지 않게 남아 있다. 마르크스주의의 이론은 자본주의 정부 하에서 공산혁명이 발생하는 것으로 설명하고 있다. 실제로는 봉건정부에서 노동자 혁명이 발생했다. 이것을 우리는 부르주아 민주주의 혁명(BDR, Bourgeois Democratic Revolution)이라고 부른다. BDR 이후에 사회주의 혁명(SR, Socialist Revolution)을 거쳐서, 한 사회가 사회주의 사회로 이동한다는 이론을 가르쳤다. 이론과 실제 사이에 심각한 차이가 발생했던 것이 바로 공산주의 혁명노선이었다.

본래의 마르크시즘은 최고도의 자본주의 사회에서 단 한 번의 혁명, 즉 SR(Socialist Revolution)을 거쳐서 사회주의로 이동했던 반면에, 실제로 러시아에서는 봉건체제하에서 BDR-SR을 거쳐 사회주의 사회로 이동했다. 북한 등에서는 바로 이 대목에 과도기 논쟁이 이어졌다. 그밖에 식민지를 겪었던 나라들의 경우에는, 반제반봉건인민민주주의 혁명(NLPDR)을 거친다. 그리고 그것을 더 심화시켜서 사회주의 사회로 진입하는 것으로 이론을 구성하고 있었다.

공산주의는 사유재산제도를 부정하고 있다. 공유재산 제도의 실현으로 빈부의 차를 없애려는 사상을 말한다. 사유재산제로부터 발생하는 사회적 타락과 도덕적 부정을 간파하고 재산의 공적인 소유를 기초로 한다. 더 합리적이고 정의로운 공동사회를 실현하고자 한 공산주의의 이상은, 인간의 정치적이고 사회적인 사색이 시작된 이후부터 싹튼 것으로 볼 수 있다.

그 기원은 고대 유대인들의 에세네파교도, 플라톤의 국가론, 원시 그리스 도교의 교리, 중세 말 토마스 모아의 유토피아, 근대 초인 1623년 캄파넬라의 [태양의 도시] 등에까지 소급된다.

이들은 다음과 같이 주장한다.

브르주아지와 프롤레타리아트는 이해의 근본적인 대립으로 계급투쟁이 불가피하다는 것이다. 수적으로 점점 늘어나고, 계급의식으로 무장된 프롤레타리아트는 혁명을 일으켜 브르주아지의 권력을 타도하고, 자신의 새로운 권력을 수립한다. 그 힘으로 부르주아지가 사유했던 생산수단을 사회전체의 공유로 한다는 것이다.

이런 이론을 전면적으로 전개한 것이 1867년에 출간된 자본론 제1권이다. 마르크스는 그의 생전에 자본론 제2권과 제3권의 출간을 보지 못하고 죽었다. 하지만 이후 엥겔스가 그의 원고를 정리해, 그의 사후에 출간했다. 엥겔스는 사적 유물론과 잉여가치론으로 말미암아 사회주의는 하나의 과학이 됐다고 자부했으며, 1870년대부터는 마르크스주의를 과학적 사회주의라고 불렀다. 이후에는 생시몽, 오우웬, 푸리에 등의 선구적인 사회주의적 구상을 공상적 사회주의라고 불렀다.

오늘날 공산주의라고 이야기할 때는 문헌에 남아 있는 공산주의가 아닌 것이다. 하나의 정치세력으로서 활동하고 있는 마르크스 레닌주의를 말한다.

그렇다면 마르크스 레닌주의는 뭘까?

1840년대 이후 서유럽에서, 레닌이 20세기 초 러시아의 특수한 조건 하에서 발전시킨 사상 및 이론적 체계와 실천운동이다. 마르크스-레닌주의 정당인 공산당이 수립한 과거 소련, 동유럽, 중국, 북한, 인도차이나 반도 등의 정치체제를 가리키는 운동이라고 말 할 수 있다. 그밖에도 남미, 아프리카 등지에는 많은 마르크스주의, 공산주의에 우호적인 게릴라 부대들이 활동했다.

생명사상의 시대가 왔다. 오늘 우리는 최소한 생명사상의 입구에는 와 있다. 어렵게 말하면, 근대의 초극이라는 문제가 생명사상의 보편화와 맞물리고 있는 것이다. 생명사상은 강제적인 힘으로 집행되지 않는다. 생명사상은 자발적인 노력에 의해 이뤄진다. 생명사상의 전(全)지구적인 해석이, 곧 생태주의이다.

지금 인류가 직면하고 있는 생태학적인 문제들을 기존의 낡은 패러다임으로서는 해결될 수 없다. 코페르니쿠스적 전환과도 같은 대전환을 거쳐, 새로운 삶의 패러다임을 채택해야 될 듯싶다.

그것은 '정신 물질', '자연 문명', '생산 생존' 이원론의 극복을 통해, 생산성 제일주의 내지, 성장 제일주의적인 산업문명을 넘어서는 탈근대주의에 맞닿아 있다. 말하자면, 근대산업문명의 폐해라고 할 수 있는 국가 지역 계층 간 빈부격차, 지배와 복종, 억압과 차별, 환경파괴 등의 문제를 해결하고, 공존의 대안적 사회를 마련하려는 모색 중에 있는 것이다.[86]

생태주의의 주체는 인간만이 아니다. 모든 생명이다. 생명의 존재가 무생물을 마음껏 관리할 수 없다. 모든 존재가 다 주인이 됐다는 것을 말한다. 생명은 물론, 여타의 무생물들까지도 다 존재로서 제자리에 있는 것을 전제로 한다는 말이다. 그 가운데서도 생명이 있는 모든 것은 책임감이 있다는 측면에서 많은 책임을 지고 있다. 생명이 있는 모든 존재들은 더욱 중요한 책임감의 당사자들로 부각됐다. 생명의 책임은 무한하기 때문에, 생물다양성을 보존하기 위해서 애써야 한다. 생물다양성이 뭇생명 사랑론의 핵심적인 과제가 됐다. 생태사상의 기초가 되기도 했다.

근대의 역사적 사회적 상황을 어떤 방향으로, 또한 어떤 방식으로 초극할 것인가에 대해서는 다양한 논의가 있어 왔다. 오늘날 생태정치학적 담론의 배경에는 이성과 영성, 현상과 실재, 객관과 주관, 기술과 도덕, 보편성과 특수성 간의 심연(뛰어넘을 수 없는 깊은 간격)이 자리 잡고 있다. 심연을 메우려는 시도로 생태정치학적 담론은, 지난 수백 년간 서구문화를 지배한 기본적 패러다임이 됐던 근대 서구의 세계관과 가치체계의 근본적인 변화를 함축한다.

근대 서구사회의 형성 등에 심대한 영향을 끼쳤던 데카르트-뉴턴의 기계론적 세계관. 이로부터 동양의 실재관이자 현대 물리학의 실재관으로의 패러다임의 전환과 그 맥을 같이한다. 새로운 문명의 패러다임에는 동양의 철학뿐 아니라, 서양의 철학까지도 포함돼야 할 것이다.

근대 서구의 기계론적 세계관의 지양과 더불어, 세계관 형성기반 그 자체의 재건설과 새로운 인간의 자각적 형성을 위해서는 다양한 분야에서 생태학적 담론이 필요하다. 하지만 이 논의가 실천적 차원에서 전개될 수 있기 위해서는 정치적 차원에서의 논의가 불가피하다는 것이 최민자 교수의 견해이다. 근대의 초극을 위한 생태정치학적 대응의 필요성이 여기에 있다. 최 교수는 근대적 초극을 현대적 시각으로 대체하는 것은 물론이고, 서구근대문명의 지리적 문명적

> **정치평론가 TIP**
>
> # 근대의 '초극론'
>
> 서구가 이뤄낸 자유주의 · 진보주의 · 자본주의이다. 요컨대 근대문명의 모든 성과는 극복돼야 할 대상이며, 척결돼야 할 병폐라고 보는 것이다.
>
> 이에 따라 근대의 초극문제는 복합적이며 다차원적인 세계적 변화의 역동성과 그 맥을 같이 한다. 미국과 소련 간 냉전종식이 공식적으로 천명된 1989년 12월 말타(Malta) 선언 이후 세계 질서 재편을 예단했다. 그러면서 탈냉전 시대의 본질에 대한 관심이 고조된 것은, 바로 이러한 냉전 종식이 사실상 서구적 보편주의의 종식을 가져오리라는 전망에서 비롯된 것이다.
>
> 다극화(Multipolarization), 다문명화(Multicivilization)로 특징짓는 현대 국제정치의 구도변화와 조응해, 비서구사회, 특히 동아시아 국가들의 국제 위상 변화로 인한 세계 정치의 외연적 확대가 있었다. 이는 필연적으로 서구적 근대의 극복이라는 내포적 과제를 안게 만들었다. 동아시아론의 부상은 서구 문명적 쇠퇴에 따른 세계 질서의 문화적 재편(Cultural recofiguration)과 조응하는 것이라는 점에서 서구적 근대의 대안 내지는, 극복으로서의 의미가 함축돼 있다.

초극까지 검토하고 있다.[87] 반면, 제르미 리프킨의 생명권 정치학은 동양사상의 적용이라는 문제까지는 생각하지 못했다.[88]

근대의 초극은 세력의 축의 단순한 이동이 아니다. 그것은 인간중심주의가 초래한 근대의 역사적 사회적 상황의 초극이어야 한다. 서구적 근대의 사상적 토대라 할 수 있는 자유민주주의와 자본주의는 물론, 변종인 사회주의의 초극이라는 점에서 '정신 물질' 이원론에 입각한 근대문명의 자기부정인 동시에 패러다임 전환을 내포한다. 프랑스의 환경철학자 오귀스탱 베르크(Augustin Berque)가 근대성이 세계를 해체한다[89]는 표현으로 요약했듯이, 근대성에는 생태계의 균형을 깨뜨리는 원리가 내재돼 있다. 이 같은 까닭에, 근대의 초극으로의 지향성은 균형회복을 위한 시대적 필연이다.[90]

오늘의 세계는 국제적 표준이 형성되지 않았던, 훨씬 더 실험적인 서구의 근대세계와는 다르다. 이미 형성된 서구적 표준이 지구촌 차원으로 확대됐다. 또 산업사회의 정치 경제 논리와 문화적 정체성이 정보화 혁명으로 구심력을 상실했다. 네트워크가 모든 것을 지배하는 사회로 이동하고 있는 것이다. 역사상 처음으로 인터넷과 정보통신에 의해 전지구가 동시간대에 연동되는 시장이 생겨났다. 지구의 동시생활권이 형성된 것이다. 매스와 디매스, 빅 프레임과 그랜드 네트워크가 병존하는 근대와 탈근대 국민국가 패러다임, 그리고 세계 시민사회 패러다임이 증층화 된 구조를 이루는 지구 한마당 등이 우리의 활동무대가 됐다.

우리에게 정작 필요한 것은 물신숭배가 아닌, 진정한 의미에서 서구적 근대의 대안을 모색하는 일이다. 역사상 유례없는 풍요를 이룩한 근대 산업사회의 원리와 구조 자체가 파멸적인 재앙의 근원으로 변모했다. 또한 근대화 담론에 기초해 서구적 보편주의의 망령이 여전히 횡행하고 있다. 이 시점에서, 독일의 사회학자 울리히 벡의 성찰적 근대화 명제는 근대성의 역설을 직시한다. 이는 인류의 문명을 보다 지속가능한 기반위에 세울 수 있게 하는 지침을 제공한다. 과학기술의 가능성과 그 한계를 동시에 인식함으로써, 과학에 대한 사회적 제어력을 높이는 과정을 모색하고 있다.

김수환 추기경의 삶은 권위주의에 민주적이었다. 시장중심 사회에서 다정한 이웃의 삶을 살았던 그런 분의 삶이 확산돼, 생태주의를 이룰 수 있을 것이라고 생각해 본다.

문득 이런 말이 떠오른다.

"오늘처럼 어두운 밤, 우리는 세상에 마술을 걸겠다"라고….

 7 **민족공동체론에 대한 찬반논쟁**

민족공동체 논리에도 '돈'에 대한 담론을 섬세하게 연결시킬 수 있어야 한다. 우리나라(남한)에서 민족공동체라고 했을 때에는 자유주의 철학과 자본주의적 시장경제체제를 핵심으로 생각한다. 반면, 북한은 우리 민족제일주의 노선의 경제적 기초로 사회주의를 생각한다. 민족공동체론을 이야기할 때, 유념해야 할 것은 어떤 경제시스템과 결합하느냐 하는 것이다.

현대사를 보면, 민족과 민족주의 담론이 특정한 정치세력들의 이해관계를 정당화하는 논리로 변형돼 이용됐다. 정치적 또는 이념적인 이유로 금기시되기도 했다. 민족개념이 공동체 개념과 결합해 적극적으로, 그리고 공공연히 사용되기 시작한 것은 1980년대 말 제6공화국 정부가 통일방안으로 '한민족공동체 통일방안'을 제시하면서 부터였다.

이 방안은 민족성원 모두가 주인이 되는 민주국가를 말한다. 통일된 국가에 이르는 중간단계인 남북연합 체제에서는 사회, 문화, 경제적 공동체를 발전시켜야 한다는 것이다. [91] 제6공화국 시대 노태우 정권의 통일방안은, 그 이후 김영삼 정권, 특히 김대중 정권으로 가면서 수정됐다. 하지만 민족공동체 개념은 1990년대와 그 이후에도 계승 발전돼 갔다.

김귀옥 교수가 2000년에 발표한 글을 보자.

그는 북한에 대한 남한의 흡수통일론을 거부하면서, 남북의 사회문화 공동체 형성에 특별한 관심을 보였다. 남과 북의 통일방안의 접합 필요성을 인정했다. 이러한 입장 위에서 그는 정치제도 수준에서의 통일과 사회문화적 통합을 구별했다. 후자를 생활세계의 통일, 혹은 사회문화적 공동체의 형성이라고 표현했다.

그가 보기에, 남북의 진정한 통일은 정치제도 수준의 통일만으로는 결코 이뤄지지 않는다. 오히려 오래 걸리지 않을 수 있는 정치제도 수준의 통일과 달리 사회문화적 공동체의 형성에는 오랜 시간이 필요하다. 그는 양자의 노력이 병행돼야 함을 강조하면서도, 사회문화적 공동체의 형성을 위한 노력에 더욱 커다란 관심을 기울였던 것이다. 그는 사회문화적 공동체의 형성을 위한 방안들을 정리해서 발표했다.[92]

박명규 교수는 한반도 밖에 흩어져 있는 약 500만 명 이상의 한인에게도 관심을 기울였다. 이 뿐만 아니다. 그는 글로벌화 과정 속에서 한국에 들어와 있는 외국인들에 대해서도 상당한 배려를 해야 한다고 말했다. 민족에 대한 강조가 민주적 시민권의 확대와 같은 긍정적인 결과를 낳기도 한다. 하지만 민주적 권리를 억압하는 국가주의나 파시즘적 전체주의라는 부정적인 결과를 낳을 수도 있음을 인식해야 한다고 강조한다.

전 세계적인 규모의 교통, 통신, 금융 이동이 활발해 지면서 전개되고 있는 글로벌화. 이는 국가 및 민족의 일방적인 약화가 아닌, 어떤 부분만의 약화를 가져 올 뿐이라고 그는 인식했다. 그는 이질적인 것에 대해, 개방적인 민족공동체의 중요성을 역설했다.

반면, 대전대학교의 권혁범 교수는 민족주의를 강하게 비판한다. 민족주의를 비판하는 근거는 이것이 자칫 파시즘으로 연결될 수 있다는 것이다. 민족에 대한 강조는 이미 지나간 논의라는 것이다. 민족공동체를 주장하기 위해서는 상징물 같은 것들을 찾게 되는데, 이와 같은 모든 노력들이 철지난 작업이라는 것이다.

유럽에서는 이미 1980년대부터 자유주의와 공동체주의의 논쟁이 시작됐다. 개인의 권리와 보편적 원리로서의 정의관에 기반을 둔 롤즈(J. Rawls)식의 자유주의 철학을 표적 삼아 비판적인 논의를 제기했다. 이에 자유주의자들의 반격이 이어진 것이다.

개인의 권리와 공동체의 선이라는 이 두 가지 사이의 우선순위를 둘러싸고 벌어진 이 논의가 국내에서는 1990년 초반부터 시작했다. 지금은 목회를 하고 있는 박영신 연세대 명예교수가 [현상과 인식]에 쓴 논문은 주목할 만한 내용들을 담고 있다. 그는 이 글에서 철학자들을 중심으로 해서 이루어진 이 논쟁에 대해 자세히 소개한다. 벨라와 에치오니와 같은 공동체주의 사회학자들의 목소리를 통해 사회학에 미친 이 논쟁의 의미를 설명한다.

더 나아가 집단주의 전통이 강한 아시아 사회와 한국사회에서 공동체주의 논의가 갖는 의미를 자세히 설명했다. 한국은 혈연, 지연, 학연 등과 같은 귀속적 요인에 근거한 집단 결속력이 강한 사회이다. 이런 공동체에서 더 넓은 개방적 공동체의 형성을 위해서는 무엇보다도 개인주의 혁명을 거쳐야 한다는 것이다. 이들 사회에서는 개인의 자율성과 창의성이 억압되고 있기 때문이다.

이들 사회가 자본주의적 산업화를 급격히 겪으면서, 서양보다 훨씬 강력한 경제주의적인 이기성에 의해 압도되고 있다고 설명한다. 이러한 현실을 볼 때, 서양에서 벌어지는 공동체주의 논쟁이 아시아 사회나 한국사회와 무관할 수 없다는 것이 박영신 명예교수의 논지였다.[93]

8 휴머니즘과 인본주의적 관점

인본주의는 인간의 관점을 강조하는 철학적 사조이다. 르네상스와 함께 확립된 철학이다. 그런데 오늘날은 인본주의의 한계가 다시 드러나고 있다. 인간만의 평화는 있을 수 없다는 논리가 많이 유포되고 있다.

이 같은 현상은 창세기에 대한 해석을 달리하게 만들었다. 창세기는 인간들을 주인공으로 하여 만물을 다스리라고 하느님께서 지시했다고 서술한다. 하지만 인간의 무분별한 산업화로 말미암아 오늘날 엄청난 숫자의 생명이 사라지고 있다. 이제는 인간이 만물의 영장으로서의 타 생명체에 대한 지배권을 회수할 때가 됐다는 것이다. 인간의 선한 역할을 핵심적인 영역에 두고 만물의 영장이라고 표현했었음에도, 인간도 다른 동물들과 마찬가지로 공존이 불가능한 탐욕에 빠져있는 것이다.

오늘날 이 과제를 극복하는 문제가 아주 중요하게 제기됐다. 그러나 어느새 이런 평화로운 인간관의 시대는 서서히 저물어 가고 있다.

새롭게 제기되는 문제는 '새로운 휴머니즘(Neo-humanism)'이다. 새로운 휴머니즘은 인간과 인간 사이에 평화와 생산적인 일은 물론이고, 인간과 식물, 인간과 동물 사이에도 평화로운 관계가 유지되는 그런 동적인 관계의 시대를 말한다.

이것을 창세기의 논리와 비교해 보면, 인간을 주체로 하고, 동물과 식물을 객체로 하는 지배 인식은 이제 끝나야 하는 것으로 해석할 수 있다. 모두가 주체의 권력을 회복해야 한다는 말이다. 주체의 권력이란, 주체의 패배란 용어의 반대되는 말로 모두가 존중해야 평화로울 수 있음을 말한다. 새로운 휴머니즘이란 말로 바꿔도 가능하다. 그러나 이것의 보다 정확한 용어는 '생태주의 철학'이 맞을 듯싶다.

생태주의자의 입장에서는 자유주의와 복지주의 공산주의의 원리와 같은 모든 것들이 인간중심주의에 속한다고 봤다. 공통적으로 인간중심주의의 범위 안에 들어가면서도 차별성은 있었다.

현재 시작되고 있는 문명으로서, 우리가 염두에 둬야 할 것은 다름이 아닌 생태주의와 생명사상이다. 생태주의와 생명사상은 가난하고 궁상스러운 철학이 될 수도 있다. 자유주의에서도 멋있고 깨끗하고 화려한 한 존재로서의 인간이 나온다. 생태주의의 입장에서는 자유주의자에게 인간 모두를 욕망과 탐욕에 미치도록 만들어야 하겠느냐고 질문한다. 생태주의자로 살아야만 인간사회가 지속되지 않을까.

여러 철학적 배경을 갖고 있는 이 같은 주장들을 들어 보면, 이 세상의 질서를 안정시키기 위해서는 모든 자들에게 발언권을 줘야 한다는 공통의 메시지가 떠오른다. 우리는 그런 이야기들을 더 들어보고, 그 가운데 자신의 생존에 도움이 되는 철학을 골라서 더 깊이 연구해야 한다. 그것이 바로 다원주의적인 삶의 태도이다. 여기에 사용되는 개념은 공존, 관용, 평화 등이다. 인간 존재는 본질적으로 다원적(多元的)이다.

 다원주의와 위기의 강조

현대는 가치의 다양성이 허용되고, 존중되는 다원주의 사회다. 과학 기술의 발전을 생산의 능률화와 연결시킴으로써, 기계 문명을 발달시킨 인간은 마침내 엄청난 생산 증대를 이룩하는 데 성공했다. 이를 위해 공장을 확장하고 기계 설비를 늘렸다. 그 후 생산의 기계 의존도가 높아지다 보니, 마침내 사람들이 오히려 기계의 부속품으로 전락하는 '인간소외 현상'까지 초래됐다. 정보사회에서의 비인간화, 비도덕적 문제를 해결하고 극복하기 위한 대안으로 정보통신 윤리의 강화를 든다. 이는 전혀 새로운 윤리가 아니며, 인간 존중, 정의, 책임, 해악 금지 등 기존의 윤리적 원리를 새로운 정보통신의 장에 적용했을 뿐이다.

다원주의는 동양적 용어로 표현하자면, 백화제방(百花齊放)이다. 앞에서도 말했겠지만, 백가지 꽃이 모두 다 자기 향내를 풍기는 시대를 말한다. 다원주의는 모두가 자신의 책임 하에 살아가는 인생에 다른 사람이 함부로 간섭하지 말라는 뜻이기도 하다. 자유방임주의는 아니다. 모두가 상호조화를 꿈꾸며, 자신의 향기를 풍기는 시대를 말한다. 이런 다원주의는 종교집단과 가족집단 등에서는 통하지 않은 사례도 많이 발견된다. 아무리 같은 종교 집단에 속해 있다고 할지라도, 간섭해서는 안 되는 것에 대해선 간섭하지 말아야 하지 않을까.

다원주의자의 주장은 각양각색이다. 하지만 국가지상주의적인 전통적 이론에는 반대해 왔다. 다원주의자들의 명제에 따르면, 어떤 단일한 제도, 또는 제도적 집합체도 지배적인 것은 없다. 사회는 여러 상충되는 목표를 가진 수많은 이익집단들로 구성되거나, 특별한 문제를 중심으로 일시적으로 연합하는 변화무쌍한 연합체로 구성된다. 다원주의자들의 견해로는 상충적인 집단(또는 이익집단)이 정치적 영역에서 서로 경쟁하거나 협상하는 과정 속에서 권력은 다소 민주주의적으로 운영된다. 공공정책이라는 것은 경쟁하는 집단들이 내린 타협과 협상의 결과로 나타나는 것이다. 대중은 선거와 조직적인 참여를 통해 엘리트에 대해 상당한 영향을 미칠 수 있다.

다원주의자들은 공동체적인 의사결정과정을 아주 중요하게 생각한다. 한정된 영향력과 범위를 갖는 결정과 조직을 분석 대상으로 삼는다. 다원주의는 대중의 영향을 거의 받지 않는 권력 엘리트가 사회의 상층에서 권력을 독점적이고, 지배적으로 행사한다고 보는 엘리트론(elitism)과 대립된다. 엘리트론에 의하면, 권력은 사회경제적 체제에 있는 지위와 역할에서 나온다. 권력이란 권력관계는 오래 유지되는 경향을 보인다.

다원주의자들은 엘리트와 대중 사이에는 비교적 뚜렷한 구분이 존재한다고 본다. 권력의 핵심 내부에는 상당한 정도의 이익 일치와 대부분의 중요한 문제에 대해 동의가 존재한다. 변화를 위한 위기의 강조론에서는 지도자가 자신의 발언권을 강화시키기 위한 방책이 숨어 있을 수 있다. 누구나 위기를 다 인정하는 경우에는 서로 협력해야 한다.

지구촌에 닥친 위기는 크게 세 가지이다.

하나는, 글로벌 금융경제의 위기이다.

둘은, 지구온난화로 대표되는 생태환경의 위기이다.

셋은, 우리가 일상생활을 유지하면서 풀어가야 하는 문제이다.

이 같은 과제들을 전쟁을 거치지 않고도 풀기 위해서, 다원주의가 할 수 있는 일은 뭘까? 다원주의 가운데 어떤 사조에 조금 더 신경을 써서 배워야 할까? 어떻게 이를 극복할까?

자유주의와 '경제 민주화론'의 대결과 협력

 자유주의와 민주주의가 협력했던 시절 - 존 스튜어트 밀

민주주의는 늘 불안하다. 우리는 이러한 민주주의의 에너지를 섭취하면서 살고 있다. 삶도 불안하기는 마찬가지이다. 하지만 존 스튜어트 밀은 다르게 주장했다.

그는 자유주의와 민주주의가 조화를 이룰 수 있다고 믿었다. 그는 시장경제를 인정하는 사람이다. 그는 민주주의도 확대되고 심화돼야 한다고 주장했다. 그는 자본의 소유자가 자신의 생산물의 몫을 획득하는 것을 당연하다고 생각했다. 그 이유는 자본을 과거 노동의 성과인 동시에 그동안의 금욕의 산물이라고 이해했기 때문이다. 이것이 임금노동자와 자본 소유자간의 생산물의 배분에 관한 그의 논리였다. 그는 자유주의자였던 것이다. 그는 당시 유럽을 유령처럼 활보하고 있던 마르크시즘과는 다른 길을 걸었다.

그는 경제논리보다는 정치논리를 강조했던 사람으로서, 그의 정치적 대안은 인간을 발전시키고, 인간성의 완성을 지향하는 민주주의자였다. 이처럼 자유주의와 민주주의는 그에게 잘 어울렸다. 자유와 참여를 통한 민주주의를, 인간의 발전을 위해서 공헌하도록 만들어야 한다는 것이 그의 사상적 특성이었다. 그도 처음에는 노동자 그룹의 향배에 많은 관심을 가졌다. 더욱이 그의 저서들을 보면, 당시의 상황에 대해서 그가 얼마나 예민한 감수성을 갖는가 하는 것을 잘 말해준다. 노동자들의 전투성이 높아가고 있다는 사실을 그는 잘 알고 있었다. 1848년 파리혁명과 19세기 중반 영국의 차티스트 운동은 그에게 잊을 수 없는 강렬한 인상을 남겼다.

노동자들의 독서능력 증대, 노동자들을 위한 신문의 보급, 노동조합과 공제조합의 성장에서 보인 노동자들의 조직 능력 증대는, 그에게 충격을 줬다. 한편에서는 노동자들에게 두려움을 느끼면서, 다른 한편에서는 노동자에 대한 깊은 반성의 마음을 갖고 있었다. 당시 노동자들의 생활은 말이 아니었다. 이런 상황 속에서 그는 자유민주주의의 발전적 모델을 제시하긴 했지만, 그의 생각은 현실에서는 결코 성공하지 못했다.

 자유주의와 민주주의의 대결의 시점

정부가 심판과 합의한 가운데 어떤 노선을 선택하느냐에 따라, 정부가 글로벌 금융자본을 대하는 태도는 많이 달라진다. 심판의 기능이라면 글로벌금융자본의 자유로운 활동을 보장하는 것을 말한다.

지금 국제적인 금융자본들이 원하는 입장과 심판기능 사이에는 이처럼 대부분 일치한다. 정부 가운데서도 부시 정부는 국내적으로 심판자의 역할을 자청했다. 심판의 참다운 기능은 부정선수를 골라내는 것이다. 참다운 자유주의는 투기자본을 골라내는 것이고. 그런데 자유주의는 골라내는 것보다는 통과시키는데 목적이 있다.

시장의 세계적 자유주의를 옹호하는 밀턴 프리드먼의 견해를 들어 보자.

자유주의자에게는 정부활동을 뒷받침하는 온정주의적 근거가 여러 면에서 대단히 골치 아프다. 그로써 누군가가 다른 사람들을 대신해 결정해야 한다는 원리를 수용하는 꼴이 되기 때문이다. 자유주의자라면 이러한 원리가 적용된 대부분의 경우, 이를 못마땅하게 여길 것이다. 이러한 원리를 수용하는 것이야 말로 그의 주요한 지식계급의 반대자들, 공산주의건, 사회주의건, 또는 복지국가 이념이건 간에 이러저러한 겉모습을 한 집산주의를 지지하는 사람들의 특질임을 정확히 간파할 것이다.

그러나 문제들이 실재보다 단순한 것처럼 꾸밀 필요는 없다. 어느 정도의 가부장적 온정주의는 불가불 필요한 것이다. 다이시가 1914년에 정신지체장애인을 보호하기 위해 제정된 어느 법령에 관해 쓴 것처럼, 심신장애인보호법(Mental Deficiency Act)은 건전한 사람이라면 마다하지 못할 길로 들어서는 첫걸음이었다. 하지만 이 길에 너무 깊이 들어서면 정치가들은 개인의 자유를 상당부분 침해하지 않는 한 대처할 수 없는 곤란에 직면하게 될 것이다.

우리가 어디에서 멈춰야 할지 일러줄 수 있는 공식 따위는 없다. 우리는 틀리기 쉬운 우리 자신의 판단에 의존해야 한다. 일단 판단에 이르고 나면 그것이 바른 판단이라고 다른 시민들을 설득할 우리의 능력, 또는 우리의 견해를 수정하도록 설득할 다른 시민들의 능력에 의지해야 한다. 다른 경우에도 그러하듯이, 우리는 불완전하고 편견을 가진 사람들이 자유로운 토론과 시행착오를 거쳐 도달한 의견일치에 걸쳐 믿음을 가져야 한다. [94]

밀턴 프리드먼은 금융자본의 자유로운 활동에 대해, 정부가 전혀 손댈 수 없도록 선을 긋고 있다. 이것은 오늘날 미국의 태도와는 다른 것이다. 미국에는 자유주의자와 민주주의자들 사이에 엄청난 대결이 진행 중이다. 미국 정부도 부시 대통령의 정책을 폐기해야 했었다. 이런 주장들은 정부와 시장의 갈등상황에서 최종적인 선택은 시장주의를 선택해야 하는 데 무게가 더 실리기 때문이다.

민주주의자들은 왜 금융자본이 저지른 후유증을 우리가 청소해야 하냐고 항변한다. 미국의 월가에는 붕괴가 계속되고 있었다. 이 붕괴의 한복판에서 오바마가 미국의 새로운 대통령으로 당선됐다. 그는 취임연설에서 다음과 같이 언급했다.

"우리의 경제는 일부의 탐욕과 무책임함, 그리고 새로운 시대를 준비하고 어려운 결정들을 내리는 데 있어 총체적으로 실패한 결과 매우 약해졌습니다. (가족은) 집을 잃고 (근로자는) 직장에서 해고당하고 기업들은 문을 닫았습니다. 의료비용은 너무나 비싸고, 학교들은 너무 많이 실패하고, 우리가 힘을 사용하는 (그릇된) 방식이 우리의 적들을 강화시키고 (동시에) 전 세계를 위협하고 있다는 더 많은 증거들이 매일같이 속속 드러나고 있습니다.

이러한 것들은 바로 각종 자료와 통계에 의존한 위기의 신호입니다. 쇠락을 피할 수 없다는 두려움, 다음 세대는 목표를 낮춰야 할 것이라는 두려움이 미국

전역을 사로잡고 있는 자신감의 고갈은 측정하기 힘들지만 매우 심각합니다.
(중략) 오늘 우리는, 우리의 정치를 오랫동안 옥죄어왔던 사소한 불만들과 거짓
공약들, 상호비방과 낡은 독단론들에 종식을 선언하기 위해 여기에 왔습니다.
미국은 여전히 젊은 나라지만 이제는 성서의 말씀대로 유치함을 버릴 때가
왔습니다.(중략)

우리를 위해, 그들은 자신들의 얼마 안 되는 전 재산을 꾸려 새 인생을 찾아 대양을
건넜습니다. 우리를 위해, 그들은 공장에서 힘들게 일하고 서부에 정착해서
채찍질을 감내하며 황야를 일궜습니다. 우리를 위해, 그들은 싸웠고 또 콩코드와
게티즈버그, 노르망디와 베트남의 케산 같은 곳에서 목숨을 바쳤습니다. 우리가 더
나은 삶을 살 수 있도록 몇 번이고 되풀이해서 이런 분들은 자신들의 손의 살갗이
벗겨질 때까지 분투하고, 희생하고, 일했습니다. 그들은 우리 미국을 각 개인들의
야망을 모두 합한 것보다 더 큰 나라, 태생과 빈부[95]와 당파의 차이를 뛰어넘은 더
위대한 나라로 생각했습니다.

이것이 오늘날 우리가 계속 걸어가는 여정입니다. 우리는 여전히 지구상에서 가장
번영되고 가장 강력한 나라입니다. 우리의 근로자들은 이 위기가 시작됐을 때와
다름없이 생산적입니다.[96] 지난 주, 지난 달, 아니 작년(2008년)과 다름없이
여전히 우리의 정신은 창의적이고 우리의 재화와 용역을 모두가 필요로 합니다.
우리의 역량은 여전히 줄어들지 않았습니다. 하지만 자기 의견을 고집하거나
편협한 이익을 보호하거나 불쾌한 결정들을 뒤로 미루는 그런 시기는 분명히
지나갔습니다. 오늘부터 우리는 스스로를 추슬러 힘을 내고 먼지를 털고 일어나
미국을 재건하는 일을 다시 시작해야 합니다.

어디를 둘러 봐도 해야 할 일은 있습니다. 경제 상황은 대담하고 신속한 행동을
요구하고 있습니다. 우리는 (그러한 요구에 부응해) 새로운 일자리를 창출하고[97]
성장을 위한 새로운 기반을 만들기 위해 행동할 것입니다. 우리는 상업에 활력을
불어넣고 우리를 보다 가깝게 묶어줄 도로와 교량, 전력망과 디지털 통신망을
건설할 것입니다. 우리는 과학을 제자리로 돌려놓을 것입니다. 우리는 의료 체계의

질을 향상시키면서 비용은 낮출 신기술들을 활용할 것입니다. 우리는 태양과
바람, 토양을 이용해 자동차에 연료를 제공하고 공장을 가동할 것입니다. 우리는
새 시대의 요구에 부응할 수 있도록 각종 학교와 대학을 개혁할 것입니다. 이 모든
것을 우리는 할 수 있고 또 할 것입니다. (중략)

우리 앞에 놓인 문제는 시장이 선을 위한 힘인지 악을 위한 힘인지에 관한
것이 아닙니다. 부를 창출해내고 자유를 확산시키는 시장의 힘은 비길 데 없이
막강합니다. [98] 하지만 이번 위기를 통해 우리는 감시의 눈이 없을 때에는 시장이
통제를 벗어나 추락할 수도 있다는 사실과 더불어 한 나라가 부유한 이들에게만
호의를 베풀 때 지속된 번영을 누릴 수 없다는 사실을 깨달을 수 있었습니다.

우리 경제의 성공은 항상 국내총생산(GDP)의 크기에만 의존하는 것이 아닙니다.
자선에 기인하지 않고 공동의 선에 도달하는 가장 확실한 길이기 때문에, 의욕을
가진 모든 이들에게까지 기회를 확장시키는 우리의 능력과 번영을 골고루 누리는
범위에도 우리 경제의 성공 여부는 달려 있습니다. (중략)

앞선 세대들이 미사일과 탱크가 아닌 견고한 동맹과 영속적인 신념들을 통해
파시즘과 공산주의를 제압했던 사실을 떠올려 보십시오. (중략)

가난한 나라의 국민들에게 우리는 당신들의 농장을 번성케 하고 깨끗한 물을
흐르게 하며 굶주린 몸과 허기진 마음에 양분을 제공하기 위해 당신들과 나란히
일을 하겠다는 약속을 드립니다. 우리처럼 비교적 부유한 나라의 국민들에게
우리는 더 이상 우리 국경 밖의 고통에 대한 무관심을 보이지 않을 것이며
또한 더 이상 세계의 자원을 결과에 대한 고려 없이 낭비하지 않을 것이라는
말씀을 드립니다. 왜냐하면 세계는 변했고 또 이에 발맞춰 우리도 변해야 하기
때문입니다.(중략)

정부가 최대한의 역량으로 일을 해야만 하고 또한 해낼 수 있기 위해 우리나라가
의지할 수 있는 것은 궁극적으로 국민들의 신뢰와 결단입니다. 제방이 무너졌을
때 낯선 이를 집안에 들이는 친절함이나 친구가 직장을 잃는 걸 보기보다는 자신의

근로시간을 줄이려 하는 무욕의 마음[99]도 우리로 하여금 가장 어두운 시간들을 날 수 있게 하는 덕목들일 것입니다. 연기로 가득 찬 계단에 뛰어드는 소방관의 용기나 아이를 키우는 부모의 마음도 우리의 운명을 결정할 것입니다. (중략)

두 사람 주장 가운데, 누구의 주장이 더 설득력이 있을까?

여기에는 오바마 대통령의 글의 양이 많이 배치되기는 했다. 내용은 두 사람의 핵심적인 주장을 모두 옮겨 놓았다. 짧은 글이 설득력이 있을 수도 있다. 두 사람의 주장은 바로 오늘 미국이 가야할 길에 대한 총체적인 의견을 말한다. 이것은 설득력의 문제이다.

프리드먼은 오바마 정부에 대해서 정부의 온정주의를 버리라고 이야기하고 있다. 오바마는 프리드먼의 제자들이 저지르다가 실패한 사태를 보면서, 이제는 이런 길이 아니라 모든 사람들이 다 소중하다는 사실을 깨달아야 한다고 주장한다. 프리드먼은 정부가 심판의 역할로 물러나야 하며, 사회는 경쟁에 의해서 승리하는 자들에 의해서 전진해야 함을 이야기 하고 있다. 반면, 오바마는 미국의 역사에서 과연 자유주의를 옹호할만한 사람이 얼마나 있었겠는가? 그들은 모두 민주주의를 꿈꾸며 살았다고 이야기한다.

그러나 우리는 자유주의에 대해서 분명히 알았는데, 경제 민주화에 대해서는 아직도 정확하게 알지 못하고 있다. 경제 민주화란 '1인 1표제'의 가치체계가 경제영역에서도 통용되는 체제를 말한다. 그것은 바로 경제가 경쟁위주의 산물만이 아닌, 즉 사회안전망이 잘 갖춰져 있는 경제 시스템을 말한다. 이런 경제 시스템에서는 사람들이 경쟁하면서도 함께 살아간다는 것이다. 한 마디로 공존이 가능한 경제체제를 말한다.

지금 우리사회에 글로벌 금융집단과 농민이 만났을 때를 생각해 보자.

그들 사이에 무슨 대화가 가능할까? 공존을 위해서 당연히 대화는 꼭 필요하다.

자유주의와 민주주의의 심화되는 대결

경제 민주화란 최소한 경제적 활동을 하는데, 서로 방해가 되지 않는 경제 시스템을 말한다. 최소한을 넘어 충분한 조건을 갖추기 위해서는, 공존이 가능하도록 필요한 것을 갖추는 경제시스템을 말한다.

필요한 경제 시스템은 이렇다.

1. 빈부격차가 너무 심한 것도 포함될 것이다.
2. 일자리 창출도 중요한 과제로 부각된다.
3. 사회복지 시스템도 포함될 것이다.

이렇게 해서 민주주의를 강화하도록 경제가 만들어져야 하는 것이다.

글로벌 금융자본에게 힘이 있다면, 민주주의에도 힘이 있다. 금융자본에 힘이 있다면 뛰어난 정보예측과 막대한 자금력이다.

민주주의에는 과연 어떤 힘이 있을까? 사람이 만들어내는 선한 에너지가 과연 어떤 힘을 만들어 낼 수 있는가?

우리는 민주주의와 금융자본이 힘겨루기를 통해 대결하는 시대에 살고 있다. 이 두 가지의 힘, 즉 하나는 물질의 힘, 다른 하나는 사람의 힘이 과연 어떤 조합을 만들어낼지 궁금하다.

나는 한국 민주주의 역사를 돌아보면서, 많은 절망감을 느꼈다.

민주주의를 제창하는 한국 정부가 투기금융자본에게 취한 태도의 진정한 정책적 입장은 무엇일까? "권력은 시장에 있다"고 까지 말해서는 안 된다. 삼성과 같은 세계적 산업자본에 정책적으로 의지하면서 그런 발언을 했다는 것이 큰 문제였다.

세계적 금융자본에게는 어떤 태도를 취했을까?

오히려 미국처럼 살아남기 위해서 힘을 모으고, 정확하게 글로벌 금융자본을 통제했다면 결국 사람 사는 세상을 만들 수 있었을 것이다. 사람의 힘은 위대한 것이다. 정치는 분명히 정치적 의사결정권자들에게 주어져 있다. 당시와 같은 상황이 주어진다면, 대통령은 오바마처럼 풀뿌리 민주주의, 즉 강력하고 부드러운 민주주의론을 펼쳐야 한다. 사람의 힘은 민주주의를 만들어 낸 힘이다. 민주주의 하에서 정부는 당연히 시장의 규율을 세울 의무가 있었다.

앞에서 본 오바마의 연설은 금융집단의 탐욕적인 측면을 민주주의적 국가가 통제할 수 있기를 희망하고 있다. 반면, 글로벌 금융집단들의 본거지인 뉴욕의 월가는 공적자금이 투입된 은행이 국유화되지 않을까 하는 걱정이 휘감고 있다. 국유화를 '정부군의 개입'이라고 표현하면서 말이다.

글로벌 금융자본들은 세계화의 영역을 자신들의 이익에만 몰두해 돌아 다녔다. 달러를 찍어내는 미국의 연방준비은행(FRB)은 정부기구라기 보다, 민간은행의 연합체라는 성격을 더 많이 갖고 있다. 이들은 40센트의 인쇄비를 들여 100달러를 인쇄하고, 여기에 10달러의 이자를 붙여 연방정부에 대출한다.

이 돈은 정부가 대출을 받기 전에는 존재하지 않던 돈이다. 돈은 대출(부채)을 통해 만들어진다. 있던 돈을 대출하는 것이 아니다. 정부의 부채가 늘면 시장의 돈도 늘어난다. 우리나라에서 누군가 은행의 돈을 빌릴 때도 똑같은 방식이 적용된다. 은행은 갖고 있던 돈을 대출하는 것이 아니며, 거꾸로 우리의 대출이 없던 돈을 만들어내는 것이다.[100]

은행은 100달러를 공짜로 만들어서 빌려주고 110달러를 갚으라고 하는데, 이자로 낼 10달러는 은행이 만들지 않은 돈이다. 이 10달러를 갚을 수 있는 방법은 두 가지다. 누군가의 것을 빼앗아서 갚거나, 다시 대출을 받는 것이다. 경쟁은 피할 수 없고, 누군가는 파산을 하거나 더 많은 빚을 져야 한다.

중앙은행을 제외한 일반 은행들은 은행에 돈을 맡긴 예금자들이 돈을 찾으러 올 경우에 대비해 지급준비금이란 것을 갖고 있어야 한다. 대체로 전체 예금의 10%만 있으면 된다. 거꾸로 10%의 준비금만 있으면 그 열 배를 대출할 수 있다. 10달러의 준비금으로 100달러의 부채를 만들어낼 수 있다. 이 가운데 90달러는 앞에서처럼 대출이 일어나기 전에는 존재조차 하지 않던 돈이며, 대출로 인해 새롭게 만들어진 돈이다.

이 과정이 끊임없이 반복되는 동안 엄청난 돈이 만들어지고, 누군가는 엄청난 부채를 떠안게 된다. 인플레이션의 진정한 원인도 이것이다. 단, 중앙은행이 발행하는 실물통화가 그렇게 많이 늘어나는 것은 아니다. 우리가 손으로 만질 수 있는 실물통화는 전체 통화의 3% 미만이며, 나머지는 민간 은행의 컴퓨터에서 만들어지고, 보이지 않는 가운데 이동하는 돈들이다.

은행이 5%의 복리로 대출을 할 경우, 14년이면 부채가 원금의 두 배가 된다. 개인적으로야 그 사이에 원리금을 다 상환하는 사람들이 있을 수 있다. 하지만 시스템 전체로 보면 은행은 아무 투자도 없이 원금과 똑같은 액수의 이자를 앉은 자리에서 따먹게 된다. 대신 채무자들은 원금만큼의 돈을 이자로 갚고도 역시 그 만큼의 빚을 계속 지게 된다. 그 사이에도 은행은 대출을 계속하기 때문에, 시스템 안에는 돈이 더 늘어난다. 전체 부채 역시 늘어난다. 이런 시스템의 원리를 이해하는 0.0001%의 사람들을 제외한 모든 사람들이 이런 부채의 거미줄에 걸리게 된다.

거대한 부를 축적한 은행가들은 이런 자질구레한 이자 정도로는 만족하지 못해, 더 큰 먹잇감을 찾아 나서게 됐다. 헤지펀드들이 이런 역할을 맡고 있다. 이들은 물리학자를 동원해 파생상품의 모호한 방정식을 고안해 냈다. 이것이 갖고 오기 어려운 이익도 끌고 올 수 있다는 사상 초유의 걸낫을 만들어냈다. 이들은 제3세계 국가들의 통화를 공격해 인플레이션을 일으키고 환란을 부추긴다. 나중에 떨이 가격으로 그 나라의 자산을 긁어오기 위해서다. 부채를 확실하게 회수하기 위해 IMF 등의 채권 회수 전담 깡패 조직들을 동원한다.

미국을 비롯한 전 세계가 지금 이 거대한 빚 거미의 거미줄에 포획된 먹잇감이 돼 있다. 세계 경제 위기는 이 빚 거미의 만찬 시간이 시시각각 다가오고 있다는 징표에 다름 아니다. 무슨 수로 이 빚의 거미줄에서 벗어날 수 있을까?

[오즈의 마법사]에서는 겁쟁이 사자가 용기를 얻어 거대한 거미를 죽인다. 현실에서는 이웃 나라 중국이 이 사자의 역할을 자임하고 나섰다. 우리는 또 한 번 들러리나 서는 신세가 될지도 모른다.

1999년 기준으로 국제금융자본은 다른 모든 자본들을 합친 것 보다 63배 더 강했다. 1999년 기준으로, 장 지글러의 [왜 세계의 절반은 굶주리는가?]에 따르면 120억이 2700칼로리를 하루에 먹을 식량이 생산된다. 8억 5000만이 만성적 영양실조 상태이고, 하루에 10만이 굶어죽고 있다는 것이다. 국제금융자본이 이런 짓을 방조하고 있다는 것이다. 이런 짓을 서슴지 않고 있는 국제금융자본은, 그럴 수 있는 상황이 오면 기꺼이 인류를 멸종시킬 것 이라고까지 표현했다.

E.H.카는 '역사는 노동을 하는 계급에게 더 많은 혜택을 주는 방향으로 발전해 왔다'고 말했다. 이는 사실이지만, 또 다른 진실을 수반하고 있다. 노동을 못 하게 된다면, 대가는 학살일 것이라는 주장이다. 하루에 10만 명이 굶어죽는 건, 그들에게 구매력이 없기 때문이다. 구매력이 없는 건 일자리가 없기 때문이다.

인공지능과 결합된 로봇이 모든 노동을 할 수 있게 되는 미래에, 글로벌 금융자본이 인공지능을 독점하는데 성공하지 않을까? 이때 그들은 온 인류를 말살할 것이다. 판타지 소설에서나 나올 법한 이야기가 현실이 되는 순간이다. 이를 막으려면 지금부터라도 온 인류가 연대해서 준비해야 한다. 국제금융자본은 워렌 버핏 보다 부유하고, 미국 정부 보다 훨씬 강한 존재이다.

'1인 1표의 대중 민주주의'와
'성적 지상주의의 엘리트 자유주의'

돈이 많든 적든 간에 민주주의자들은 모두가 다 똑같은 권리를 갖고 있다. 이 때문에, 근본적으로 대중 민주주의를 지향하지 않을 수 없다. 민주주의는 수많은 사람들의 공존을 전제로 한다. 민주주의는 어떤 경우에도 특권 계급을 용인하지 않는다. 민주주의자들은 그 사회의 합의가 가장 중요하다는 것이다. 민주주의자들은 그 사회의 합의를 정부가 수행해야 한다고 생각한다. 모두가 다 소중한 인권을 갖고 있다. 1인 1표제의 민주주의는 가진 것에 따라 사람의 중요도가 달라진다고 보는 자유주의와는 다른 관점을 갖는다. 사람의 능력과 노력은 차이가 있다고 하더라도, 모든 사람의 가치와 인권은 하늘로부터 이양할 수 없는 권리를 갖고 태어났다.

민주주의에는 모든 사람들이 동일한 발언권을 갖는다. '대한민국의 주권은 국민에게 있고, 모든 권력은 국민으로부터 나온다.'(헌법 제1조 2항) 모든 사람들이 많은 권리를 갖고 있는 대신 의무도 있다.

우리나라 헌법을 보다 정밀하게 읽어 봤다. 모든 사람들이 경제적 권리도 갖고 있는 것이다.

1. 국가는 균형 있는 국민경제의 성장 및 안정과 적정한 소득의 분배를 유지해야 한다고 헌법에는 기록돼 있다.

2. 시장의 지배와 경제력의 남용을 방지하며, 경제주체간의 조화를 통한 경제의 민주화를 위해 경제에 관한 규제와 조정을 할 수 있다.

3. 국가는 지역 간의 균형 있는 발전을 위해 지역경제를 육성할 의무를 진다.

4. 국가는 중소기업을 보호·육성해야 한다.

5. 국가는 농수산물의 수급균형과 유통구조의 개선에 노력하여, 가격안정을 도모함으로써 농·어민의 이익을 보호한다.

6. 국가는 건전한 소비행위를 계도하고 생산품의 품질향상을 촉구하기 위한 소비자보호운동을 법률이 정하는 바에 의해 보장한다.

그밖에도 ① 사회안전망, ② 최소의 생활을 유지할 권리, ③ 사회적 복지 시스템, ④ 일자리 창출 등 공동체적, 공공적으로 노력해서 결과를 얻어야 할 영역은, 공동체적으로 노력해서 얻어야 한다는 그런 권리를 갖고 있다. 이상의 권리는 모두 우리나라 헌법에 나와 있는 내용들이다.

자유주의는 엘리트들을 위한 논리이다. 모든 사람에게 순위를 매기다 보면 상층에 남는 것은 엘리트 그룹이다. 자유주의자들은 정부가 충실하게 해 줘야 할 것은 심판의 기능이라고 이야기한다. 우선순위의 등위를 매기는 것이야 말로 정부의 책임이라고 생각한다. 자유주의에 대한 이해의 실마리는 우리의 교실을 생각해 보면 될 것이다. 공부 잘하는 학생들이 최고라고 이야기하는 '성적 시장주의'의 논리가 바로 자유주의의 논리이다.

자유주의의 논리 가운데는 과외수업으로 좋은 성적을 차지한 학생이 대학이나 공무원 합격 등을 해내기 때문에, 우수한 학생이 뜻을 이루지 못하는 경우가 더러 발생한다. 성적은 돈에 의해 만들어 질 수 있는 것이다. 경찰공무원 시험이든, 뭐든, 학원 등의 사교육으로 합격비율이 높아질 수도 있지 않은가.

자유주의적 관점은 학생이 내일 취직을 한다고 할 때, 과연 누가 취직을 잘하는가의 문제에 대해 판별해 둬야 한다는 것이다. 취직도 과외수업으로 가능하지 않을까? 인맥 쌓기 실력도 말이다.

경제민주화의 구체적 지표

경제민주화는 경제적으로 공존이 가능한 체제를 말한다. 경제민주화에는 당연히 서민을 위한 경제대책이 많이 들어 있을 수밖에 없다. 경제민주화에는 부자들의 양보도 필요하다. 국가가 개입해 부자들의 양보를 얻어내야 한다. 부자들이 불쌍하다고? 그렇지 않다. 부자는 지금까지 국가의 정책도움으로 더욱 더 부자가 돼 왔다.

금융경제가 산업화와 무관하게 발전해왔고, 현실에서 빈부격차가 나날이 심해지면서 민심이 흔들릴 때, 정부는 반드시 서민을 지원하는 정책을 펴야 한다고 본다. 서민들이 최소한 먹고 살아가는 문제와 관련해, 서민의 경제적 권리는 완전히 해체될 위기에 놓여 있다는 견해가 우세하다.

 중국과의 화폐대전

수많은 사람들이 자본주의를 하나의 실체로 이해해 왔다. 1990년대 초 공산권의 몰락과 함께 전 세계는 하나의 단일한 자본주의로 통일됐다는 견해가 급속하게 확인됐다. '역사의 종말'이라는 주장까지 제기됐다. 소수이지만, 1980년대 미국경제의 상대적 약화, 그리고 독일과 일본의 상대적 우위를 배경으로 자본주의 대 사회주의의 경쟁이 아닌 자본주의 대 자본주의의 경쟁에 주목해야 한다는 견해가 대두됐다.

주주성장론은 주주자본주의 가운데 주주의 성장(권한 강화)을 말하는 것이다. IMF 체제 이후 한국에 주주자본주의의 물결이 거세게 밀어 닥쳤다. IMF 프로그램이 도입되면서, 금융시장과 노동시장을 중심으로 경제의 시장화가 급속도로 진행된 것이 사실이다.

경제의 힘은, 한마디로 화폐의 힘이다. 화폐의 힘은 주주들이 목소리를 강

경제민주화 해법

01. 적정한 소득의 분배와 균형 있는 국민경제

소득의 적정한 분배야말로 가장 중요한 경제 민주화에 관한 내용이다.
지니계수(소득분배의 불균형수치)를 잘 활용해, 소득격차가 그리 심하지 않도록
만들어야 한다. 일본과 같은 나라는 최고 수익자와 최저수익자의 소득편차가 그리
심하지 않다. 국민경제의 균형 있는 발전은 산업화와 금융화가 조화를 이뤄야 한다.

02. 시장의 지배와 경제력의 남용 방지

시장에서 특정 업체가 독과점이 이뤄지는 것을 막아야 한다. 이것이 승자독식주의가
자라는 원천이기 때문이다. 대신에 늘 자유경쟁 상태를 유지할 수 있도록 해야 한다.

03. 지역경제 발전과 지역 간의 균형 있는 발전

지역경제를 발전시킨다는 것은 국민경제를 발전시키는 것과 마찬가지이다. 지방자치
시대에 걸맞은 경제적 자립화가 이뤄질 수 있어야 한다. 또한 지역 간에 소득격차가
심하게 발생하지 않도록 조절하는 문제도 중요하다.

04. 중소기업을 보호·육성

대만 같은 나라는 모든 영역에서 중소기업이 가득하다. 그런데 우리나라는
수출경제를 지향하면서, 대기업인 재벌체제를 구축해 놓았다. 재벌이 지배하는
나라에서 모든 경제정책을 시장에만 맡겨 둔다면, 중소기업은 점점 도태돼 갈 것이다.
바로 이런 것이 정부가 시장에 개입해야 하는 이유이다. 중소기업을 보호하고,
중소시업의 성장을 도모할 수 있어야 한다.

05. 농어민의 이익 보호

우리나라는 오랫동안 농업 국가였다. 지금은 개방체제의 경제가 형성됐고, 또한
외국의 값싼 농수산물이 많이 도입되고 있다. 이런 상황에서 정부는 시장의
유통구조를 개선해서 농어민을 도울 수 있어야 한다.

06. 건전한 소비행위, 소비자보호운동

소비생활은 어떤 통로를 이용해도 대단히 중요하다. 이를테면 생협, 재래시장,
할인마트 등 다양하다. 아울러 건전한 소비행위를 하는 것은 더 중요하다.
소비생활에는 기초 소비가 가장 중요하다. 이를테면, 주류, 또는 로또처럼 사행성
소비를 줄이는 문제도 신경을 많이 써야 한다. 또한 건전소비, 소비자들의 이익을

지키는 소비자운동 등도 필요하다고 역설한다.

07. 사회안전망, 사회적 복지시스템

자유주의자인 밀턴 프리드먼도 사회안전망을 이야기한다. 아무리 어렵더라도 노인과
아동, 장애자는 보호해야 한다는 것이다. 사회안전망이 더욱 심화되면, 사회복지
시스템으로 변한다. 따라서 지금은 사회안전망 사회보장 정책의 중요성에 대해서
더욱 깊이 분석해야 한다. 나이가 많은 분, 근로과정에서 상해를 입은 분들과 장애가
있는 분들은 사회 구성원의 일원이라는 측면에서 복지의 혜택을 받아야 한다.
사회보장 정책은 또한 실업자들에게도 희망을 갖고 다시 일어설 수 있도록 만드는
것이다.

08. 최소의 생활을 유지할 권리

최소한의 의식주로 살아남도록 만들어 줘야 한다는 뜻이다. 우리는 사회의
구성원으로서 최소한의 생활을 유지할 권리가 있다. 그런데 너무나 많은 사람들이
자살하고 있는 모습을 본다. 이것은 소비와 수입 사이에 엄청난 차이가 있었기
때문이다.

09. 일자리 창출

일자리 창출이란 지금처럼 고용 없는 산업화가 계속될 때, 가장 필요한 작업이다.
사회적 일자리를 창출해도 되고, 또한 일자리의 수요와 공급 정보를 신속하게
공급하는 방법을 통해서도 좋다. 현대사회의 주요한 특징이라고까지 일컬어지는
실업을 줄이기 위해서 최선을 다해서 싸워야 한다.

10. '비버리지 보고서'

제2차 세계대전 중 영국에서 만들어진 '비버리지 보고서'의 가치는 완전히 폐기된
것이 아니다. 나는 지금 우리사회의 비버리지 보고서, 즉 21세기한국 보고서를
만들어야 한다고 생각한다. 그 노력을 바로 지금 기울여 나가야 한다. 그동안 우리는
빈부격차가 늘어나는 모습만 봐왔다.
이제는 빈부격차를 줄여보는 노력도 필요하다. 21세기를 맞으면서 맞이한 이 불황의
시기를 이겨가면서, 기록으로 남겨 놓아야겠다고 생각한다. '요람에서 무덤까지'
복지를 강구한다는 그 정신만이라도 반드시 채택할 수 있어야 한다. 사회보장 예산을
더 늘려야 한다. 예산의 깨끗하고 합리적인 사용방법도 더 연구해야 한다.

한편 이 밖에도 환경과 문화 등 시장경제 영역에서 완전하게 풀리지 않는 문제들이
더 있다. 인류는 지구온난화 문제 때문에 심각한 기후재앙과 먹이사슬의 혼란이라는
위험을 겪을 가능성이 크다. 풀뿌리에 기초한 '생태적 합리성'을 따를 필요도 있다.

화하고 금융권의 발언권을 엄청나게 강화하는 결과를 빚었다.[101] 원래 주식시장은 산업 활동의 활성화를 위해 만들어졌지만, 현재는 주식시장의 이익을 위해 산업 활동이 부차적인 지위를 차지하고 있다.

국내에 진출한 외국자본은 대부분이 단기성이 매우 강한 투기자본이다. 이들은 대체로 시세차익을 챙기고, 곧장 다른 대상을 찾는 수법을 보인다. 이들에게 국민경제의 안정적 발전, 자신이 투자한 기업의 안정적이고 장기적인 전망은, 관심의 대상이 아니다. 이들은 노동자들의 대량해고와 고배당, 자산매각, 자사주 매입, 유상감자 등을 통해 보다 많은 이윤을 확보하는 데에만 골몰할 뿐이다. 이런 수법으로 금융자본은 단기간에 천문학적 규모의 이득을 챙기고도 세금 한 푼 제대로 물지 않는다.

바야흐로 주주자본주의의 작동원리가 깊숙이 내재된 한국 경제는 외국투기자본에 의해 그 성장 동력을 잠식당하고 있다. 기업성장과 한국경제 발전을 가로막는 장본인이 바로 외국금융자본이다. 주주자본주의는 '주주이익 극대화'를 명분으로, 한 나라 경제의 성과를 섭취하고, 그 나라 경제를 초토화시키게 된다. 이것이 바로 주주자본주의의 실체이며 본질이다.

주주자본주의 시대 한국은 단기성 시세차익을 노린 외국금융자본의 놀이터가 됐다. 외국투기자본은 한국 주식시장을 장악해, 한국 경제를 쥐락펴락하고 있다. 주주가치 이익의 극대화를 목표로 하는 외국금융자본이 국민경제에 입힌 해악을 살펴볼 필요가 있다.

우리나라 알짜기업들의 전체주식의 절반 이상을 외국인이 보유하고 있다. 그들은 주주총회에서 다수의 의결권을 장악하고 있다. 그러면서 기업 경영진에게 수단을 가리지 말고, 기업의 주식가치를 높일 것을 강하게 요구한다. 기업의 신규 투자에 제동을 걸고, 정리해고와 임금삭감 등 구조조정을 통해 주식가치를 높여 고배당금을 받을 준비를 한다. 이것이 바로 외국금융자본이 수익을 올리는 전형적 수단이다. 기업은 무조건 주주의 이익을 옹호할 수밖에 없는 것이 현실이다. 주주의 이익대로 움직이지 않으면, 외국금융자본은 적대적 인수합병(M&A) 위협을 통해 기업 경영권을 심각하게 위협한다.

주주자본주의의 특성 [102]

첫째,

주주자본주의는 시장의 발언권이 특히 강한 이해당사자 자본주의이다. IMF 이후
우리나라에 들어 온 네오아메리카형 자본주의이다. 시장경쟁을 통해 적격자를
선별하는 '적자생존을 기본원리로 한 자유시장경제체제'이다.

둘째,

생산의 기본단위인 기업은 '주주 주권의 원리'에 의해 움직인다. 기업의 주요
의사결정은 주로 경영자에 의해서 이뤄지지만, 경영자는 기업의 진정한 주인이자
유일한 잉여청구권자인 주주의 대리인으로서 주주의 이익을 극대화해야할 책임이
있다. 주주자본주의는 자본주의의 발전형태의 한가지로서, 자본 활동의 모든 것이
주주의 이익을 옹호하는 방향으로 이뤄지는 형태의 모든 움직임을 통칭한다고 할
수 있다.

셋째,

미국식 자본주의의 성장엔진은 강력한 주식시장이다. 미국에서 주식시장이
자금공급이 아니라, 자금유출 창구가 된 것은 1980년대부터. 우리나라보다
훨씬 더 심하다. 주주들에게 좋은 것이 기업에게 좋다는 믿음이 확산되면서,
경영진이 주주들과 결탁하기 시작했다. 주주들의 이해와 경영진의 이해가
일치하는 지점이 바로 스톡옵션이다. 임금을 동결하거나 노동자들을 자르고
비정규직으로 내몰고 설비투자를 미루면서 이익을 늘리고, 그걸 주주들과
경영진이 나눠 갖는다. 단기 실적을 노리고 장기적인 성장을 희생하는 일도
벌어진다. 그게 주주 자본주의의 현실이다.

넷째,

주주자본주의에서는 월가(Wall Street)와 같은 금융회사들이 강한 발언권을 행사하고 있다. 우리나라 알짜기업들 전체주식의 절반 이상을 외국인이 보유하고 있다. 그들은 주주총회에서 다수의 의결권을 장악하고 있으면서, 기업 경영진에게 수단을 가리지 말고 기업의 주식가치를 높일 것을 강하게 요구한다. 기업의 신규 투자에 제동을 걸고, 정리해고와 임금삭감 등 구조조정을 통해 주식가치를 높여 고배당금을 받는 것은 외국투기자본이 수익을 올리는 전형적 수단이다. 기업은 무조건 주주의 이익을 옹호할 수밖에 없는 것이 현실이다. 주주의 이익대로 움직이지 않으면, 외국투기자본은 적대적인 인수합병(M&A) 위협을 통해 기업 경영권을 심각하게 위협한다.

다섯째,

주식시장의 발달 및 금융 권력의 발언권 강화는 자본시장 특히 주식시장 중심의 금융시스템 발달로 귀결된다. 회사는 주가를 높이기 위해 노력해야 하고, 주주 환원율 50% 이상을 지키는 것이 중요하다. 이상을 지키지 못할 경우 회사는 M&A를 통해서 공격당할 수 있다. 회사가 다른 회사를 인수할 때 지불하는 것은, 현금이 아니라 주식이다. 주식이 바로 현금처럼 쓰인다. 기업들의 최대 목표는 자기 회사 주식 가치를 높이는 것이다. 높은 주식 가치는 적대적 M&A로부터 방어를 위해서도 매우 유리하다. 주식가격을 높이기 위해서는, 그 기업이 상장된 주식시장에 정보가 알려져야 한다.

여섯째,

기업 내에서 주주의 발언권이 강화되고 경제 전체적으로 금융권의 목소리가 커짐에 따라, 노동의 지위는 절대적으로 약화되고 있다. 적대적 M&A를 걱정하지 않았다면, 일부 금액을 노동자들에게 양보할 수 있을 가능성이 높다. 하지만 이제는 경영진이 나서서 주주 환원율을 지키기 위해 최대한 노력하고 있다. 적대적 M&A의 위협이 카드로 제시돼 있기 때문에, 노동자들의 절대적 희생을 통해서라도 이를 막아야 하는 악순환이 반복되고 있다.

적당한 소유는

인간을 자유롭게 하지만

지나친 소유는

소유자체가 주인이 되어

소유자를 노예로 만든다.

니체

정치는 돈에 무릎을 꿇는

권력이 아니다.

돈을 조율할 수 있어야 한다.

돈의 노예가 아니라,

돈에 대한 권리를 되찾기 위해서라도

돈 이외에 다른 가치가 있음을

보여줘야 한다.

본문 중에서

chapter

8

절망에서
희망을 향해
외치는 목소리

정당들의 반성과
거듭남이 필요하다

약한 민주주의에서
강한 민주주의로

정당들의 반성과 거듭남이 필요하다

1 한나라당

오늘날 정당은 지역주의와 계층노선 사이에서 갈등하고 있다. 이미 경제는 계층노선을 따라가고 있는데, 실제 정당은 지역주의 문화에 매여 있는 모습을 보이고 있다. 지역주의 정당문화는 두목(頭目)을 낳고, 젊은이들로 하여금 정당에 대한 관심을 철회하게 만든다.

한나라당의 노선은 보수주의와 자유주의를 지향하고 있는 것으로 보인다. 보수주의 노선은 박근혜 의원이 대표하고 있고, 자유주의 노선은 이명박 대통령이 담당하고 있다. 대한민국의 건국 이후 보수주의 노선은 박정희 전 대통령으로부터 시작됐고, 자유주의의 전통은 이승만 전 대통령으로부터 시작됐다. 주로 보수주의 노선은 지역의 관료와 유지 등이, 자유주의 노선은 상공인들이 지지했다.

그러나 현실로서의 한나라당에는 김영삼 전 대통령이 참여했고, 적지 않은 소장파 의원들이 생겨나기도 했다. 즉, 한나라당의 지지자들은 보수주의자 + 자유주의자 + 개혁적인 소장파 의원들을 지지하는 일부 중산층 등을 모두 포함하고 있다. 오늘날 이명박 대통령의 자유주의는 이승만 전 대통령으로부터 왔기보다는 김영삼 전 대통령, 이재오 의원을 거쳐서 이명박 대통령에게 전달됐다. 또는 김대중, 노무현 전 대통령을 지지했던 이기택 전 의원 등도 오늘은 이명박 대통령을 지지하고 있다. 이명박 대통령과 김영삼 전 대통령의 노선이 일치하지는 않는다고 할지라도, 그 중간 그룹에 이재오 의원이 있어서 그 연결 벨트를 조율한다.

이런 현상에는 지역의 중산층, 지역의 농민, 노동자들까지 한나라당을 지지하는 결과를 빚는 수가 적지 않았다. 그것은 한나라당과 민주당이 각각 지역주의 경쟁을 벌이고 있는 현실을 반영한다. 공식적으로는 아니라고 할지라도, 내용적으로는 한나라당과 민주당 모두가 지역주의 전략을 잘 활용한다.

지역주의 전략은 알고 보면 보수주의 전략이다. 그렇다면 지역주의 전략을 버려야 할 시점이 되면 당연히 버려야 한다. 지역주의-보수주의로부터 가장 많은 혜택을 입고 있는 정당이 다름이 아닌 한나라당이다. 우리나라는 지도상으로 보았을 때, 한나라당이 동해-중부권 벨트를 민주당이 서해안 벨트를 차지하곤 한다.

이런 전략을 우리는 '혼합전략', 즉 '캐치 올 파티(Catch All Party)전략'이라고 부른다. 모든 계층에서 지지자를 찾는 방법이 바로 이것이다. 바로 이런 것이 오늘날 이명박 대통령이 스스로를 '중도론자'라고 부를 수 있는 배경이 되고 있다. 모든 계층들이 한나라당을 중심으로 부분적으로 연합하고 있는 것이다.

이런 정당의 노선은 어떻게 될까? 내가 볼 때는 노선을 설명할 만한 정확한 단어가 생각나지 않는다. 앞에서 한나라당의 노선을 보수주의, 자유주의 정당이라고 불렀지만, 그것만이 아니다. 거기에다 여러 계층을 부조하는 정책들이 모두 다 갖추어져 있다. 모든 계층을 부조하는 정책이 다 갖추어져 있는 것, 이것을 우리는 '국민정당 노선'이라고 불러야 할까? 오랫동안 우리는 이런 정당을 국민정당이라고 불러 왔다.

그런데 정당의 개혁 이후부터는 국민정당 노선을 유지할 수가 없다. 왜냐하면 정당은 결코 모든 계층의 이익을 고루 반영할 수가 없기 때문이다. 정당은 어느 한 계층의 이익을 확실하게 반영한다. 한나라당이 정책적으로 가장 역점을 두는 계층은 다름 아닌 보수주의자와 상공인 계층이라는 사실이다. 다만 한나라당은 지역적으로 노동자와 농민을 위한 정책도 약간 내놓고 있을 뿐이다. 바로 이런 측면을 모두 고려해 봤을 때, 한나라당은 상공인 정당, 보수주의자들의 정당이라고 부름이 마땅하다.

한나라당은 우리사회에 기득권을 많이 갖고 있는 사람, 잘 사는 사람들의 이익을 정확하게 반영한다. 감세정책(減稅政策)이 바로 그런 것을 잘 대변한다. 잘 사는 사람을 위한 정당이라고 할지라도, 중산층의 이익을 반영하겠다는 의지는 밝힌다. 중산층은 이렇게 모든 정당들로부터 러브 콜을 받는다. 중산층은 우리사회의 중간지점에 위치해 있기 때문에, 그것을 장악해야만 정당의 경쟁력이 확보되기 때문이다.

한나라당의 노선을 특정한 계층의 이익을 반영하지 못한다고 보는 사람들도 있다. 그렇더라도 한나라당의 존재는 최소한 정치권의 힘을 무력화할 수는 있다. 바로 이런 것을 우리는 '자유주의 효과'라고 부른다. 자유주의의 효과는 바로 정치와 정부의 힘을 무력화하는 것이다. 그때 상공인들에게는 진정한 자유가 주어지게 된다. 이런 자유주의 효과가 전적으로는 아니라고 할지라도 일부분은 나타난다.

결국 한나라당이 내세우는 정책은 모든 계층의 목소리를 '고루' 반영한다. 그런데 그것을 평면적으로가 아니라, 방점을 찍으면서 자세히 읽어보면, 그게 아니다. 한나라당은 우리나라가 잘 사는 방법이라고 이야기하지만, 결국 한나라당은 우리사회의 소수 계층의 이익을 위해서 일하고 있다는 느낌을 배제할 수가 없다. 그럴 때라야만 감세정책과 같은 것을 이해할 수 있다. 당연히 중산층의 이익도 병행해서 추구한다. 이것은 정당의 경쟁력을 위해서 그렇게 하는 것이다. 그럴 때라야만 정당을 지지하는 사람들을 확보할 수가 있기 때문이다. 그런데 지금 중산층이 맞는 이 위기의 시간에 한나라당은 과연 무엇을 하고 있는가?

한나라당의 노선이 이명박 대통령 참모들의 조언으로 중도주의로 바뀌었다. 여기에 대해서 찬성하는 의견과 함께 반론도 적지 않다. 당내 쇄신파의 의견을 모아 보고서를 발표한 이후 한나라당이 신설한 '서민행복 한나라추진본부' 정병국 본부장은 '100만 명의 국민과 늘 소통하겠다'는 의견을 내어 놓기도 했다. 잘 될 것인지 예의주시할 필요가 있다. 더욱 더 노선의 관계에 대해서도 더욱 주목할 필요가 있다. 한나라당은 과연 중도노선과 자유주의노선, 보수노선과 지역주의 노선 가운데 어디에 위치하고 있는 것일까?

 민주당의 노선

민주당의 노선은 계층적으로 중도개혁정당을 지향한다. 중도정당으로서 민주당은 스스로를 중산층과 서민의 정당이라고 생각한다. 여기에 해당하는 사람들을 전부 모아낼 수만 있다면, 당연히 경쟁력 있는 정당이 될 것이다. 민주당은 중산층과 서민층을 가운데에 놓고 한쪽은 시장주의자와 다른 한쪽은 복지주의자가 모일 수밖에 없다. 민주당은 이런 노선을 당연히 줄기차게 밀고 나가야 한다. 민주당은 하나를 버릴 때, 하나 이상을 얻을 수 있음을 알아야 한다. 민주당이 버려야 할 것은 지역주의와 파벌주의이다.

민주당은 의원 공천후보부터 제대로 선출돼야 한다. 민주화된 현실에서 의원 공천은 당연히 국민이 해야 한다. 당 지도부가 있다고 할지라도, 아니 없어야 정상이다. 공천과정에 누가 되는지는 생각할 필요도 없다. 풀뿌리 당선방식에서 올라와야 마땅하다. 그러면 정당은 거대한 당원중심의 정당이 조직 밖에 설립돼 있고, 조직적으로는 원내정당이 될 수밖에 없다. 이 문제에 대해서 더욱 깊은 연구가 필요하다.

민주당을 제대로 알기 위해서는 예전 민주당, 열린우리당, 오늘의 민주당의 역사를 동시에 알고 있어야 한다. 과거 민주당의 노선은 김대중주의와 민주화 노선 등, 바로 이 두 가지였다. 노무현 후보가 대통령이 되면서 민주당은 소수 야당으로 전락했고, 노무현 후보는 새로운 정당인 열린우리당을 만들었다.

민주당의 역사적 오류 가운데 대표적인 것은 6월 항쟁 이후 단독후보 결정이다. 평민당의 김대중 총재와 통일민주당의 김영삼 총재는 동시에 대통령 후보로 출마했다. 이후 평민당의 유지(김영삼 총재는 통일민주당을 유지하고 있었다), 아태재단 김대중 이사장의 정치재개와 새정치국민회의 분리결정(이때 이기택 의원은 새정치국민회의 공동대표였다. 지금은 평통자문회의 부의장으로 일하고 있다) 등이 바로 그것이다. 보편적으로 정당은 연합주의의 원리에 의해서 조직되는데, 당시 정당운영에는 파벌주의와 개인주의의 요소가 너무 많이 침윤(浸潤, 번져나감)돼 있었다.

그 전까지만 해도 우리나라 정당들은 보수야당이긴 했지만, 다분히 공적인 성격을 띠고 있었다. 신민당이 대표적이었다. 평민당과 새정치국민회의 시절 이후 우리나라 정당들은 모두가 개인주의 정당으로 발전하게 된다. 그 가운데서도 특히 1인 개인주의를 선택했던 정당은 평민당과 국민회의였다. 개인주의와 독재는 자칫 섞일 수 있는 개념이다. 독재 가운데서도 핵심적인 군사독재집단이었던 민정당이 가장 큰 모순으로 자리 잡고 있었다. 고상한 목적인 민주화를 지향하고 있다는 사실 때문에, 개인주의적 운영이라는 현실은 묻힐 수 있었다. 민주화가 된 이후 개인주의의 문제점은 서서히 드러났다.

노무현 전 대통령이 참여했던 열린우리당은 성격이 다소 달랐다. 근본적으로 이 열린우리당은 주인이 없는 정당이었다. 정당의 기본 원리는 민주적이었지만, 시도하는 제도적 변화는 많은 한계를 갖고 있었다. 또한 열린우리당의 리더십은 정동영 의원이 행사하고 있었다. 정동영 의원은 열린우리당과 민주당을 대표하는 대통령 후보로 출전하고 나서, 대패했다.

내가 볼 때에 현재 민주당의 힘은 약하다. 이것을 대체하는 노선은 현재로서는 민주당＋친노그룹의 정확한 연합이다. 개인주의자인 김대중 전 대통령과 그룹주의자인 노무현 전 대통령은 민주화 운동의 목표에서는 일치했다. 얼마 전 김대중 전 대통령은 노무현 전 대통령의 장례식에서 놀라운 광경들을 목도했다(김대중 전 대통령도 지금은 고인이 됐다).

정부를 직접 경영할 때는 적지 않은 사람들이 노무현 전 대통령을 비판했지만, 그의 서거 이후 상황은 완전히 바뀌었다. 노무현 전 대통령을 자발적으로 지지하는 노사모를 포함해서 젊은 사람들의 활동을 눈으로 직접 본 것이다. 지금 민주당은 형식적 조직적으로도 민주당＋열린우리당으로 돼 있다. 그러나 이것은 결코 충분치 못하다. 그래서 외곽에서는 김대중＋노무현 연합을 추구하고 있다고 보여진다.

중도노선이 피해야 할 것은 지역주의 정당과 두목주의(頭目主義)이다. 내가 보기에 민주당은 이제 지역 중시 노선과 계층 중시 노선 가운데 하나를 분명히 선택할 때가 됐다고 생각한다. 지역중시 노선은 과거와 현재의 의미가 확연하게 달라졌다. 과거에는 그것이 김대중 전 대통령을 낳게 만든 보호주의 노선이었던데 반해, 이제는 그 노선이 다른 지역에 대한 포기노선을 의미하기 때문이다. 즉, 지역주의는 자신을 지지하는 사람들 사이에 갇힌 형국을 말한다.

아직도 지역 중시 노선이 암묵적으로 가끔씩 나타난다. 그것을 증명하는 것이 바로 대다수의 의원들이 호남에서 당선된 사례를 예로 들 수 있다. 그 이유를 나는 민주당이 과감한 계층노선을 선택하지 못하기 때문이라고 생각한다. 민주당이 계층정당으로서의 성격을 확실히 밝힌다면, 한나라당도 역시 혼합전략, 즉 '캐치 올 파티' 노선을 펼 수가 없게 될 것이다. 다행스럽게도 민주당이 자신을 설명할 때 흔히 쓰는 말은 '중도개혁정당'이다. 이 용어는 정당의 노선을 지역주의가 아니라, 계층정당에서 찾고 있음을 말한다.

당의 정체성이라는 영역에 들어가 보면, 혼란이 존재한다. 지역주의가 여기에서 나타난다. 지역주의는 근본적으로 보수주의 노선을 말한다. 보수주의 노선일 경우에만 모을 수 있는 지역의 보수주의 인사들이 많이 모여 있음을 보게 된다. 이런 것이 영호남의 대부분의 핵심지역에서 당선자를 거의 예측하게 만들고 있다. 호남 보수주의 노선은 호남의 지역 유지들을 모아내는 데는 큰 도움이 되지만, 전국적으로 중산층과 서민층을 모을 수는 없게 만든다.

의원 후보의 당내 공천과정에서도 많은 문제점이 드러난다. 공천과 선거에 있어서는 호남 지역주의가 나타날 수밖에 없다. 물론 손학규 대표시절 공천과정은 비교적 깨끗하게 진행됐다. 애초에 민주당 공천을 지원한 사람들이 한나라당보다 밀렸던 것일까? 아니면 민주당이 집권 과정에서 인기가 떨어졌기 때문일까? 지난 번 총선에서 민주당은 한나라당에게 패배했다. 역시 호남지역에서는 달랐다. 전국을 대표한다고 하면서도 실제로는 지역주의를 대표하는 후보자들과 호남지역 유권자들의 민주당을 사랑하는 마음이 만나서 만든 결과일까? 결국 호남지방을 중심으로 해서 민주당은 재건됐다.

이런 현실을 보면서 민주당은 과연 지역주의로 되돌아가야 할까? 아니면 그래도 계층정당 노선으로 가야 할까? 계층정당은 스스로 먼저 하나를 버리고 더 많은 것을 얻는 것이다. 그러나 자신감이 없어서일까? 아니면 호남 지역에 대한 영향력의 누수에 대한 두려움 때문일까? 민주당이 지역정당의 길을 가는 한 지역정당＝보수정당으로서의 성격을 지닐 수밖에 없고, 이런 상황에서는 한나라당이 전국 총선에서 크게 득세할 수밖에 없다.

노무현 전 대통령이 집권 이후 총선에서 승리한 것은 지역주의 전략을 포기하고, 새로운 노선으로 접근했기 때문이었다. 또한 당시 대통령 탄핵문제도 크게 이런 배경이 됐다. 당시 특수한 상황에서이긴 했지만, 오늘의 민주당에게는 큰 교훈이 되고 있다. 민주당이 진정으로 목표가 있는 중도정당이 되길 바란다.

민주당 정세균 대표는 2009년 7월 5일 "2012년 정권교체를 위해 제2의 창당에 버금가는 수준의 통합과 혁신을 추진하겠다. 세력통합을 위해 기득권을

포기하고 문호 개방을 위해 노력할 것"이라고 말했다. 정 대표는 이날 취임 1주
년을 맞아 여의도 당사에서 가진 기자회견에서 "임기 후반기 목표라면 앞으로
1년간 정권교체의 토대를 꼭 만드는 것"이라며 이같이 밝혔다. 과연 잘 될 것인
지, 주목해 봐야 할 것이다.

 민주노동당

　민주노동당은 노동자와 농민, 또한 이들을 지지하는 지식인들의 정당이
다. 민주노동당은 오랫동안 일반적으로 우리사회의 진보노선을 대변하면서,
NL(National Liberation, 민족해방)과 PD(People Democracy, 민중민주) 노
선을 지향해 왔다.

　최근에는 여기에서 PD노선이 이탈하여 진보신당을 결성했다. 진보신당의
당원들은 민주노동당 안에서 답답하긴 했겠지만, 정당이란 어차피 여러 세력들
이 뭉치는 것이다. 그렇기 때문에 대부분의 정당들은 다 연합노선을 갖는다. 그
렇다면 정당 안에서 그룹으로 뭉칠 수 있으면 그룹으로 뭉치면 되는 것이다.

　민주노동당도 언젠가는 계층노선에 입각해서도 중산층의 이익까지도 대
변하게 될 것이다. 그것은 총선 또는 대통령 선거에서 승리하기 위해서이다. 이
처럼 중산층의 위상은 그만큼 든든하다. 그러나 현실적으로 중산층은 계속 무
너지고 있다. 지금은 당연히 노동자와 농민의 이익을 대변한다. 왜냐하면 정당
형성의 초기이기 때문이다. 무릇 정당이란 다 자신의 기본노선을 중심으로 해
서 출발한다.

　진보신당의 이탈은 민주노동당 세력의 급격한 약화를 의미했다. 물론 진보
신당 세력도 급속하게 약화됐다. 한국과 같이 반(反)진보세력이 득세한 사회 속
에서는, 작은 힘을 나누는 것이 아니라 모아서 써야 한다. 게다가 한국의 진보진
영은 모든 노동자와 농민의 지지를 받는 것도 아니다. 오로지 조직노동자와 조
직농민의 지지를 받는 것이다. 그렇기 때문에 민주노동당의 노선문제는 독일의
사민당에서 베른스타인의 노선처럼, 오랜 세월의 심판을 거쳐야 한다.

　오랫동안 민주노동당은 NL노선과 PD노선 사이에 심각하게 갈등해 왔다.

갈등은 민족공동체론과 사회민주주의 노선 사이에서 전개됐다. 그런 가운데 민주노동당의 스타급 인사들인 노회찬, 심상정 전의원 등이 진보신당을 창당한 것이다. 나는 이것만은 잘못됐다고 생각한다. 이로 인해 표가 모자라 국회의원 당선에도 어려움을 겪었다. 지금이라도 다시 통합노선으로 간다면, 그런 경험이 오히려 좋은 역할을 할 수 있다고 생각한다. 즉, 이탈의 손익과 통합의 손익을 비교할 수 있기 때문이다.

민주노동당에게 부탁하고 싶은 내용 가운데, 첫째는 자신들의 노선에 충실해야 한다는 것이다. 민주노동당은 누가 뭐래도 노동자와 농민의 정당이다. 얼마 전 울산에서 선거가 있었는데, 민주노동당과 진보신당이 후보연합으로 출마하자, 선거에서 이들 후보들이 승리했다. 경남 사천에서는 지난 총선 때, 강기갑 후보가 출마해서 이방호 한나라당 사무총장을 꺾은 일까지 발생했다. 지역을 장악하는 방법이 지역주의에 의한 것이 아니라, 계층과 노선중심으로도 지역을 차지할 수 있다는 것을 잘 가르쳐 준다. 이것이야 말로 지역주의를 이기는 진정한 계층노선이다.

민주노동당이 정확하게 그 길을 걸어 갈 때 많은 유권자들이 거기에 관심을 표명하고, 당세가 강화될 수 있다. 또한 중도정당인 민주당도 노선위주, 계층위주로 나갈 수 있다. 그렇게 될 때, 우리나라 모든 정당들이 자신이 지지하는 노선과 자신들이 주로 생각하는 계층을 분명히 할 수 있다. 아니 유권자들이 자신의 이익을 잘 대변하는 정당, 자신이 좋아하는 정당을 분명히 할 수 있게 된다.

약한 민주주의에서 강한 민주주의로

①

어떻게 하면 평화로움이 지속가능한 사회를 만들 수 있을까?

욕망을 탐욕으로 발전시키지 않기 위한 메커니즘은 무엇인가?

해결책은 사회를 다원화하는 것이다. 자유주의 사회의 경쟁력 제일주의를 제어하는 문제에 대해서 아주 깊이 신경 써야 한다. 오늘날 미국에서 민주주의자들이 많이 나타나게 된 배경도 비슷한 주제들이다.

그런데 이런 작동 메커니즘이 과연 하나의 이념이 완전히 쓰러진 후에만 작동하는 것일까? 다원주의의 한계도 발견할 수 있다. 나도 살고, 이웃도 살 수 있도록 말이다.

인간의 문제를 먼저 해결해야 한다. 한국사회의 사람들은 '인연사회-개인주의사회'의 인간적인 특성을 보인다. 개인주의 사회가 지속가능하기 위해서는 개인주의에 공동체의 논리를 덧붙여야 한다.

개인주의 사회에 공동체의 가치가 과연 어떻게 구현될 수 있을까?

지속가능한 욕망은 어느 정도인가?

우울증 문화, 사이코패스의 문화를 극복하는 방법은 과연 있을까?

인간의 욕망과 탐욕, 이것이 사회건전성과는 어떤 관계가 있을까?

욕망의 문화를 고양시키되, 탐욕의 문화를 줄이는 방법에 관한 연구가 필요하다. 지속가능한 욕망을 유지하는 방법에 대해서도 연구가 필요하다.

[돈에 대한 처방]은 그만큼 중요하다. 화폐전쟁 대신에 화폐평화 방안을 모색할 수는 없는가? 화폐전쟁 시대에 대비해야 한다. 화폐전쟁이란 그 나라 화폐발행권과 그 나라 화폐제도의 내분비샘을 교란시키는 특징이 있다.

글로벌 투기금융자본의 투기 대신에, 산업 활동을 도울 수 있는 금융시스템은 없는가? 투기자본에 대해서는 과중한 세금을 매겨야 한다.

뇌물을 받지 않는 선언을 할 수는 없는가? 이런 것은 바로 노무현 정부 때

가능했었다.

고리대금업의 이자를 낮출 수는 없는가? 일단 이자를 낮추도록 이자의 범위를 정해야 한다. 다음에는 경쟁을 인정해야 한다.

돈은 신과 인간이 서로 소통하는 통로일 뿐만 아니라, 역시 악령이 출입하는 통로이다. 정신적인 가치와 물질적인 가치는 함께 성장해야 한다. 돈만의 바벨탑이 아니라, 정치적 권위와 종교적 권위가 함께 성장해야 한다. 시민사회의 목소리를 제대로 전달하는 사람들이 있어야 한다. 개인의 생활과 생활비에 대해서 늘 합리적인 계산을 하고 있어야 한다. 돈에 대한 욕구는 모두가 다르다. 이것을 과연 어떻게 대처할 수 있겠는가. 모든 생활을 돈으로 환산해 보는 습관도 필요하다.

투기자본의 시대는 내부 투쟁형 사회를 만들었다. 직업 가운데 잘 되는 직업과 안 되는 직업의 경우에는 어떤 차이가 있는가?

일자리 없는 산업화는 바로 도박 산업의 발전이다. 돈이 소중하다고 해서, 돈에 대한 지배력을 마치 섹스 중독증처럼 키워서는 안 된다. 생활합리성운동본부와 같은 경제교육기관이 필요하다. 돈에 대한 교육을 어릴 때부터 할 수 있어야 한다. 돈을 아끼는 것이 세상을 아끼는 것이란 교육을 할 수 있어야 한다. 돈에 대한 탐욕의 마음이 아니라, 돈의 중요성을 길러 줘야 한다. 아끼는 소비생활을 할 수 있어야 하며, 시회안전망의 망을 더욱 더 촘촘하게 설치해야 한다. 공공적인 것은 공공적인 것으로 처리할 수 있도록 해줘야 한다. 돈이 갖는 성격을 충분히 이해하여, 돈이 골고루 분배되도록 해야 한다.

[취업문제]와 관련해서 시민의 취업문제, 특히 청년의 실업문제에 적극적으로 대처할 수 있어야 한다. 여성의 취업문제에 대해서도 신경 써야 할 것이다. 사회적 직업을 많이 만들어야 한다. 이것이야 말로 유일한 출구라고 표현해도 괜찮을 것이다.

[정치에 대한 향후 처방]을 살펴보도록 하자. 정치가 승자독식주의의 원천이라는 사실을 우리는 기억해야 한다. 정치지도자들은 거대한 욕망을 가지고 정치에 참여했다. 욕망이 기초가 된 정치는 유권자와 정치적 보스 사이를 오간다. 정치지도자들은 돈에 대해서 쉽게 무릎을 꿇었다. 이제는 정치가 고유한 기

능을 되찾아야 한다. 이 기능을 회복할 때만이 시장권력에 대한 패배의식을 떨쳐버릴 수 있다.

　정치는 돈에 무릎을 꿇는 권력이 아니다. 돈을 조율할 수 있어야 한다. 돈의 노예가 아니라, 돈에 대한 권리를 되찾기 위해서라도 돈 이외에 다른 가치가 있음을 보여줘야 한다.

　정치 자체가 수행해야 할 고유한 기능이 있음을 인식시키고, 균형 있는 취업에 신경 써야 한다. 우리나라 기업의 성장과정은 수많은 국민들의 노력에 의해서 이뤄졌다는 것도 알아야 한다. 정치인의 권력에 대한 욕망에 유권자의 희망을 반영할 수 있어야 한다.

　시민사회는 다음과 같은 문제들에 대해서 늘 염두에 둬야 한다. 돈에 대한 양심과 탐욕의 단계를 넘어 균형을 회복해야 한다. 균형 있는 취업을 신경 써야 한다. 모든 예산을 공개하는 운동을 벌여야 한다. 당연히 시민사회단체의 예산도 포함돼야 한다. 이웃들에게 꿈과 희망을 안겨주는 사업을 벌여야 한다. 개인 생활의 과학화에 몰두하면서도 어떻게 살고 있는지에 대해서 공유할 필요가 있다. 이 세상에는 정부의 분배와 시민사회단체의 전달이 없고서는 존재하지 못할 사람들도 적지 않다.

　나는 이 글의 결론으로 '강하고 부드러운 민주주의'의 필요성을 다시 한 번 제기한다. 강한 민주주의는 아래로부터 올라오는 민주주의이다. 밑에서부터 올라오는 민주주의라야만 한다. 다시 말해 대지에서 시작해 하늘에 닿으려는 그런 노력을 말한다. 풀뿌리가 자라서 풀이 되고, 풀과 나무들이 모여 숲이 되는, 그런 과정에서는 이웃의 중요성에 대해서도 다시 깨닫게 된다. 이것이 참으로 민주주의임에도 불구하고, 이런 민주주의를 원하는 세력들을 그동안 보기가 힘들었다. 그것은 권력에 얽매였기 때문이다. 우리는 민주주의 발전의 과도기를 설정해야 한다. 권력욕에 의한 민주주의와 풀뿌리에 의한 민주주의는 모두가 다 강력한 힘을 갖고 있다.

풀뿌리 민주주의는 대중들의 지지 속에서 올바른 경제체제와 경제정책과 결합할 수 있다. 풀뿌리 민주주의는 당연히 경제의 민주화를 원한다. 경제의 민주화에는 개방성도 필요하지만, 그 이전에 먼저 주체성도 필요하다. 경제의 자유화도 중요하지만, 그보다 먼저 경제의 민주주의화가 우선시 돼야 한다. 이런 민주주의 하에서 경제란 세대와 세대를 연결하는 컨베이어 벨트와 같은 것이다. 그렇다면 당연히 후배 세대에게 직업을 만들어주지 못하는 경제는 치명적인 문제가 아닐 수 없다.

청년세대들의 실업문제를 심각하게 생각한다. 그 기반에는 너무나 많아진 비정규직 노동에 대해 크게 염려한다. 비정규직 노동이 과연 무엇인가 하는 것을 정책 당국자들이 먼저 깨달을 수 있어야 한다. 끝없이 이어지는 실업에 대한 공포가 사람들의 노동을 계속하게 만들고, 실업에 대한 공포가 일상생활 속에 침투했을 때의 상황을 반드시 염두에 둬야 한다. 이런 상황에서 한국의 비정규직 노동자들이 벗어날 수 있도록 최선의 노력을 다해야 한다.

실업자가 많은 것은 단순히 '생산성의 관점'에서 문제를 봐서 그렇다. 전 세계의 노동현장에는 130%의 인력이 공급되고 있다. 이런 방식의 주장도 우리는 인정해야 한다. 실업문제, 또는 노동문제만큼은 공적인 문제이기도 하다. 취업 문제만큼은 세대 간 단절 없이 이어지도록 사회분야, 새로운 서비스업, 진취적인 노동 등을 통해서 많은 일자리를 창출할 수 있어야 한다. 일자리 문제는 결코 기업의 문제만도 아니고, 정부의 문제만도 아니다. 우리 모두의 문제라는 사실을 기억해야 한다.

금융 산업이 주변의 모든 물줄기를 마르게 하고, 홀로 높아지는 시대 속에서 투기자본의 유입은 막아야 한다. 세금이라도 철저하게 부과해야 한다. 파생 금융상품, 핫머니 등의 운영에는 토빈세를 부과할 것을 신중하게 검토해야 한다. 물론 이런 정책의 문제점은 한국이 먼저 시작할 수 없다는 것이다. 다만 언젠가라도 시행할 수 있도록 준비는 해 둬야 한다.

미국에서는 대규모 금융기관에게 공적자금을 투여했다. AIG의 경우에 지원받은 자금을 임원들의 보너스로 사용했다, 이루 말할 수 없는 도덕적 해이이다. 도덕적인 해이는 GM과 같은 대규모 회사에서도 발생했다. 이상과 같은 현상은 욕망을 훨씬 지난 행위, 즉 탐욕이라고 정의할 수 있겠다. 금융기관의 투기 상품은 역사적인 뿌리를 갖고 있지만, 지금과 같이 단시간에 수많은 이익을 앗아간 것은 처음이었다. 이 같은 현상을 뒷받침하는 심리적 요인은 무엇보다도 탐욕이다. 탐욕은 우리사회에 이웃이라는 개념을 파괴하고 있다.

강한 민주주의 시대를 제대로 알기 위해서는 약한 민주주의 시대를 잘 알고 있어야 한다. 약한 민주주의 시대는 민주주의가 잘못된 경제제도, 잘못된 경제관행과 결합함으로써 상상할 수 없는 해악을 미쳤다. 강한 민주주의를 제대로 수행하고 지키기 위해서 알아야 할 것은 무엇인가 하는 점도 이 책의 내용을 차지한다. 그것은 돈이 탐욕성을 만족시키는 수단이라기보다는, 반드시 필요한 곳에 돈을 쓸 수 있도록 정부가 자각하고 나서야 한다.

강한 민주주의를 위한 주요한 개념으로는 욕망과 공존의 문제, 인터넷 민주주의의 문제, 시장가치와 생명가치의 공존문제, 정당과 다양한 정치결사의 공존의 문제 등을 집중적으로 살펴봐야 한다.

3

이제 사회과학과 자연과학의 구분은 다소 불명확해지고 있다. 내가 볼 때에 이미 생물학은 사회과학의 범주에 들어 왔다고 평가된다. 생물학이 사회과학인 이유는 인간 중심 시대가 아니라, 생태시대가 시작됐기 때문이다. 생태시대라는 것은 오늘도 계속 많은 것을 변동시켜 나가고 있다. 지구가 인간만이 아니라, 동물과 식물 등 다른 생명체에게도 생명권을 허용하고, 그것을 지켜 나가야 한다는 것이다. 생명권이 없이도 그들은 지구를 빛나게 한 존재였지만 말이다. 인간이 그것을 인정하고 지구를 가꿀 때, 지구는 지금까지 지구와는 전혀 다른 차원의 지구로 변화해 간다.

이제 민주주의의 영역은 전통적인 정치학과는 전혀 다른 지식의 지원체계를 필요로 한다. 사회의 욕망을 분석할 필요가 있다. 욕망을 분석하기 위해서는 정신분석학과 뇌과학의 도움이 필요하다. 수많은 욕망 속에서 실현되는 자신의 꿈은 대단한 존재이다.

현대사회를 위험사회라고 부를 수 있다. 위험사회에는 희망과 욕망, 탐욕의 대결과정을 다르게 표현한 말이다. 위험사회는 사회적 차원의 것만을 말하는 것이 아니다. 이제 모든 사회과학과 인문과학, 자연과학까지도 위험에 대처할 준비를 해 나가야 한다. 글로벌 금융경제의 위기, 지구온난화로 대표되는 생태환경의 위기는 위험의 두드러진 예에 불과하기 때문이다.

오늘날 지구촌에 살고 있는 우리는 인류의 모든 역사적 진보의 성과를 포괄하고 있다. 인류의 미래를 책임지는 삶이기도 하다. 인류는 아직도 연대의 끈을 확실히 놓은 것이 아니다. 김수환 추기경의 삶이 그런 것을 잘 말해주고 있다. 그는 종교적인 네트워크망, 또는 민주주의화의 네트워크망을 통해서 만나는 많은 사람들에게 늘 유대의 손을 내밀었다. 오늘도 이 사회는 엄청나게 많은 사람들이 '때로는 강력한, 때로는 느슨한' 연대의 끈으로 연결돼 살고 있다. 이같은 연대의 끈은 세계의 모든 사람들에게 서로 연결돼 가고 있다. 위험과 연대라는 모순된 상황 속에서, 중요한 것은 우리들의 선택이다.

우리는 오늘날 개인의 선택과 역할에 더 많은 초점이 맞춰지는 시대에 살고 있다. 시대는 개인들의 주체성과 개방성을 동시에 필요로 한다. 지금은 자유주의가 득세한 시대이기도 하다. 자유주의 시대는 개인들의 시대이다. 개인들이 원하는 것은 더 많은 경제적 자원이다. 한국에서 공동체 논리는 좋은 측면이 없는 것은 아니지만, 배려심이 없는 공동체론의 강요로 비쳐지는 경우도 적지 않았다. 한국 사회의 한축에 공동체주의가 제대로 자리를 잡아 나가기 위해서는, 공동체가 개인에게 배려를 하는 모습을 보여 줘야 한다. 그럴 때라야만 우리 사회에 개인주의와 함께 공동체주의도 조화롭게 자리를 잡을 수 있다.

공동체주의는 인간만의 공동체주의를 말하는 것이 아니다. 인간 더 나아가 모든 동물세계, 그리고 식물세계까지를 포함한 공동체주의이다. 우리는 공동체주의라고 해서 개인의 역할이 무시되는 그런 공동체주의를 말하는 것은 결코 아니다. 진정한 공동체주의는 개인주의 이후에 오는 가치이다. 유사 공동체주의가 아니라, 모든 공동체주의는 개인주의 다음에 오는 것임을 명심하자.

우리 모두는 [코스모스], [잊혀진 조상의 그림자] [103] 를 쓴 칼 세이건과 앤드루얀의 주장처럼, 유전자를 공유하고 있는 그런 존재들이다. 유전자를 공유하고 있는 모든 존재들은 공존을 지향해야 한다는 것이다. 이런 존재의 기반을 만들고 있는 지구와의 조화도 생각해야 한다. 돌아보면 생명과 생명 사이에는 얼마나 큰 살육전이 전개됐는가.

인간 사회의 모든 균형은 붕괴한다. 인간의 삶에는 여러 종류의 가치들이 불균형한 균형을 이뤄 왔다. 불균형한 균형은 늘 이동한다. 일관성을 갖고 살아가는 사람도 없는 것은 아니다. 이처럼 균형과 불균형 사이에는 여러 가지 질서와 혼란들이 개입돼 있다. 이런 가치의 균형은 시대의 변화 앞에서는 무너지지 않을 수 없다. 시대적인 변화와 함께 균형 상태는 무너지고, 새로운 균형이 형성된다. 지금은 위기의 시대이다. 이런 위기가 어디에서 유래하고 있는지는 잘 알려져 있다. 그 가운데서도 금융의 위기와 생태환경의 위기는 심각하다. 우리는 금융의 위기를 줄이고, 생명존중 사상을 더욱 확대 심화시켜야 한다.

우리는 지금까지 금융위기와 생태위기만을 이야기했다. 사실 인간이 살아남는다는 것은 비단 그런 문제만은 아니다. 다시 생각해 보면, 현재 세계는 군사전쟁, 금융전쟁, 생태전쟁, 문화전쟁, 정치전쟁, 외교전쟁 중이다. 때때로 이런 전쟁과 전쟁 사이에 균형 또는 평화의 시대도 존재한다. 이 같은 전쟁과 평화의 시대는 다름 아닌 인간의 욕망과 탐욕이 깊이 개입하고 있다. 이런 전쟁의 와중에 어떻게 하면 살아남을 수 있으며, 어떻게 평화를 만들 수 있는가를 늘 생각해야 한다. 국제관계에서 여러 세력들의 어떤 지향과 문제점을 갖고, 어떻게 움직이는지는 다음 글에서 다루도록 하겠다.[104]

민주주의 사회에서 경제의 두 가지 발전경로는 다음과 같다.

하나는 소비를 절약해 더 단순하게 살아가는 방법이 있다. 이것을 우리는 단순재생산 경제라고 말한다. 이 같은 목표는 나중의 문제로 돌려놓자. 지금은 투기를 없애는 것이 훨씬 당면한 목표이기 때문이다. 오늘 우리의 목표와 대안은 '경계의 확대'이다. 신문명적 접근이 필요하다. 목표에 대한 근본적인 접근이 아니라, 보다 적절한 접근이 필요하다는 것이다.

현재의 시점에서 정부는 알아야 한다. 돈을 버는 방법을 아는 것도 중요하다. 내가 보기에는 직업의 문제가 더욱 중요하다고 생각한다. 무엇을 위해 살아야 하는가의 문제는 더욱 더 중요한 정치심리적 문제이다.

사람들은 전통적인 가치관으로 살아가는 존재가 아니다. 모두가 자신만을 위한 인생을 살아가면서도, 경쟁과 탐욕의 문화 속에 자신이 존재하고 있다. 그런 문화 속에서 자신을 살아남게 만들어야 한다. 이때 진심으로 대화를 나눌 사람들은 극소수에 불과하고, 또한 그나마 소통의 혜택을 전혀 누리지 못하는 사람들도 적지 않다. 이런 사람들은 소통의 외곽지대로 밀려난다.

이런 상황에서 실존적 존재로서 인간의 욕망, 탐욕의 문제를 어떻게 대치해야 할까?

바로 이런 시대 상황에 적절하게 대처하는 문제야 말로 이 시대의 진정한 민주주의이다. 이제 민주주의 문제는 고정된 이슈가 아니다. 살아 움직이는 문제이다.

우리사회의 새로운 양상을 주목할 필요가 있다. 실업자, 비정규직 근로자, 알바의 문제가 새롭게 등장했다. 이 추세는 세상을 변화시킬 것이라고 생각된다. 이들은 우리사회의 욕망과 탐욕의 바벨탑을 일거에 무너뜨릴 수 있는 힘을 갖고 있다. 여기에 대해서 정부는 인턴고용 정책 등으로 맞섰던 적이 있다. 그 효과는 이들의 힘을 무력화시킬 수 있을까?

화폐 세계대전의 분위기가 높아져 가고 있는 상황에서, 투기자본이 우리 경제(주식시장, 파생금융상품, 핫머니, 사모펀드, 헤지펀드)에 강력한 영향력을 준다. 우리 경제의 건전성, 우리 금융의 건전성을 지켜내기 위해서 과연 우리는 무엇을 해야 할까?

그것은 결코 단순한 '문 열기'만은 아니다. 문을 열더라도 원칙 있게, 은행의 건전성을 강화하는 방향으로 개방해야 한다. 금산분리법 완화 문제도 이런 측면에서 봐야 한다. 산업자본과 금융자본의 관계를 제대로 설정하는 문제가 아주 중요하다고 본다.

금산분리 완화 법안의 제일 걱정스러운 문제는, 재벌의 은행 사금고화가 아니다. 사금고화는 사실 제도만 잘 만들면 얼마든지 막을 수 있다. 재벌이 금융자본화하면, 더 이상 한국 자본이 아니다. 노동자들이 자본가와 싸우려고 해도 금융자본화하면 힘들어진다. 재벌 총수가 누구인지, 무슨 짓을 하는지 다 알지만, 사모펀드가 대주주가 되면 노동자들의 싸움 상대 자체가 모호해진다. 이 사모펀드를 누가 갖고 있는 것인지 알 수가 없기 때문이다. 지금 외국자본이 문제가 되는 게 주인이 외국인이라서가 아니다. 제조업 주주와 행태가 다르기 때문이다.

M&A가 자유화되고 외국인 주식시장이 자유화되면서, 기업이 단기이윤을 극대화하고 주주들에 대한 배당을 극대화해야만 하는 분위기가 됐다. 이를 일부 되돌려야, 기업으로도 자금이 들어가게 된다. 또 은행이 기업들에게 돈을 많이 빌려주게 해야 한다. 문제는 담보이다. 중소기업들은 울음을 삼키고 있다. 주택융자 위주로 은행이 돈을 빌려 주기 때문이다.

1990년대 초만 해도 우리 은행 대출의 90% 가까이가 기업 대출이었는데, 이제는 40%도 될까 말까한 수준이다. 주식시장과 은행의 행태를 안 바꾸면 자금이 필요한 기업은 자금을 얻기가 힘들다. 돈 있는 기업은 투자를 안 하고, 투자가 줄어드니까 고용 창출은 더 안 되는 상황이 계속될 것이다. 그것이 바로 주주자본주의의 현실이다. 또 우리 제조업이 잘 나가는 것 같지만, 주축산업은 다 1980년대 개발된 것들이다. 여기에 대해서도 대비책을 마련해 놓아야 되지 않을까.

내가 하고 싶은 말들은 이 정도로 해야 할 듯하다. 아쉬움이 남아 이 글로 마무리 해본다.

레비스트로스의 '슬픈 열대' 등의 문헌에는 원주민과 족장들의 삶이 녹아있다. 족장들에게는 소위 말하는 권력은 있었지만, 쌓아 놓은 재산은 적었다고 한다. 현대인과 이들 중 누가 더 야만적일까? 이에 대한 해답을 찾는다면, 돈이 정치하는 우리의 삶과 정책이 더 살맛나게(?) 풀리지 않을까?

이제는 인내심을 갖고 이 글을 읽어온 당신의 말을 듣고 싶다.

돈이 권력을 크게
흔들 수 있는 곳에서는
국가의 올바른 정치나
번영을 바랄 수 없다.
토마스 모어

epilogue

링컨의 유령, 이라크의 유령

2001년 7월 17일 한국시각 새벽 2시 15분.
미국 백악관의 어두컴컴한 구석진 국정회의실.
가끔 백악관에서 링컨의 유령을 본 사람이 있고….
그의 유령만이 감시하고 있을 뿐이다.

조지 W. 부시:	다들 모였나. 지금부터 우리의 회의는 일급비밀이다. (보안을 철저히 해라) 무기 생산 공장을 갖고 있는 금융자본가 A가 무기 좀 팔아 달래는데, 이를 어쩌지. 팔아주지 않으면, 시중에 돈의 씨까지 말라 버리게 할 거라고 협박하는군.
국방장관:	그러면 악의 축인 이라크를 공격해야 한다는 말인데요, 전쟁의 명분이 없습니다.
조지 W. 부시:	전쟁의 명분? 만들면 되지. 세계 경제중심의 상징인 세계무역센터빌딩을 오사마 빈 라덴이 공격했다고 하면, 전 세계가 우리 편이 될 걸세.
중앙정보국장(CIA):	"…."
조지 W. 부시:	재무장관, 요즘 미국 경제는 어떤가.
재무장관:	한마디로 위기입니다. 돈이 기업에도 부족한 실정입니다. 이렇게 가다가는 10년 내에 대기업이 무너질 수도 있다는 우려가 팽배합니다. 부동산 가격에 거품이 꺼지면, 상상조차 할 수 없는 금융위기 등으로 세계공황도 올 수 있습니다.
조지 W. 부시:	정말인가? 이라크를 공격해야겠군. 무기도 팔아주고. 중국에 원유를 이라크에서 공급한다는 말도 들었는데, 국방장관, 그 송유관을 차단시켜. 알았나. 잘못하다가는 경제대국의 패권을 빼앗기겠어. 국무장관, 먼저 우리의 우호인 한국 (대통령)에게 전화를 걸어. 이라크에 군인 좀 파병시키라고 그래. 빨리 당장 전화해.
국무장관:	자지 않을까요? 거긴 새벽인데…. (머뭇하다가) 한국(대통령)이 우리의 말을 들을까요? 좌파계열이 아닌가요?
조지 W. 부시:	파병하는 대신 자동차 팔아준다고 그래. 저리 비켜, 걸기 싫으면 내가 직접 걸지.

이 같은 가상 시나리오가 있을 수 있다는 말인데….

인용문과 정보출처

chapter 1

01. 백승은, '전두환 비자금 공판' MBC 뉴스, 2004년 2월 26일자.
02. 노경진, '박철언 돈 내가 관리 측근들 잇단 주장', 〔MBC 뉴스데스크〕, 2008년 3월 5일자.
03. 박철언 600억 비자금 비망록 공개, YTN 2008년 3월 11일.
04. 손재권, "기업서 받은 돈 등 1000억대 비자금 관리: 박철언 前보좌관 김호규 씨 단독 인터뷰", 문화일보 2008년 3월 6일.
05. 김영삼, 〔김영삼 대통령 회고록(하)〕(조선일보사, 2001), 308-309쪽.
06. 김승현, '김홍일 의원 '의원직 상실 위기'', 〔일요시사〕 2005년 1월 13일자.
07. 최재천, '전쟁비용과 평화비용' 〔아세아경제〕 2009년 6월 11일.
08. 데이비드 핼버스탬 지음, 정은미 이은진 옮김, 〔콜디스트 윈터〕(살림, 2009), 12쪽.
09. 김성우, 김용현, 〔한국전쟁사〕(진영사. 2008). 데이비드 핼버스탬 지음 , 12쪽.
10. 쑹훙빙, 차혜정역, 〔화폐전쟁〕(랜덤하우스, 2008), 50-51쪽.
11. 수입이 골고루 형성되지 않으면 안 된다고 생각한다. 지금 시대는 금융상의 과도한 부자, 산업자본가, 축소하는 중산층, 정규직 노동자. 비정규직 노동자, 엄청난 규모의 실업자 등 적절한 규모의 사회가 아니라는 사실은 참고할 필요가 있다. 여기에 관해서는 chapter 7에서 자세히 논의한다.

chapter 2

12. 팀 락스, 황소연 옮김, 〔메디치 머니〕(청림출판, 2008), 14쪽.
13. 프레더릭 모턴, 이은종 옮김, 〔로스차일드가〕(주영사, 2008), 111쪽.
14. 쑹훙빙, 차혜정 역, 〔화폐전쟁〕(랜덤하우스, 2008), 18-19쪽.
15. 프레더릭 모턴, 〔앞의 책〕, 466-468쪽.
16. 〔위의 책〕, 458-460쪽. 1940년대에 미국에 진출해서 링컨의 암살사건까지 모두 개입했다는 점에 대해서는 의문의 여지가 있다.
17. 지주로부터 소작지의 관리와 감독을 위임받은 사람. '마래미'라고도 한다.
18. 서기수, 〔돈의 심리 부자의 심리〕(21세기북스, 2005) 참조.
19. 시오노 나미미, 〔로마인 이야기 4: 율리우스 카이사르 상〕(한길사, 1996), 155-158쪽.

20. 마르코 라울란트 지음, 전옥례 옮김, 〔감정의 비밀〕(동아일보사, 2008), 4쪽.
21. 〔위의 책〕, 7쪽.
22. 김종주, '경제위기와 우울증: 현대사회의 정신병리와 사회정책에 있어 정신분석적 함의', 국회 입법자료연구소에서 발제문, (2009년 2월 2일), 7-8쪽.
23. 박문호, 〔뇌: 생각의 출현〕(휴머니스트, 2008), 6쪽.
24. 〔위의 책〕, 13쪽.
25. 〔위의 책〕, 14쪽.
26. 정규재, '대박과 거품의 기나긴 역사' 〔한국경제신문〕, 2008년 10월 7일자.
27. 문성근, "강호순 등 연쇄살인마 생긴 건 소외된 사람 방치 탓", 〔경향신문〕 2009년 3월 23일.
28. 찰스 프레드 앨퍼드, 이만우 옮김, 〔인간은 왜 악에 굴복하는가〕(황금가지, 2004), 268쪽.
29. 〔위의 책〕, 18쪽.
30. 김종주, 〔앞의 발표문〕, 6쪽.

chapter 3

31. 선우정, "세상이 당신을 배신하거든", 조선일보 200년 3월 10일.
32. 유시민, 청년실업 발언, 〔오마이 뉴스〕 동영상, 2005년 5월 18일.
33. 우석훈, 박권일 지음, 〔88만원 세대〕(레디앙, 2007), 27쪽.
34. 〔위의 책〕, 33-34쪽.
35. 〔위의 책〕, 45쪽.
36. 〔위의 책〕, 71쪽.
37. 〔위의 책〕, 81쪽.
38. 〔위의 책〕, 199쪽.

chapter 4

39. 박태견, 〔조지 소로스의 핫머니 전쟁〕(동녘, 1995), 260쪽.
40. 카발지 싱, 김진구 역, 〔핫머니는 어떻게 세계를 지배하는가. A citizen's guide to the globalization of finance〕(바다출판사, 1998), 178쪽.
41. 오마에 겐이치, 〔디지털 시대의 아시아경제〕, 〔느낌이 있는 나무, 2000), 43쪽.
42. 김준한, 〔은행은 군대보다 무서운 무기다〕(두리미디어, 2008), 212-213쪽.
43. 보상이 있는 주식의 감자를 말한다. 즉, 현재 소유하고 있는 주식의 가액보다 적은 금액일지라도 한 주단의 가격을 정해 주주에게 감자에 대한

보상을 하는 것이다. 이는 기업의 규모를
축소하거나 합병할 때 시행된다.

44 국내 증시에서 외국인들의 투자비중이 크게
높아지면서 주목받고 있는 세계 주가지수로 미국의
투자은행인 모건 스탠리가 발표하고 있다. 외국인
투자자들의 역할이 커지면서 그들이 투자의
참고서로 삼고 있는 지표의 움직임에 국내 증시는
민감한 반응을 보이게 된다. 그 대표적인 것이
바로 한국이 포함된 MSCI(모건스탠리캐피털
인터내셔널) 신흥시장 지수다. MSCI는 23개국
선진국 시장과 28개 신흥시장을 대상으로 각국의
상장된 주식을 업종별로 분류해 종목을 선택한다.
세계지수에는 MSCI 외에도 FT/S&P(파이낸셜
타임스/스탠더드&푸어스) 월드지수가 있다.

45. 한국경제신문, 〔슈퍼개미 열전〕 (한국경제신문,
2009) 참조. 여기에서는 오히려 개미들이 탁월한
분석력으로 주식을 통해 돈을 많이 따는 모습을
보여 줬다.

46. 연합뉴스, '소로스 "CDS는 파멸의 도구 없애야"',
2009년 6월 13일.

47. 폴 크루그먼, 안진환 옮김, 〔불황의 경제학〕
(세종서적, 2009), 151쪽.

48. 주주로부터 증자납입금을 직접 징수하는 증자.
유상증자의 형태에는 다음 3가지가 있다.
① 주주에게 신주인수권을 주어서, 이들로부터
신주주를 모집하는 주주할당방법,
② 회사의 임원·종업원·거래선 등 연고관계에 있는
자에게 신주인수권을 주어서 신주를 인수시키는
제3자 할당 방법,
③ 신주인수권을 준다는 행위가 아닌, 널리
일반으로부터 주주를 모집하는 방법 등이다.

49. 안재욱, 〔시장경제와 화폐금융제도〕
(나남, 자유기업원, 2008), 129~146쪽.

50. 김정환, 〔한국의 작전세력들〕
(한스미디어, 2009) 참조.

51. 나는 금융전쟁에서 아군의 입장이라고 하더라도,
아군의 군사조직 저 밑을 보라고 권유하고
싶다. 금융시장에는 진입도 못하고 있는 저 많은
사람들의 입장을 말이다.

chapter 5

52. 레스터 브라운, 박진도 옮김, 〔식량대란〕 (한송,
1997), 133~152쪽을 참고할 것. 이 책에 의하면
그동안 한국은 중국에서 기아 수출하는 식량을
구입했다는 것이다. 그런데 중국의 경제가 조금
더 성장하면, 식량은 중국 자체에서 소비량이
많아지기 때문에, 한국은 위기에 부닥칠 수 있음을
경고하고 있다.

53. 장윤선 기자, '경기침체, 1% 상류층에겐 딴나라
이야기'〔오마이뉴스〕 2008년 10월 28일.

54. 이재열, '한국의 사회통합과 중산층 육성의 과제',
한국사회학회편, 〔기로에 선 중산층〕 (인간사랑,
2008), 358~359쪽.

55. 〔위의 책〕, 5~6쪽.

56. 장윤선 기자, 〔앞의 글〕을 참고할 것.

57. 울리히 벡, 홍성태 역, 〔위험사회: 새로운
근대(성)을 향하여〕 (새물결, 2006) 참조.

58. 쑹훙빙, 차혜정 역, 〔화폐전쟁〕
(랜덤하우스, 2008)참조. 조주현, '금융위기 예측
'화폐전쟁' 저자 쑹훙빙', 〔한국경제신문〕 2008년
11월 19일.

59. 회사의 첫째 임무는 주주에게 많은 배당을 하는
것이라는 생각을 말한다. 주주자본주의에서는
주주들이 회사의 모든 권한을 갖고 있다고 본다.

60. 우석훈, 박권일, 〔앞의 책〕, 표지 날개.

61. 홍세화, '세대 간 연대의 모색', 〔위의 책〕, 14~
15쪽.

62. 피터 캘빈 조안나 자렛, 이효선역, 〔실업: 그
사회심리적 반응〕 (인간과 복지, 2008), 162쪽.

63. 탐욕에 대해서는 다음 도서를 참고할 것. 탐욕은
욕망과 다르기도 하지만, 심리학적으로 명확하게
구분되지 않고 있다. 여기에서 필자는 탐욕과
욕망을 질적으로 다른 개념으로 분리했다. 장
지글러, 양영란 역, 〔탐욕의 시대〕 (갈라파고스,
2008), 이용재, 〔주식시장을 움직이는 탐욕과
공포의 게임〕 (지식노마드, 2008). 프랭크
파트노이, 이주명역, 〔전염성 탐욕: 기만과 위험의
금융활극과 시장의 부패〕 (필맥, 2004).

64. 당대비평편집위원회 엮음, 〔더 작은 민주주의를
상상한다〕 (웅진지식하우스, 2007), 25쪽.

chapter 6

65. 가토 이즈루 외, 우성주 옮김, 〔버냉키파워〕
(달과소, 2006), 295~306쪽.

66. 밥 우드워드, 전철환 역, 〔마에스트로 그린스펀〕
(한국경제신문, 2002), 365~370쪽. 그린스펀
효과를 자랑하던 그린스펀은 퇴임 후에 역설적으로
경제위기의 주범으로 꼽히게 됐다.

67. 박영철, '꽉 막힌 세계 경제의 대동맥', 〔조선일보〕
2008년 10월 11일.

68. 로버트 스키델스키, 이상욱 역, 〔케인즈〕 (시공사,
2000), 176~201쪽.

69. 찰스 H. 헤시온, 허창무 옮김, 〔케인즈 평전〕
(지식산업사, 2008), 369쪽.

70. 〔위의 책〕, 413쪽.

71. 로버트 스키델스키, 고세훈 옮김, 〔존 레이너드

케인즈) (후마니타스, 2009), 104-126쪽.

72. '중국은행들 위기 틈타 서구 은행 공략', (파이낸셜
타임즈), 2008년 09월 19일.

73. 김정호, (세계평화포럼 이사장 김진현) (신동아),
2008년 2월호.

74. 조지프 스티글리츠 (Joseph E. Stiglitz), '미국의
부자들을 위한 사회주의'(조선일보), 2009년 6월
13일. 스티글리츠 "오바마 금융개혁, 월가 협박에
좌초" (프레시안), 2009년 6월 10일.

chapter 7

75. 김정호, (세계평화포럼 이사장 김진현) (신동아),
2008년 2월호.

76. 안재욱, (자유주의의 진실과 오해) (칠곡문화재단,
2007), 63-64쪽.

77. (위의 책), 76-77쪽.

78. (위의 책), 88쪽.

79. John Kay, (앞의 책), 386-387쪽.

80. 최영태 저, 베른슈타인의 민주적 사회주의론:
수정주의 논쟁과 독일 사회민주당 (전남대학교
출판부, 2007), 6-7쪽.

81. 정태영, (조봉암과 진보당)
(후마니타스, 2006), 108쪽.

82. 주섭일, 사회민주주의의 길 (사회와연대,
2008), 3-11쪽. 권영길도 한국의 특수상황에
잘 적응하자는 입장을 표명하고 있을 뿐이고,
근본적으로 그의 철학 역시 사회민주주의
노선으로부터 시작했다. 박영호 교수, 고세훈 교수,
진중권 교수 등이 다 이런 노선 위에 서 있다.

83. 토니 클리프, 도니 글룩스타인 지음, 이수현
옮김, (영국 노동당의 역사: 희망과 배신의
100년) (책갈피, 2008) 참조.

84. 와다 하루끼, (역사로서의 사회주의) (창작과
비평사, 1994), 184-185쪽.

85. 김일성, 신년사, 1992년 1월 1일.

86. 최민자, (생태정치학: 근대의 초극을 위한
생태정치학적 대응) (모시는 사람들, 2007), 20-
21쪽.

87. (위의 책), 21쪽.

88. 제르미 리프킨, (생명권 정치학) (대화출판사.
1996), 17-20쪽. 목차를 보면 지구 공유지에
울타리를 치다. 지정학과 자연의 죽음, 프라이버시
문화, 몸의 정치의 안정 보장, 생명권 시대의 도래
등, 5부로 구성돼 있다.

89. 오귀스탱 베르크 지음, 김주경 옮김, (대지에서
인간으로 산다는 것) (미다스북스, 2001), 21-
22쪽.

90. 최민자, (앞의 책), 22쪽.

91. 김인걸 외, (현대사 강의) (돌베개, 1998), 509-
511쪽.

92. 김귀옥, '남북사회문화공동체 형성방안의
모색'(2000년 후기 사회학대회발표문집:
21세기사회학의 새로운 탐구영역)
(한국사회학회, 2000), 356-358쪽.

93. 박영신, (공동체주의 사회과학의 새삼스런
목소리) (현상과 인식) 제22권 1, 2호
(현상과인식사, 1998), 107쪽.

94. 밀턴 프리드먼, 심준보, 변동열 옮김, (자본주의와
자유) (청어람미디어, 2007), 74-75쪽.

95. 오바마는 오늘 미국을 '빈부를 뛰어넘는 나라'라고
표현한다.

96. 빈부격차를 뛰어 넘어 생산적인 나라로 만들어야
함을 강조한다.

97. 미국도 역시 일자리 창출의 중요성을 이야기하고
있다.

98. 시장에 대해서 '부를 창출하고 자유를 확산
시킨다'고 긍정적으로 평가한다.

99. 일자리 공유의 가치에 대해서 높이 평가한다.

100. 리처드 던컨 지음, 김석중 옮김, (세계경제의
몰락) (국일경제연구소, 2004), 327-328쪽
참조.

101. 주주자본주의에 대해서 비판적인 견해를 보인데
대해서, 이해당사 자본주의의 장점을 강조하는
사람들은 거기에 대해서 강력한 반론을 제기했다.
박종현, (앞의 책), 13-14쪽.

102. 박종현 (주주자본주의) (입법정보 제80호,
국회입법정보실, 2002), 6-7쪽.

chapter 8

103. 칼 세이건 외, (앞의 책), 637쪽.

104. 비슷한 문제의식을 가진 책으로는,
배기찬, (코리아 다시 생존의 기로에 서다)
(위즈덤하우스, 2005) 참조할 것.

참고문헌

● 국내서적

가 　강수돌, 〔살림의 경제학〕, 외돌괴, 2009.
　강원택, 〔한국의 정치개혁과 민주주의〕, 인간사랑, 2005.
　게리 실링, 박순양 외 옮김, 〔디플레이션〕, 모색, 2000.
　김경, 〔금융재테크 끝장내기〕, 제플린북스, 2009.
　김광식, 〔김광식의 민주기행, 아시아기행〕, 삶이보이는창, 2004.
　　'테러의 정치학' 〔문예연구〕 2007년 여름, 문예연구사, 2007.
　　〔인간을 위하여, 미래를 위하여〕, 열린세상, 1995.
　　〔풀뿌리 네트워크가 통일을 만들어 간다〕, 풀빛, 1997.
　김명기, 〔남북한 연방제 통일론〕, 탐구원, 1988.
　김명철, 김종성 옮김, 〔김정일 한의 핵전략〕, 도서출판 동북아, 2005.
　김문한, 〔어메이징 그레이스〕, 말씀과 만남, 2004.
　김성순, 〔대처정부의 경제개혁〕, 지샘, 2003.
　김영한, 〔사이버 트렌드〕, 고려원미디어, 1996.
　김원태, 〔가치혁명〕, 도서출판 NCD, 2005.
　김종선외, 〔금융시장론〕, 학현사, 2007.
　김형효, 〔구조주의의 사유체계와 사상〕, 인간사랑, 1997.
　김희강 외 엮음, 〔환경을 지키는 60가지 방법〕, 신광문화사, 1995.
나 　나무를 심는 사람들, 〔대안: 새로운 지평을 연다〕, 이채, 2003.
　나선 이명로(상승미소), 똑똑한 돈, 한빛비즈, 2009.
　노암 촘소키, 유다릅 옮김, 〔숙명의 트라이앵글 I〕, 이후, 2001.
다 　대통령자문지속가능발전위원회, 〔지속가능한 물관리정책〕, 박영사, 2004.
　데이비드 워셔, 김민주 옮김, 지식경제학 미스터리, 김영사, 2008.
　도천 엮음, 〔난중일기로 이순신 생각읽기〕, 세손, 2004.
　동용승, 서양원 지음, 〔남북경협〕, 삼성경제연구소, 1995.
라 　라구람 라잔, 루이지 장길레스 고승의 옮김, 〔시장경제의 미래〕, 앤트출판, 2008.
　레스터 브라운, 박진도 옮김, 〔식량대란〕, 한송, 1997.
　로럴 랭마이어 지음, 김우열 옮김, 〔당신도 부자가 될 수 있다〕, 시공사, 2008.
　로버트 달, 〔미국 헌법과 민주주의〕, 후마니타스, 2004.
　로버트 달, 김왕식 외 옮김, 〔민주주의〕, 동명사, 1999.
　로버트 슬레터, 형선호 옮김, 〔당대 최고의 CEO 최후의 리더십〕, 명진출판, 2001.
　페리, 구교찬 옮김, 〔68사상과 현대 프랑스 철학〕, 인간사랑, 1995.
　류대현, 〔직장인들이 가장 궁금해 하는 금융상식〕, 새로운 제안, 2008.
마 　마르코 라울란트, 전옥례 옮김, 〔뇌과학으로 풀어보는 감정의 비밀〕, 동아일보사, 2008.

마르코 야코보니, 미러링 피플, 김미선 옮김, 〔이 세상 모든 관계를 지배하는 뇌의 비밀〕,
갤리온, 2009.

마이클 팬츠너, 이주명 옮김, 〔금융아마겟돈: 최악의 상황에 대비하는 개인의 개인재무관리
전략〕, 필맥, 2009.

마크 스쿠펜, 〔이코노 파워〕, 크레두, 2008.

마크 피셔, 〔백만장자 키워드〕. 광개토, 2000.

막스 더불린, 황광수 옮김, 〔왜곡되는 미래〕, 의암출판, 1993.

문정인, 김명섭 외, 〔동아시아의 전쟁과 평화〕, 연세대학교 출판부, 2006.

바   박문호, 〔뇌: 생각의 출현〕, 휴머니스트, 2008.

박상필, 〔NGO와 현대사회〕, 아르케, 2001.

박정민, A. 스타리치코프, 〔러시아 극동을 주목하라〕, 한울, 2005.

박정태, 〔아시아경제위기 1997-1998〕, 부키, 1998.

박정훈. 〔잘 먹고 잘 사는 법〕, 김영사, 2002.

박한제, 〔영웅시대의 빛과 그늘〕, 사계절, 2003.

발터시몬, 이미옥 옮김, 〔목표에 집중하라〕, 흐름출판, 2007.

밥 얀디안, 강주헌 옮김, 〔다윗, 섬김의 리더십〕, 경영정신, 2001.

배기찬, 〔코리아, 다시 생존의 기로에 서다〕, 위즈덤하우스, 2005.

부르스 하일랜드, 멀 요스트, 조영호 류한호 옮김, 〔인간경영 64훈〕, 창현출판사, 1995.

빅진우, 〔파생상품론〕, 명경사, 2007.

빈센트 모스코, 〔정보에 지배당한 사회: 정보의 정치경제학〕, 민글, 1994.

빌 게이츠, 안진환 옮김, 〔빌게이츠 @ 생각의 속도〕, 청림출판, 1999.

     〔미래로 가는 길〕, 도서출판 삼성, 1997.

     이규행 감역, 〔빌 게이츠의 미래로 가는 길〕, 도서출판 삼성, 1996.

사   새뮤얼 헌팅턴, 이희재 옮김, 〔문명의 충돌〕, 김영사, 1997.

서병철, 〔통일을 위한 동-서독관계의 조명〕, 지식산업사. 1988.

서병훈, 〔포플리즘〕, 책세상, 2008.

서울사회경제연구소, 국제금융자본과 한국경제, 한울, 2007.

성경, 불교경전,

스티브 마빈, 〔한국에 제2의 위기가 다가오고 있다〕, 사회평론, 1998.

스티븐 드로브니, 〔글로벌 머니 매니저들의 아침회의〕, 돈키호테, 2007.

스티븐 코비, 박재호 외 옮김, 〔성공하는 사람들의 7가지 습관〕, 김영사, 1994.

신해룡, 〔예산결산심사: 이론과 실제〕, 세명서관, 1997.

신현규, 강창주 감수, 〔한국의 헤지펀드 스토리〕, 한스미디어, 2009.

심경섭 외 〔국제금융론〕, 법문사, 2006.

아 아론 브라운, 안진환 옮김, 〔월스트리트의 포커페이스〕, 북폴리오, 2006.

안경전, 〔천지성공〕, 대원출판, 2009.

안창남, 〔국제금융세무〕, 한국금융연수원, 2008.

알 세쿤다. 최유나 옮김, 〔위대한 작은 발걸음〕, 경영정신, 2008.

앤소니 기든스, 김현옥 옮김, 〔좌파와 우파를 넘어서〕, 한울, 1997.

앨빈 토플러, 이규행 감역, 〔전쟁과 반전쟁〕, 한국경제신문사, 1994.

　　　　〔제3의 물결〕, 문화서적, 1981.

　　　　　　이규행 옮김, 〔권력이동〕, 한국경제신문사, 1990.

앨빈 토플러, 하이디 토플러, 김중웅 옮김, 〔앨빈 토플러, 부의 미래〕, 청림출판, 2006.

에리히 폴라트, 알렉산더 융 외, 김태희 옮김, 〔자원전쟁〕, 영림카디널, 2008.

오마에 겐이치, 〔디지털 시대의 아시아경제〕, 느낌이 있는 나무, 2000.

요시다 에츠하키, 이진원 옮김, 〔이슬람 금융〕, 예지, 2008.

우석훈, 박권일, 〔88만원 세대〕, 레디앙, 2007.

윌리엄 이스터리, 〔성장 그 새빨간 거짓말〕, 모티브, 2007.

유영옥, 〔행정조직론〕, 학문사, 1997.

윤무부 외, 〔구석구석 놀라운 우리나라〕, 터치아트, 2008.

윤소영 엮음, 〔알튀세르와 라캉〕, 공감, 1996.

윤영민, 〔전자정보공간론〕, 전예원, 1997.

윤창현, 〔4천만의 이슈경제학〕, 세경, 2008년.

윤필원, 〔대한민국 머니 임팩트〕, 비전 코리아, 2008.

이덕희, 〔네트워크 경제학〕, 동아시아, 2008.

이장규, 〔경제는 당신이 대통령이야〕, 올림, 2008.

이정우 외, 〔프랑스 철학과 우리: 현대 프랑스 철학을 보는 눈〕, 당대, 1997.

이진로, 〔커뮤니케이션 구조의 정치경제학〕, 한국학술정보, 2008

이창복 외, 〔금융선물, 옵션거래〕, 한국금융연수원, 2008.

　　　　〔EU: 정치, 경제, 법〕, 삼영사, 2000.

이하일, 〔파생금융상품의 이해: 선물 옵션 스왑〕, 한경사, 2007.

이희수 외, 〔이슬람〕, 청아출판사, 2001.

임승서 외, 〔금융거래법률〕, 한국금융연수원, 2008.

자 자크 아탈리, 편혜원 옮김, 〔21세기 사전〕, 중앙M&B, 1999.

장 마리 게노, 국제사회문화연구소 옮김, 〔민주주의의 종말〕, 고려원, 1995.

장병혜, 〔미국정부〕, 대한교과서주식회사, 1990.

장하준, 〔개혁의 덫〕, 부키, 2004.

전재호, 〔박정희 체제의 민족주의 연구〕, 서강대 대학원 박사논문, 1997.

정지영, 〔국제금융의 이해〕, 대경, 2008.

정지환, 〔고삐 풀린 망아지, 옥천에서 일내다〕, 푸른나무, 2008.

제레미 리프킨, 이정배 옮김, 〔생명권 정치학〕, 대화출판사, 1996.

제임스 F. 무어, 강병구 옮김, 〔경제의 종말〕, 자작나무, 1998.

조제프 S. 나이, 박노웅 옮김, 〔21세기 미국 파워〕, 한국경제신문사, 1991.

조효제 편역, 〔NGO의 시대〕, 창작과비평사, 2000.

존 네이스비트, 정성호 옮김, 〔Global Paradox〕, 세계일보, 1994.

존 트레이시, 정우기 외 옮김, 〔재무제표 읽는 법〕, 일빛, 2002.

진 리프먼 블루먼, 김양호 외 옮김, 〔성공한 리더, 성공하는 리더십〕, 경향신문사, 1997.

차　최용식, 〔대한민국 생존의 속도〕, 리더스북, 2005.

최항순, 〔행정조직론〕, 동성출판사. 1997.

카　케네스 퀴노네스, 노순옥 옮김, 〔2평 빵집에서 결정된 한반도 운명〕, 중앙 M&B, 2000.

콘돌리자 라이스 지음, 〔부시 행정부의 한반도 리포트〕, 김영사, 2001.

클라우스 슈밥외, 〔21세기 예측〕, 매일경제신문사. 1996.

타　테오 콜본 외, 권복규 옮김, 〔도둑맞은 미래〕, 사이언스북스, 1997.

토어스 L 프리드먼, 〔렉서스와 올리브 나무〕, 창해, 1999.

파　폴 케네디, 〔21세기 준비〕, 한국경제신문사, 1993.

　　　　　　이인수 외 공역, 〔강대국의 흥망〕, 한국경제신문사, 1992.

피커 드러커, 이재규 옮김, 〔자본주의 이후의 사회〕, 한국경제연구원, 1994.

　　　　현영하 옮김, 〔비영리 단체의 경영〕, 한국경제신문사, 1995.

필립 코플러외 공저, 〔국가 마케팅〕, 세종연구원, 1998.

하　한국도시연구소, 〔생태도시론〕, 박영사. 1998.

한상진, 오생근 외 지음, 〔미셸 푸코론: 인간과학의 새로운 지평을 위하여〕, 한울, 1990.

한스 피터 마르틴, 하랄드 슈만, 강수돌 옮김, 〔세계화의 덫〕, 열림카디날, 1998.

함께하는시민행동, 〔세상을 바꾸는 세계의 시민단체〕, 홍익미디CNC, 1999.

현원복, 〔미리가 본 21세기〕, 겸지사, 1997.

힐러리 로댐 클린턴, 김석희 옮김, 〔살아있는 역사〕, 웅진닷컴, 2003.

F　Frank K. Wilson, 장동진 옮김, 〔비교정치학〕, 동명사, 1999.

J　J. 슈미트, 홍경실 옮김, 〔메를로 퐁티〕, 지성의 샘, 1994.

John Rawls, 장동진 옮김, 〔정치적 자유주의〕, 동명사, 1998.

Z　Z. 브레진스키, 김명섭 옮김, 〔거대한 체스판〕, 삼인, 2000.

● 국외서적

A   Antony Giddns, The Third Way: The Renewal of Social Democracy, Polity Press, 1998.

B   Barbara Kellerman (ed), Women and Leadership, Sanfrancisco, Jossey Bass, 2007.

      Bruce J. Schulman, Rightward Bound, Cambridge Mas. Harvard Univ. Press, 2008.

      Bryan Perry, The 25% Cash Machine, Wiley, 2007.

C   C. B. Macpherson, The Life and Times of Liberal Democracy, NY, Oxford Univ. Press, 1977.

      Charles Krebs, The Ecological World View, Berkeley C.A., Univ of California Press, 2008.

      Clifford Pistolese. Life Span Investing, Mcgraw Hill, 2008

      Constance Brown, Fi Ana, NY, Bloomberg Press, 2008.

D   David A. Perry, Forest Eco Systems, Baltimore Johns Hopkins Univ. Press, 2008.

      David C. Korten, The Post Corporate World, West Hartford, Kumarian Press, 1999.

      Diane Coyle, he Soulful Science, Princeton Univ. Press, 2007

      Dianne E. Davis, Political Power and Social Theory, San Diego, California, Jai Press, 2007.

E   Ekavi Athanassopoulu, United in Diversity?, I. B. Tauris, 2008.

      Emma Casey & Lydia, Martens, Gender and Consumption, Burlington, VT, Ashgate, 2007.

H   Harald wydra, Communism and the Emergence of Democracy, NY. Cambridge Univ. Press, 2007.

      Henritta Hill, Promoting Equality and Diversity, Oxford, Oxford Univ. Press, 2008.

      Howard Zinn, A Power: government cannot suppress, Sanfrancisco, City Lights Books, 2007.

I   Immanuel Wallerstein, the Modern World System, NY, The Academic Press Inc,1976.

J   James Montier, Behavioral Investing, Wi Sons, 2007.

      Janett Rutterford An Introduction to Stock Exchange Investment, Palgrave, 2007.

      Jo Renee Formicola, the Politics of Values, NY. Rowman & Little Publishers, Inc., 2008.

      Jonathan Xavier Inda and Ronato Rosaldo , The Anthropology of Globalization, Oxford, Blackwell Publishing, 2008.

      Jung Min CHoi, The Politics of Culture, London, Praeger, 1995.

      Justin O'Brien, Redesigning Financial Regulation, West Sussex, John Wiley & Sons, Ltd, 2007.

L   Louis Althusser, Ben Brewster (tr), Politics and History, Verso, 2007.

M   Mark s. Joshi, C++ Design Pattern and Derivatives Pricing, Cambridge, Cambridge Univ. Press. 2008.

      Mark W. Smith, Vast Right-Wing Conspiracy, Regency Publishing, Inc. 2008.

      Michael Duane Archer, The Forex Chartist companion, Wiley Trading, 2007.

      Mike douglas, Globalization, the City and Civil Society in Pacific Asia, NY. Routledge, 2008.

N   Naazeen H, Barma, The Political Economy Reader, NY. Routledge, 2008.

Nick Cohen, What's Left? , London, Mixed Source, 2007.

P   Paul Schumaker, From Ideologies to Public Philosophies, Oxford, Blackwell Publishing, 2008.

Peter Noland, Capitalism and Freedom, NY. Anthem Press, 2007.

Peter J. Russel Biology, Brooks, Belmont, C.A. Brooks, 2007.

Peter Moody, Conservative Thought in Contemporary China, NY, Lexington Books, 2007.

Pierre Yves Mathonet, Managing a Portfolio of Venture Capital and Private Equity Funds. John Wiley & Sons, 2007.

R   Richard Sandbrook, Social Democracy in the Global Periphery, NY. Cambridge Univ. Press, 2007.

Robert D. Edwards, Technical Analysis of Stock Trends AMAcom, 2007.

Roger Woods, Germany's New Right as Culture and Politics, Palgrave, 2007.

S   Samuel Freeman, John Rawls: Lectures on the History of Political Philosophy, Cambridge Massachusetts, The Belknap Press of Harvard Univ. Press, 2007.

Schriber, Righting Feminism, NY, Oxford Univ. Press, 2008.

Scott Lash and Cella Luly, local Culture Industry, Malden MA, Polity, 2007.

Spencer E. Ante, Creative Capital, Boston, Harvard Business Press, 2008.

Stephen M. Wheeler & Timothy Beatley, The Sustainable Urban Development, NY, Routledge, 2009.

T   The Herald (eds), Big Bang in Capital Mar Jimoondang, 2008.

Thom Brooks (eds), The Global Justice Reader, Oxford, Blackwell Publishing, 2007.

Thomas Hylland Eriksen, Globalization, NY. Berg, 2007. 20 21 Money as a means of communication

Thomas Meyer, The Theory of Social Democracy, Malden, Polity, 2007.

Timothy Beatley with Peter Newkan, Green Urbanism Down Under, Washington, Island Press, 2009.

Tylor Cowe, Discover your Economist, NY. Dutton, 2007.

V   Victor Nee (ed), On Capitalism, Stanford CA, Stanford Univ. Press, 2007.

W   Wolfgang Merkel (외), Social Democracy in power, Oxon, Routledge, 2008.

저자 김광식(金光殖)

연세대학교 정치외교학과와 대학원을 마친 후 〈21세기한국연구소〉
소장으로 있으면서, 연세대, 경희대 등에서 정치학, 한국현대사,
세계경제론 등을 강의해 왔다. 그리고 탁월한 입담으로 KBS 제1TV
〈아침마당〉중 주간 시사해설, KBS 제2TV 〈오늘의 조간신문〉 담당, YTN
〈채널24 집중조명〉 MC, KTV 〈시민광장〉 MC, BBS 〈아침 저널〉 MC,
CBS 〈주간 정치평론〉〈뉴스 레이다〉 진행 등의 다양한 방송활동으로
새로운 열풍을 불러일으켰다. 서울YMCA 시민논단 위원장,
한국YMCA연맹 정책위원 등 사회활동에도 게을리 하지 않았으며,
지금은 풀뿌리연대 공동대표, 월드뉴스리포트 대표도 겸직하고 있다.

돈이 정치한다
The Politics on Money

2009년 9월 발행 ┃ 2009년 9월 1쇄
지은이 김광식 ┃ **일러스트** 문지훈 ┃ **펴낸이** 이윤영 ┃ **교정자문** 한창균
디자인 이주헌 ┃ **마케팅** 출판팀 ┃ **펴낸곳** CJI 한국언론연구소

주소 400-102 인천광역시 중구 신흥동2가 37-19 ┃ **대표전화** 032-762-9983
등록일자 2005년 9월 5일 ┃ **등록** 제349-2005-7호

대표메일 webmaster@cjinstitue.org ┃ **홈페이지** www.cjinstitue.org

ISBN 978-89-957886-4-6-03340
정가 12,000원

잘못 만들어진 책은 판매처에서 교환해 드립니다.